꿈에게
길을
묻다

꿈에게
길을
묻다

트라우마를 넘어선
인간 내면의 가능성을 찾아서

광주트라우마센터 기획
고혜경 지음

나무연필

5월의 꿈,
그 탐색을 시작하며

"자다가 일어나는 일이라 할 수 있는 게 아무것도 없어요."

수십 년간 트라우마 악몽에 시달리며 잠자는 시간이 고통스럽고 꿈꾸는 게 두려운 사람들의 말이다. 이는 비단 트라우마를 앓는 사람들만의 독백은 아닐 것이다. 이런 호소를 하는 사람들에게는 공통점이 있다. 두려움이나 위험에 노출되어 있지만 이를 다룰 힘도, 통제할 길도 없다는 무력감이다. 자면서 벌어지는 일이니 어쩔 수 없다는 것이다.

편히 잠자기 어렵고 이로 인한 스트레스를 겪는 사람들이 보이는 증상은 다양하다. 그중 하나가 반복되는 악몽이다. 충격적인 사건의 장면이 고장 난 영사기가 돌아가듯 거듭 되풀이해서 꿈에 등장한다. 이에 버금가게 괴로운 증상이 야경증이다. 자다가 갑자기 놀라서 깨는 것을 말하는데, 성장기 아이들에게도 종종 관찰된다. 흔히 도움을 청하는 격렬한 몸짓이나 비명 소리와 함께 잠에서 깬다. 몽유병이나 잠꼬대가 수반되는 경우도 많다. 이외에도 잠이 막 들려는 순간이나 깨어나는 순간의 몽롱한 상태에서 공포를 느끼는 경우가 있다. 이럴 때는 이미지 없이 통증이나 고통만으로 상황을 기억하기도 한다. 몸이 마비되는 가위눌림도 잠을 고통스럽게 하는 목록에서 빼놓을 수 없다. 잠들지 못하는 불면증이나 졸음이 쏟아지는 기면증 역시 숙면을 방해하는 증상이다.

이러한 증상에서 완전히 자유로운 사람은 없을 것이다. 그런데 이들 증상이 한두 가지도 아니고 복합적으로 거의 매일 되풀이된다고 상상해보라. 이게 트라우마로 고통받는 사람들에게는 현실이다. 수십 년을 이렇게 힘겹게 산다. 자는 동안 일어나는 이런 증상들이 깨어 있는 동안 겪는 외상 후 스트레스 장애PTSD를 악화시키는 것은 말할 필요도 없을 것이다.

잠자는 것 자체가 무섭고 피하고 싶은 것은 당연한 반응이다. 24시간만 잠들지 못해도 신체 기능이 저하되고 면역이 약해지는데, 이 상태가 수십 년 반복된다면 당사자가 아니고서는 그 고통을 가늠하기조차 어려울 것이다. 그런데 만일 생명을 위협하는 끔찍한 일을 겪었으니 죽을 때까지 이렇게 살 수밖에 없다고 한다면, 당사자들에게 잠은 일종의 무기無期 형벌일 것이다. 이는 정말 손 놓고 당할 수밖에 없는 속수무책인 일일까?

그간 트라우마 악몽과 수면을 방해하는 증상의 심각성에 걸맞게 수많은 연구가 진행되었다. 극복을 위한 다양한 방법도 개발되었고 이 분야의 지식도 축적되고 있다. 연구자들은 단언적으로 강조한다. 트라우마 악몽은 외부의 개입이 필요하다고. 하지만 개입으로 악몽이 완화되거나 중단될 수 있다는 사실은 널리 알려져 있지 않다.

외부에서 위협이나 충격이 가해질 때, 꿈은 이를 완화하면서 다뤄 낼 수 있도록 도와준다. 그런데 트라우마는 강한 충격이 마음속에 각 인된 채 한 지점에 멈춰 있는 상태다. 충격을 소화하거나 삶의 경험 으로 통합되는 과정이 이루어지지 않은 것이다.

트라우마로 고통받는 사람들이 압도적으로 악몽을 많이 꾼다는 것 은 각종 연구를 통해 밝혀졌는데, 꿈작업을 하는 사람들 사이에서는 악몽을 트라우마 악몽과 보통의 악몽으로 구분한다. 둘은 그 특질이 있어서 확연한 차이를 보인다. 자연히 다루는 방법도 다르다. 트라우 마 악몽이란 꿈속에서 트라우마 상황이 재현되어서 이를 재경험하는 경우를 말한다. 이런 꿈은 현실 상황의 재현이라 일반적인 꿈을 구성 하는 상징과 은유보다는 사실적인 표현이 두드러진다. 트라우마 악 몽을 다룰 때도 자연히 꿈의 해석이나 의미보다는 같은 꿈이 되풀이 되지 않도록 하는 데 초점을 맞춘다.

외상 후 스트레스 장애를 앓고 있는 참전 군인을 대상으로 연구한 결과, 트라우마 악몽은 초기에 개입할수록 효과적으로 대처할 수 있 다고 한다. 5·18은 36년이 지난 사건이다. 그간 이런 악몽에 대한 작 업이 전무했다. 트라우마가 에너지의 고착 상태라면 그간 우리 사회 는 1980년에 멈춰버린 시계를 너무나도 오래 방치했다.

5·18 생존자들의 트라우마 악몽을 다루기 위해 8주간 그룹투사 꿈 작업을 진행했다. 그룹은 광주트라우마센터에서 선별해 초대한 사람 들로 구성했다. 참여자 모두 5·18이 삶의 방향을 바꿔놓았고 수배,

고문, 수감 등을 겪었다. 그 후로는 함께 활동해온 동지들이다. 일상에서의 친밀도가 높았으며, 외상 후 스트레스 장애 희생자라는 공통 요소로 인해 무의식 차원의 결속 또한 특별한 그룹이었다.

이번에 작업한 꿈들을 모두 트라우마 악몽으로 분류하기는 애매하다. 각자가 꾸는 꿈이 다르듯, 자는 동안 드러나는 트라우마 증상도 다양하고 복잡하고 복합적이다. 일반적으로 트라우마 악몽을 멈춰버린 상황과 시간의 재경험이라 설명하지만, 이 작업을 통해 볼 때 실제로는 30여 년의 세월과 각자 고유한 삶의 경험이 혼재되어 꿈에 나타난다는 점이 확연했다. 그렇지만 이를 트라우마 악몽과 무관하다고 단언하는 데는 무리가 있다. 실제로 트라우마 악몽과 일반 악몽을 다룰 때는 달리 접근해야 한다. 그럼에도 불구하고 이런 선명한 틀로 꿈작업에 임한다면, 단순치 않은 상황을 지나치게 단순한 렌즈로 접근하는 우를 범할 것이다.

악몽은 렘수면 동안 일어나지만, 참여자들의 경우 잠드는 순간부터 트라우마 악몽이 시작되는 일이 빈번했다. 악몽뿐 아니라 가위눌림, 야경증, 잠꼬대, 몽유병이 복합적으로 나타나기도 했다. 따라서 이번 작업은 트라우마로 고통받는 사람들의 악몽을 포함한 수면 장애 증상으로 범주를 포괄하는 것이 적절할 것이다. 또한 이번 작업에는 5·18 이전에 꾼 꿈까지 포함시켰다. 세월과 무관하게 현재 그 꿈을 기억하는 한, 꿈이 여전히 꿈꾼 이의 무의식에 영향을 미치기 때문이다. 그리고 그 꿈이 꿈꾼 이의 기억으로 떠오르고 그 자리로 꿈이 초대된 데에는 무의식의 필요가 있을 것이라 생각되어 그 즉자성을 존중하기 위해서였다.

: 꿈으로 나누는 대화, 그룹투사 꿈작업의 힘

5·18 생존자들의 꿈은 제러미 테일러Jeremy Taylor 박사가 창안한 그룹투사 꿈작업을 통해 다루었다. 일대일 작업이 아닌 집단 작업이라는 것이 특히 이들에게는 이점으로 작용했다. 무서운 악몽, 내면의 숨겨진 딜레마, 말 못할 슬픔이나 공포를 자연스럽게 표현할 수 있도록 그룹이 안전한 피난처가 되어주었기 때문이다. 유사한 깊이의 고통을 겪은 사람들이 모인 그룹이라 그런지 비교적 저항 없이 자신의 꿈 이야기를 열어내었다.

그룹투사 꿈작업은 상대의 꿈을 '내 꿈이라면', '내가 꾸었으면'이라는 일인칭으로 접근하는 것이 그 핵심이다. 일인칭은 고백적인 진술이라 비난이나 충고, 조언 등이 허용되지 않기에 참여자들에게 훨씬 편하게 다가온다. 안전하다고 느끼기에 방어도 적다. 게다가 타인의 입장이 되어 스스로 꿈을 꾼 사람이라고 느껴보는 경험은 서로에 대한 정서적 공감과 지지를 이끌어낸다.

이번 꿈작업의 참여자들은 주장이나 당위의 언어가 익숙했다. 동시에 트라우마의 특성상 심리적인 철회도 강했다. 그럼에도 불구하고 꿈 이야기에 관심을 가지고 참여했고 지속적인 흥미와 호기심을 보였다. 수시로 잠에 빠지기는 했지만 장시간의 집중도 비교적 성공적이었다.

일반 그룹의 꿈작업과는 차별화한 지점이 있다. 우선 리더의 투사 비중이 높다. 그다음으로 매주 한 사람을 집중 조명하여 그 꿈에 초점을 맞췄다. 그 자리에서 언급된 모든 꿈에 대해 리더의 투사가 이루어졌다. 이는 즉각적인 이해와 충족의 필요에 부응해 집중도를 높이기 위해서였다. 낮은 집중력, 불편한 몸 상태, 낮 시간에 자주 잠에 빠지는 그룹의 특질을 고려한 선택이었다.

꿈을 표현하는 것만으로도 이미 정체된 에너지가 자극을 받아 변화가 일어난다. 꿈을 이야기할 때는 잠자는 상태와 달리 마치 꿈꾼이가 꿈의 감독이 된 듯 이미 힘의 역학이 달라져 있는 상태이다. 그것만으로도 참여자들이 시달리는 끝없는 무능감이나 좌절감에서 벗어날 여지가 생기는 것이다.

이 작업은 대화 중심의 투사 작업이 주가 되었다. 여기에 명석몽明晳夢을 이용한 꿈연극, 꿈을 그림으로 표현하는 기법 등이 보조적으로 사용되었다. 필요한 도구들을 미리 비치해놓은 후 등장하는 꿈과 꿈꾼 이의 상태에 따라 적절하게 여러 기법을 적용했다.

: 꿈으로 벌인 현대판 넋드림의 장

우리 선조들은 엄청난 충격이 가해질 때 몸에서 혼이 빠져나간다고 믿었다. 그래서 혼을 불러들이는 의례를 했다. 트라우마로 고통받는다는 말은 선조들 표현으로는 넋이 빠진 상태가 아닐까? 소화하거나 표출하거나 잊어버리는 것 모두가 가능하지 않는 충격타가 삶에 존재한다는 걸 지금 이 시대를 살아가는 사람이라면 누구도 부인하지 못할 것이다. 그렇지만 우리는 지금 조상들의 지혜를 망각한 채 살아가고 있다.

넋을 불러들이지 않으면 말 그대로 혼이 빠진 상태로 산다. 이를 심리학의 언어로 표현하면 정신이 깨어져 파편화된 상태이고, 영혼의 관점에서 보자면 내가 누구인지 모르는 상태일 것이다. 파편화는 깨진 거울처럼 상을 왜곡한다. 나와 세상 모두를 왜곡하는데, 세상은 정의롭거나 공정하지 않으니 기대거나 의지하거나 믿을 수 없다. 삶의 터전이 취약한 것이다. 자기자신도 왜곡한다. 본래의 자기보다 왜소하게, 이질적으로 바라본다. 이런 사람들은 삶의 원천이 되는 잠재된 내적 자원이나 영혼이 주는 생동감, 진정한 자기와는 단절된 상태로 살아간다.

왜곡된 거울은 고통을 초래할 뿐이다. 반복이 되다가 그 고통은 만성화된다. 쳇바퀴 돌듯 되풀이는 되지만 결코 해결에 이르지 못하는 것이 트라우마 상태다. 거듭 고통을 겪으며 왜곡된 거울로 자신과 세상을 바라보고 있음을 입증하며 살아간다.

예로부터 꿈을 영혼의 거울이라 했다. 왜곡된 거울에서 해방되고 이를 교체할 수 있는 효과적인 방법 하나가 꿈 거울에 주의를 기울이는 것이다. 꿈 거울은 파편화되어 구멍 난 자리들을 보여주면서 동시에 왜곡되지 않은 상태, 즉 고착된 현실 너머의 커다란 비전도 조명해준다. 이 비전은 왜곡되기 이전의 본질로서, 우리 내면에 통합이나 온전함에 대한 욕구가 여전히 살아 있으며 이 거대한 힘이 파편화된 힘보다 훨씬 크다는 사실도 확인시켜준다.

이번 작업은 잃어버린 혼을 불러들이는 현대판 넋드림이었다. 취약한 터전에서 정신이 파편화된 채 살아가는 대다수 우리가 오랫동안 잊고 지낸 옛 선조들의 지혜를 더듬어 되살려내는 계기가 되었으

면 한다. 또한 치유란 궁극적으로 은밀한 내적 원천에서 비롯된다는
사실도 기억해주기를 바란다.

: 시작부터 끝까지, 꿈작업과 함께한 사람들

감사할 사람이 많다. 한 배를 타고 꿈 여정을 함께한 승선자들에
게 먼저 감사드린다. 고통스럽고 심오하고 흥미진진한 꿈을 기억해
서 나누어준 용감한 분들이다. 이 자리를 마련해준 광주트라우마센
터 직원들에게도 감사를 표한다. 작업이 진행되는 동안 함께 자리하
면서 아낌없는 지지와 적절한 통찰을 제공해주어 안전하고 풍요롭게
꿈작업이 진행되도록 해주었다. 이들의 존재가 편집 과정에서 드러
나지 않음을 양해드리며, 꿈작업의 채록도 이들의 노고로 이루어졌
다. 채록된 원고를 다듬으며 이 작업의 무게감을 오롯이 견뎌내준 나
무연필의 임윤희 대표에게도 감사드린다. 마지막으로 슈퍼비전을 통
해 무한한 지지와 지원을 아끼지 않으신 제러미 테일러 박사님께 감
사드린다. 한 천재적인 영혼에 의해 탄생한 그룹투사 꿈작업이 반 세
기 뒤 지구촌 반대쪽 광주에서 영혼의 해방과 치유의 장에 적용되었
다. 아울러 이 일이 가능하도록 작동한 유형과 무형의 모든 도움에도
감사드린다.

차 례

일러두기

1. 이 책은 2013년 2월 19일부터 4월 9일까지 총 8회에 걸쳐 진행된 광주트라우마센터의 그룹 투사 꿈작업을 바탕으로 만들었습니다. 참여자는 광주트라우마센터에서 직접 구성했고, 모든 참여자에게 내용 검토와 수록 허락을 받았으며, 필자를 제외한 참여자와 등장인물의 이름은 가명으로 처리했습니다. 함께 작업한 꿈을 나눠주신 분들께 감사드립니다.

2. 각 회차에 참석한 분들은 다음과 같습니다.

첫 번째 꿈 나눔: 김광현, 김동철, 김진규, 박민태, 윤민석, 조진석, 황성혁

두 번째 꿈 나눔: 김광현, 김동철, 김진규, 박민태, 윤민석, 조진석, 황성혁

세 번째 꿈 나눔: 김동철, 김진규, 박민태, 윤민석, 조진석, 황성혁

네 번째 꿈 나눔: 김광현, 김진규, 윤민석, 조진석, 황성혁

다섯 번째 꿈 나눔: 김광현, 김진규, 윤민석, 조진석, 황성혁

여섯 번째 꿈 나눔: 김광현, 김진규, 윤민석, 조진석, 황성혁

일곱 번째 꿈 나눔: 김진규, 박민태, 윤민석, 조진석, 황성혁

여덟 번째 꿈 나눔: 김광현, 김진규, 윤민석, 조진석, 황성혁

꿈은
우리 내면의 진실을
속삭입니다

고혜경 귀한 자리에 불러주셔서 감사합니다. 오늘부터 8주 동안 여러 분과 꿈 이야기를 풀어갈 고혜경입니다. 꿈은 남녀노소를 막론 하고 인간이라면 꾸는 것이기에 누구에게나 친근하지만, 여럿 이 함께 꿈을 나누는 작업은 상당히 낯설 겁니다. 우선 우리가 앞으로 하게 될 그룹투사 꿈작업이 어떻게 태동했는지 소개해 드리겠습니다.

이러한 작업을 처음 시도한 분은 제 꿈 선생님이신 제러미 테 일러 박사인데요. 그룹투사 꿈작업은 1960년대 후반 미국에서 인종차별이 사회문제로 대두된 시기에 시작되었습니다. 이때 격렬한 시위가 벌어졌고 흑인 민권운동계의 대부였던 마틴 루 터 킹 목사가 암살당하기도 하지요. 제러미 테일러는 샌프란시 스코의 극빈자 거주지에 들어가 인종차별 철폐를 위한 활동을 벌였는데, 당시 상황은 녹록지 않았습니다. 정의로운 가치를 실현하기 위해 많은 사람들이 현장에 뛰어들었지만 뿌리 깊은 인간의 편견이라는 난공불락의 벽에 맞닥뜨렸고 좌절과 무력 감에 시달리고 있었어요. 주민과 활동가 사이에, 그리고 활동가들끼리 서로 언성이 높아지고 신경전이 계속되다보니 대화 조차 불가능할 정도였습니다. 이때 그는 제안합니다. "우리 서로의 꿈을 가지고 이야기해봅시다."

제러미 테일러는 평소에 아침마다 아내와 꿈 이야기를 하면서 꿈이 어떤 에너지를 품고 있고 어떤 힘을 발휘하는지를 알고 있었기에 이런 제안을 한 건데요. 예민한 상황에서 팔자 좋게 꿈 이야기나 하느냐는 반응이 날아들기도 했습니다. 하지만 인종차별 문제가 등장하는 서로의 꿈을 나누면서 인종차별에 반대하거나 피해를 입은 사람조차도 자기 내면에 인종을 차별하는 마음이 잔존해 있다는 걸 알게 됩니다. 내 안에 인종차별주의자들과 별반 다르지 않은 마음이 있다는 걸 받아들이면서, 이를 신뢰의 토대로 삼아 이들 그룹은 다시 한 걸음 나아가게 됩니다. 그렇다고 해서 인종차별주의자의 잘못을 두루뭉술하게 넘기거나 선뜻 용인하자는 건 아니었습니다. 이 문제를 뾰족하고 날카로운 대립과 자해의 방식이 아닌 강한 내면의 힘으로 다뤄낼 수 있는 길을 찾아가는 것이었습니다. 1969년에 시작된 이들의 꿈작업은 시작 때와 같은 방식으로 지금까지 계속되고 있습니다.

미국에서는 인종차별뿐만 아니라 베트남전쟁, 이라크전쟁 등 사회적 트라우마와 관련한 이슈들에 대해 지속적으로 상흔을 들여다보고 다뤄내는 작업이 이루어지고 있습니다. 사회적 트라우마라면 한국 역시 무관하지 않지요. 우리는 한국전쟁이라는 엄청난 역사적 비극을 겪었습니다. 전쟁 전후만 보더라도 제주 4·3사건, 보도연맹사건, 거창 양민학살사건 등을 꼽을 수 있고, 5·18 민주화항쟁 역시 대한민국 현대사에 깊은 트라우마를 남긴 대표적인 사건입니다. 하지만 한국은 아직 우리의 집단 트라우마를 대면하고 이 땅에 새겨진 상흔을 꺼내서 제대로 다룰 만큼 사회적으로 성숙한 단계에는 이르지 못한 듯해요.

저를 보면서 이런 생각이 드실지 모릅니다. '겪어보지도 않았으면서 네가 어떻게 우리 상처를 알아? 생판 남이면서 공부 좀 했다고 뭘 알겠어?' 물론 제가 직접 경험해보지 않았기 때문에 여러분의 아픔과 고통에 대해 잘 모르는 부분이 있을 겁니다. 하지만 저는 이제까지 꿈작업을 하면서 인간 내면의 깊은 고통을 만나고 어루만지는 방법을 배워오기도 했고, 집단 트라우마에서 비롯된 아픔과 고통을 나누고 상처를 다독이면서 인간 사이의 신뢰를 쌓아나감으로써 행복한 개개인과 안전한 세상을 만들어가고픈 염원이 있습니다. 개인이 감당하기에는 너무나도 큰 사건을 겪으면서 미처 기억하지 못하고 있는, 각자의 내면에 존재하는 치유의 힘을 상기시켜드리고 싶습니다. 한국 전역에 있는 역사적 상흔 때문에 개인과 집단의 정신에 깊이 각인되어 있는 집단 트라우마들을 보듬어가는 모델을 만들어보고 싶은 개인적인 바람도 있고요.

꿈작업은 혼자 하는 일이 아닙니다. 꿈을 내 안에서 끄집어내어 나눌 때 그 깊은 내면의 이야기를 가슴으로 듣고 만나는 과정에서 한 사람 한 사람의 꿈이 결국은 우리 모두의 꿈이라는 걸 알게 되실 겁니다. 선뜻 한 배에 올라 귀한 꿈의 여정을 함께해주실 여러분께 진심으로 감사드립니다.

악몽,
참혹했던 현실을 다뤄내려는 신호

고혜경 우선 여러분이 각자 들고 오신 꿈 보따리를 조금씩 풀어볼까요. 악몽을 꾸거나 가위에 눌리는 분이 많으실 듯한데, 잠잘 때의 모습을 편히 이야기해주세요.

박민태 저는 가위에 많이 눌려요. 무언가가 배 위로 올라와서는 목을 딱 조르는데, 그러면 아무리 악을 쓰려고 해도 소리를 낼 수 없고 이러다가 내가 죽겠지 싶어서 몸부림을 칩니다. 아내를 깨우려고 일부러 콧소리를 크게 내기도 해요. 근데 그것도 모르고 잠만 퍼 자. (웃음) 그러고 나면 온몸이 식은땀으로 홍건히 젖어요.

김광현 저는 5·18 이후 대략 20여 년간 이틀에 한 번 정도는 병원에 실려 다녔어요. 한 번 가위에 눌리면 손발이 굳고 전신 마비가 와요. 온몸이 오그라든 상태에서 움직일 수 없는 거예요. 20여 년을 그러다 보니 잠자는 게 두렵고요. 하도 잠을 못 자서 모르핀 주사도 맞아봤는데, 잠을 잘 순 있지만 그러다가 깨면 다시 잠드는 게 두려워지지요. 모르핀이란 게 중독성이 있고, 한 번 맞으면 그다음 날까지 정신이 혼미해요. 모르핀 맞는 대신 술을 마셔봤는데, 훨씬 편했어요. 전에도 술을 안 마셨던 건 아닌데, 잠자는 데 도움되는 걸 알고 더 많이 마셨지요. 술에 의지해서 자고, 자다 깨서 잠 못 들면 다시 술 마신 후 자고. 이게 편하더라고요. 잠자는 서너 시간만큼은 개운하고요.

꿈인지 환상인지는 모르겠는데, 여튼 잠을 청할 때 보면 분명 내가 눈을 뜨고 있는 것 같은데 천장에서 무언가 내려와서 나를 짓누르기도 해요. 군홧발 소리가 나면서 형체가 보이지 않는 검은 물체가 내 몸으로 들어오기도 하고요. 이런 게 반복되는데, 그래도 술 덕분인가. 최근에는 악몽을 훨씬 덜 꿔요. 주기적으로 보면 매년 4월 중반에 들어서면서부터 5월까지 힘들어요. 술 마시고 자도 새벽에 깨고, 다시 잠들면 여지없이 악몽을 꾸지요.

김진규 전 지금까지도 힘들면 새우잠을 자면서 입에서 피를 뚝뚝 흘리는 꿈을 꿔요. 매년 4~5월이면 꼭 그런 꿈을 꾸는데, 5·18 관련 활동을 하면 악몽을 안 꾸지요. 제가 볼 땐 억압의 한 측면이 꿈으로 불거져 나오는 게 아닌가 싶은데.

고혜경 다른 분들은 어떠세요? 지금 말씀하신 세 분처럼 잠자는 게 힘드세요?

조진석 아이고, 내 얘기 좀 할게요. (웃음) 5·18 이후 1990년대까지 한동안은 잠을 잘 못 잤고, 자다 보면 무언가에 막 쫓기는 기분이 들었어요. 구체적으로 무서운 형상이 보이는 게 아니라 정체를 알 수 없는 무언가에 쫓겨요. 몸을 움직이고 말도 하려고 하는데, 몸은 안 움직여지고 악을 써도 말이 안 나오지요. 날마다는 아니지만 종종 그랬어요. 날마다 그러면 못 살고 죽겠지요. 한때는 잠 잘 오게 해준다는 것들도 먹어봤는데 다 안 들더라고요. 계속 그러다가 한동안 뜸했는데, 요즘 다시 자다가 깨요. 누가 나를 부른 것 같은데 아니면 누가 달카닥 문을 연 것 같은데, 몸이 안 움직여지는 식이에요.

고혜경 자면서도 용을 쓰고 시달리시는군요. 잠조차 편히 못 주무시는 게 얼마나 괴로우실지? 30년도 넘는 시간이 흘렀건만 분명 시간이 약이라는 말조차 통하지 않을 때가 있습니다.

제가 미국 뉴욕에서 강의할 때 한 한국인 여성을 만났는데요. 그분 어머니가 한국전쟁 때 눈앞에서 부모님이 총살당하는 걸 보셨대요. 근데 돌아가시는 순간까지 자다가 소리를 지르고 악몽을 꿔서 거의 잠을 못 주무셨다고 하더라고요. 어린 시절부터 죽기 전까지 일생을 밤마다 이렇게 힘드셨던 거예요. 자식들은 어머니의 고통이 안타까웠지만 그걸 어찌해야 할지 몰랐던 거지요. 잠든 새 일어나는 일이니 견디는 것 외엔 할 수 있는 일이 없을 것 같지만, 그걸 헤쳐 나가는 나름의 기술이 있습니다. 날것의 고통에 무방비로 노출되어 일생을 힘들게 살 필요는 없어요.

조진석 뭔가 답이 있다면 그 방법을 숨기지 말고 얼른 가르쳐주세요! (웃음)

고혜경 우리 각자에게 적용할 수 있는 방법을 이제부터 하나씩 찾아갈 거예요.

황성혁 저도 예전에는 심하게 가위눌리곤 했어요. 땀을 뻘뻘 흘릴 정도로. 무언가에 짓눌려서 몸을 움직일 수 없을 때도 있고요. 누군가에게 쫓기는데, 도망가려 해도 발이 안 떨어지기도 하고요. 5·18 이후 15년쯤은 한 달에 두어 번 가위에 눌렸습니다.

고혜경 가위눌리는 게 사라진 전후로 무슨 변화가 있었나요? 뭐가 좀 달라졌다든가.

황성혁 그건 잘 모르겠습니다.

김광현 저는 신기하게도 반복해서 꾼 꿈이 있는데요. 5·18 이후에 저 때문에 아버지가 홧병으로 쓰러지셨고 급성 간경화로 1984년 4월에 세상을 뜨셨어요. 그런데 우리 아들내미가 아버지 운명하시고서 40분 후에 태어났지요. 고향에서 아버지 장례 치르고서 한 달 동안 제가 똑같은 꿈을 꿨어요. 어떤 꿈이냐면요. 저하고 아들내미가 한 방에서 자고 있는데, 문이 딱 열리면서 관이 들어와요. 그러고는 관 뚜껑이 열리는데 아버지가 관에서 고개만 내밀고서 손주를 바라다보세요.

고혜경 한 달이 지나고서는 그 꿈을 안 꾸셨나요?

김광현 예. 그 꿈은 안 꿨어요.

고혜경 도저히 잊을 수 없는 꿈일 것 같아요. 황성혁 선생님과 김광현 선생님 꿈 이야기를 듣고 나니 숀 맥도너Sean McDonagh라는 아일랜드 신부님 꿈 생각이 났습니다. 생태신학 분야에서 저명하신 분인데, 1970년대 초반에 필리핀의 민다나오 섬에서 활동하셨어요. 이곳은 정부군과 반군이 오르락내리락하며 대치한 걸로 유명한 지역이지요. 아침에 눈뜨면 시신 수습하는 일이 부지기수였는데, 어느 날 한 시신을 수습하면서 축성해주려

고 손을 잡아끄는데 팔이 시체에서 뚝 떨어지더래요. 그날부
터 5년간 매일, 딱 그 장면이 꿈에 나왔답니다. 너무 힘들어서
도저히 안 되겠다 싶어 고국으로 돌아가야겠다는 생각도 하셨
대요. 그런데 그런 마음을 추스른 후 지금 여기에서 벌어지는
일을 세상에 알려야겠다는 마음을 먹으면서 신기하게도 그 꿈
이 사라졌다고 하더군요.

살다보면 의식의 차원에서는 도저히 이해하거나 설명할 수 없
는 충격적인 사건이 눈앞에 펼쳐질 때가 있습니다. 이런 사건
은 소화가 되질 않아요. 뱉지도 삼키지도 못한 채 그 충격과 부
대끼며 있을 수밖에 없지요. 하지만 인간의 정신이란, 어떤 식
으로든 이 사건을 종결하려 합니다. 덮어두거나 밀어내는 게
아니라, 이 사안을 상기하면서 이제까지 차마 열어보거나 건드
리지 못했던 걸 다뤄내려 한다는 겁니다. 여러분의 꿈은 여러
분이 겪은 5월의 그날들이 아직도 진행형이라는 걸 말해주고
있어요. 그걸 어떤 식으로든 과거라는 지나간 시간으로 만들어
내는 게 여러분이 앞으로 해야 할 일이에요. 바로 지금 오늘을
살기 위해서, 그리고 앞으로의 생을 살아가기 위해서도요.

차츰 알아차리시겠지만 악몽이나 가위눌림처럼 고통스러운
현상들은 사실 우리를 도와주려고 일어나는 일입니다. 꿈속에
서 고통스러운 순간이 재현되는 것은 나를 괴롭히기 위한 게
아니에요. 압도하는 충격 때문에 그 순간 그 자리에 멈춰버린
부분을 들여다보고 다른 시각으로도 살피면서 이 사건을 극복
해내기 위한, 즉 사건의 완결을 위한 겁니다.

황성혁 제가 들려드리고 싶은 꿈이 하나 있어요. 꿈속에서 시골 큰집에 갔는데, 덩치 큰 셰퍼드가 있더라고요. 실제론 큰집에서 개를 키우지 않는데 말이에요. 개가 불쑥 튀어나와서 나를 물 것 같아 무섭더라고요. 근데 이게 나를 쫓아오는 거예요. 이리저리 도망 다니다가 감나무 위로 올라갔어요. 개가 계속 뛰어올라와서 나를 물 것만 같았지요. 더 이상 갈 데가 없는데 셰퍼드가 계속 따라오니 방법이 없겠구나 싶었어요. 그래서 내가 기도를 했지, 감나무 위에서. 간절히 기도를 했는데, 내가 하늘로 날아가는 거예요. (모두 환호) 개한테 물려 죽을까봐 기도를 한 건데, 내가 날아가니 개가 아무리 높이 뛰어올라봤자 나를 따라올 순 없잖아요. 나를 물 수도 없고요. 그때서야 안도감이 들더군요.

그 꿈 이후로 종종 하늘을 나는 꿈을 꿉니다. 고향 마을 뒷동산에서 날아올라 동네를 한 바퀴 삥 도는 꿈도 꿨고요. 그런 꿈을 꾸면 꿈속에서도 그렇게 황홀할 수가 없어요. 꿈꾼 다음 날에도 흐뭇하지요. 날아갈 것 같은 기분이란 게 이런 거겠지요?

고혜경 하늘을 나는 꿈은 가볍고 자유롭지요? 나는 꿈을 꿀 땐 뇌에서 기분이 좋아지는 호르몬이 분비되는데, 이게 섹스할 때 나오는 호르몬과 같은 거예요.

그런데 황성혁 선생님은 꿈속에서 어떤 자세로 날아다니나요? 배를 아래로 깔고 날기도 하고, 신선처럼 날기도 하고, 엉거주춤한 자세로 몸을 앞으로 조금 기울인 채 날기도 하거든요.

황성혁 그때그때 달라요. 어떤 때는 슈퍼맨처럼 날기도 하고, 또 어떤 때는 의자는 없지만 앉아 있는 듯한 자세로 날기도 해요.

고혜경 확률로 보면 서양 사람들은 슈퍼맨처럼 배를 아래로 깔고 나는 경우가 많고, 동양 사람들은 신선처럼 서서 날아다니는 경우가 많습니다. 요즘 한국 청소년들 꿈을 보면 슈퍼맨 같은 자세로 나는 경우가 어른들보다는 많은 것 같아요. 특이하게는 완전히 누워서 나는 경우도 있습니다. 이제까지 제가 꿈작업을 하면서 완전히 누워서 나는 꿈을 꾸신 분을 딱 두 분 봤어요. 그중 한 분은 나이 들고 눈이 어두워져 실명이 진행되는 신부님이셨지요. 누워서 나는 게 가장 편하게 날아다니는 자세이기도 할 거고, 이분이 바라보는 세상이 더 이상 지상이 아니라 천상이라 그런 게 아닐까 짐작해봅니다.

꿈에서 나는 자세만 보더라도 집단 문화가 우리 각자에게 얼마나 강하게 영향을 미치는지 알 수 있어요. 서양 사람들이 날 때는 새나 슈퍼맨이 모델이었을 텐데, 우리에게는 하늘을 날아다니는 신선이 문화적으로 친숙하다 보니 신선처럼 서서 나는 자세가 자연스러웠을 겁니다.

이번에는 아직 말씀 안 들려주신 선생님들 꿈 이야기 좀 들어볼까요?

김동철 근래에는 한 달에 20일쯤 악몽을 꿉니다. 꾸고 나면 기분 좋은 꿈이 있고 그렇지 않은 꿈이 있잖아요. 젊었을 땐 기분 좋은 꿈을 자주 꿨는데, 지금은 그런 꿈을 못 꿔요. 누군가에게 쫓기거나 사람을 죽이거나 때리는 꿈을 꾸지요. 악몽을 꾸고 나면 기분이 안 좋으니 이리저리 뒤척이게 되고요. 일이 뜻대로 안 돌아갈 때면 꼭 안 좋은 꿈을 꿔요. 얼마 전엔 꿈속에서 운전을 하다가 접촉 사고를 냈어요. 내가 잘못했구나 싶으면서 꿈속에서도 이게 꿈이었으면 좋겠다는 생각이 들더군요.

고혜경 김동철 선생님은 꿈을 많이 기억하시고 꿈이 실제 삶과 연결되는 지점도 많은 걸 보면, 바깥 세상과 마음 안 세상이 별개가 아니라 서로를 거울처럼 비추고 있다는 걸 자연스레 알아가고 계신 듯해요. 저도 꿈 공부 한 지 20년인데 점점 이런 생각이 경험을 통한 믿음으로 굳어갑니다.

꿈에 시달리고 잠자는 시간이 힘들다는 말씀을 많이 하셨는데, 위안이 될 소식이 있어요. 꿈속에서 기분이 좋다고 해서 실제로 좋은 꿈은 아니에요. 악몽이라고 해서 나쁜 꿈도 아니고요. 제 꿈 선생님은 꿈이 제시하는 이슈를 다룰 능력이 있을 때만 꿈을 기억한다고 하십니다. 꿈이 아무리 괴롭고 끔찍해도 그 꿈이 내가 이 이슈를 다룰 수 있다는 증거라고 생각하면 조금은 위로가 되지 않을까요. 과연 그럴까? 의심이 드세요? 당연합니다. 처음 듣는 이야기라 그러실 거예요. 이제부터 8주간 이 말이 맞는지 아닌지 경험해봅시다. 기억해낸 꿈을 어떻게 다룰 건지에 대한 하나의 실례로, 조금 전에 말씀해주신 접촉 사고 꿈을 설명드리겠습니다.

꿈에서 탈것은 주로 관계의 이슈를 나타내요. 차들은 접촉하면 그 자체가 사고이기 때문에, 도로에서는 차와 차 사이에 일정한 거리를 유지해야 하지요. 이를 안전거리라고 합니다. 제 지식을 동원해서 생각해보면, 여러분은 누구보다 이런 '접촉 사고' 꿈을 꿀 여지가 많으세요. 트라우마가 일어날 때는, 예기치 않게 너무 빠르고 센 충격이 가해집니다. 주위에 그 어떤 도움의 손길도 청할 수 없지요. 그 순간의 압도적인 충격은 처리되지 못한 채 몸 속에 가둬집니다. 이때 '안전한 내 자리'라는 경계도 파괴됩니다. 우리 집도, 내 차도, 내 방도, 내 몸도 편안해야 하고 안전이 유지되어야 하잖아요. 그런데 트라우마는 이 자리가 파괴되어버려요. '여기까지'라는 나를 지키는 방어선이 허물어지게 돼요. 그래서 트라우마를 겪는 사람들은 타인의 침입을 쉽게 허용하기도 하고 타인의 경계를 쉽게 침범하기도 합니다. 정신적으로 안전한 경계의 개념 자체가 파괴되었기 때문입니다. 꿈은 이처럼 안전거리를 유지하지 못한 탓에 인간관계 가운데서 일어나는 충돌을 '접촉 사고'라는 방식으로 보여주는 거지요.

그런데 혹시 김동철 선생님은 꿈속에서도 이게 꿈이라는 인식을 하세요? 예를 들면 꿈속에서 끔찍한 일이 벌어졌는데 그래도 꿈이니 다행이라고 여길 수도 있잖아요.

김동철 잘 모르겠어요.

김광현 전 '이거 꿈이지' 하는 느낌이 드는 꿈을 꿀 때가 있어요. 꿈이었으면 좋겠다고 바라는 게 아니라 그게 꿈이라는 생각이 드는 거지요.

고혜경 그걸 명석몽^{明晳夢}이라고 해요. 티베트에서 꿈으로 수행하는 스님들은 수행 방편으로 이걸 개발하기도 합니다. 자각몽이라고도 하는데, 꿈을 꾸는 동안 '이건 꿈이야'라는 인식이 있는 경우를 말합니다. 만일 여러분이 악몽을 꾸는 동안 '지금 꿈꾸는 거지'라고 알 수 있다면 우리 꿈작업에도 큰 도움이 될 겁니다. 여러분 꿈은 되풀이되는 악몽이 많기 때문에 꿈꾸는 동안 '또 이 꿈이구나'를 알아챈다면 같은 악몽에 시달리지 않도록 뭔가를 해볼 수가 있습니다. 실제로 어떻게 적용하는지는 앞으로 만날 때마다 구체적으로 체험하시게 될 겁니다.

잘 이해하지 못할 뿐
개꿈은 없습니다

고혜경 여러 선생님들 꿈 이야기를 들어봤는데요. 많은 분들이 가위에 시달리시는데, 기본적인 대처법을 하나 알려드릴게요. 지금까지 들려주신 사례들을 봐도 그렇지만, 가위눌리는 방식은 각자 조금씩 다릅니다. 몸을 짓눌리기도 하고 발이 안 떨어지기도 하고 손발이 오그라들기도 하지요. 누가 머리맡에 서 있는 식으로 이미지가 등장하는 경우도 있고 끔찍한 소리를 듣기도 합니다. 하지만 자세히 들여다보면 공통점이 있습니다. 가위에 눌린다는 건 자기 몸에 대한 통제가 안 된다는 거예요. 일종의 마비가 오는 거지요.

인간의 신체 근육 중에서는 얼굴 근육이 가장 발달되어 있습니다. 그래서 목 아랫부분에 비해 목 위로 마비가 오는 경우는 드물어요. 얼굴은 마비가 안 된 상태니 훨씬 움직이기가 쉽지요.

이런 특징을 응용해서 가위를 푸는 건데요. 몸을 움직일 수 없어 고통스러울 때 입을 벌리거나 눈을 깜빡이는 식으로 얼굴 근육을 쓰다 보면 뇌로 신호가 전달됩니다. 뇌가 이 신호를 받으면 지금은 일어나 움직일 때라는 메시지를 받아서 몸이 깨어나게 되지요.

박민태 저는 가위에 눌렸을 때 숨을 안 쉬면 죽을 수도 있겠다는 생각이 들어서 꼭 숨을 내쉬려고 해요. 그런데 신기하게도 불을 켜고 자면 괜찮은데, 불만 껐다 하면 가위가 와요. 그런 지 꽤 됐어요.

고혜경 숨쉬기를 가까스로 기억해내야 할 정도라면 얼마나 힘이 드실지요? 살아 있으면 저절로 하는 것을 용을 써서 해야 하시는군요. 그만큼 죽음 가까이에 가셨고 죽음의 에너지와 가까이 계신 분이라 그러실 듯해요. 그런데 아내분은 잘 때 불을 켜놔도 괜찮으세요?

박민태 아내는 불을 끄라고 하고 저는 불을 켜두려고 하지요.

고혜경 빛이 없는 깜깜한 잠의 세계는 죽음의 세계와 결부되어 있습니다. 인간이라면 누구나 어두움에 대한 두려움이 있지요. 특별히 그 맛을 보신 분인데 오죽하시겠어요. 박민태 선생님이 이 어두움을 보통 사람보다 훨씬 예민하게 느끼시는 건 당연해요. 그런데 가위에 눌리는 사람들이 불을 켜두고 잔다고 해서 모두 가위에서 벗어날 수 있는 건 아니에요. 사람마다 달라요.

억지로 불을 끄려 하지 마시고, 우선 따뜻한 느낌의 지나치게 밝지 않은 조명등을 켜두고 주무시는 게 어떨지요? 형광등처럼 눈부신 조명이 아니라 스탠드처럼 온화한 조명에 조도를 조절해서 켜두는 거지요. 우리가 일반적으로 죽음을 어두움, 차가움, 침묵과 같이 연상하잖아요. 그러니 그 반대로 빛의 밝기와 따스함을 조절해 나가시면 훨씬 편안하게 주무실 수 있지 않을까요?

김광현 제가 20년 가까이 잠을 자면 악몽을 꾸고 마비가 왔잖아요. 자다가 악을 쓰면 주변에서 달려와 제 몸을 주물러주는데, 마비가 풀리면 괜찮지만 굳은 게 안 풀어지면 병원에 가거든요. 우리 아들은 누가 업어가도 모를 잠충이인데, 그런데도 내 신음 소리에는 자다가도 일어나서 퍼뜩 달려와요. 근데 병원에서 그러더군요. 나 같은 사람은 옆에서 누군가가 깨워줘야 한다고. 잘못하면 마비된 채 죽을 수도 있다고요.

고혜경 효자 아드님이 있어서 참 다행이네요. 그 힘겨운 씨름을 알아주는 누군가가 있다는 게 얼마나 다행이에요? 좀 전에 말씀드렸던 것 기억하세요? 트라우마가 발생했을 때는 주위에 도움의 손길을 내밀어줄 그 누구도 없었다는 것. 하지만 이제는 위협이 닥치더라도 누군가가 내 옆에 있다는 것. 간혹 혼자일 때도 마비 때문에 죽지 않았고, 그 누군가가 나를 깨워서 병원에 데려가기도 했다는 것. 어쨌든 지금 살아 계시잖아요.

트라우마센터 입구에 붙어 있는 문구 기억하시지요? "살아남아주셔서 감사합니다." 저는 이 말을 볼 때마다 뭉클해요. 지금 이 순간까지 나를 살아가게 한 그 힘이 바로 삶의 생명력일 겁니다.

김광현 지금이야 술 때문인지 가위에 눌리는 건 덜한데, 꿈은 계속 꿔요. 술 마시고 집에 들어가서 네댓 시간 자고 나면 깨는데, 그 땐 너무 이른 아침이잖아요. 그럼 뉴스 좀 틀어놓고 있다가 잠깐 자는데 그때 꿈을 꿔요. 거의 매일. 근데 무슨 꿈을 꿨는지는 전혀 기억이 안 나요. 꿈을 꾼 건 확실한데 말이에요.

고혜경 기억이 안 나시는군요. 그렇지만 꿈이 어떤 느낌이었는지는 남아 있나요?

김광현 예. 악몽을 꾸면 바르르 떨기도 하고 손사래를 치다가 깨기도 해요. 그런데 깨어나선 도무지 꿈 내용이 기억 안 나요. 대체 왜 이런 거지요?

고혜경 아까 잠자리에 술병 두고 주무신다 하셨지요? 일반적으로 알코올은 신체를 이완시키는 데 도움이 되지만 꿈 기억력은 저하시킵니다. 꿈을 기억하는 데 훼방꾼이에요. 우선 그 점을 알아두시고요. 오늘부터 우리가 함께 꿈 이야기를 나누면서 잠자는 동안 일어나는 일들을 알아가고, 자면서 일어나는 일로도 뭔가를 할 수 있다는 사실을 깨닫게 되면 분명 꿈 기억률도 높아질 겁니다.

조진석 예전에는 꿈을 잘 기억했는데, 요즘은 꿈에 대한 기억 자체가 없어요. 조금이라도 기억났으면 좋겠다는 마음이 간절한데 말이에요. 어느 날은 꿈에서 숫자가 막 나열되더라고요. 퍼뜩 '워매, 로또 사야지' 하면서 깼는데, 아무 생각이 안 나는 거예요. (웃음) 기억만 났으면 분명 뛰어가서 로또를 샀을 텐데. 지금이야 웃으면서 말하지만, 꿈이 기억나질 않으니 아이들 말로 하자면 오줌이 똑 떨어질 정도로 아쉽고 답답해요.

박민태 실제로 제가 로또 꿈을 꾼 적이 있어요. 숫자가 딱 보이더라고요. 근데 깨어나서 기억이 하나도 안 났어요. 기억해보려고 했더니 머리가 아파버려요. 결국 로또를 사긴 했는데, 하나도 안 맞았지요.

고혜경 아까워라. 다시 주무셔서 번호를 기억해내셨어야지요. 저는 꿈이 아쉬우면 다시 자요. 중요한 장면을 완결하려고요. 일반적으로 로또를 샀을 때 당첨될 확률은 매우 낮습니다. 한 사람이 벼락을 두 번 맞을 확률보다 낮다고 해요. 그런데 전 세계 공통적으로 볼 때 꿈에서 숫자 여섯 개를 본 후 그 숫자대로 로또를 사서 당첨된 확률은 굉장히 높습니다. 신기하고 재미있는 일이지요?

김광현 로또 번호 적을 공책을 꼭 품고 자야겠네요. (웃음)

고혜경 감사합니다. 오늘 숙제가 바로 그거예요. 저는 20년째 꿈 일기를 쓰고 있습니다. 머리맡에 꿈 공책을 두고서 잠들고 눈뜨자마자 꿈을 기록해요. 오늘 여러분께 드리는 숙제는 그날그날의 자기 꿈을 적어오는 거예요. 꿈을 기록할 공책을 하나 마련하시고요. 주무시기 전에 공책과 펜을 머리맡에 두시고, 꼭 꿈을 기억해서 기록해야겠다는 자기최면을 세 번씩 걸고 주무세요. 일어나자마자 꿈을 기록하시되, 적지 않아도 확연하게 기억되는 꿈이라도 적는 습관을 들이세요. 당시에는 기억하지만 꿈은 연기처럼 쉽게 도망가버려요. 그림을 그려서 꿈을 표현해도 되고요. 핸드폰에 녹음을 하셔도 좋아요. 꿈이라는 소중한 정보가 그냥 사라져버리지 않도록 어둠 속에서 이미지가 나올 때 꿈 공책에 잘 담아오세요. 우리는 그 꿈으로 8주간 놀이를 할 거예요.

조진석 기억이 나야 적지요. 거짓말로 적을 순 없잖아요.

고혜경 그래도 꿈을 꾼다는 사실은 변치 않습니다. 수면 연구에 의하면 잠잘 때의 뇌파 변화를 통해 언제 꿈을 꾸는지 알 수 있는데, 보통 하루에 다섯 번에서 일곱 번가량 꿈을 꾼다고 해요. 과학 용어로는 렘수면REM sleep이라고 하지요. 스탠퍼드 대학 실험실에서 사람을 재운 후 렘수면 단계에 들어서려 하면 깨우는 걸 3일간 반복하는 임상 실험을 했습니다. 꿈만 못 꾸게 하고 잠은 8시간 재웠어요. 그러자 사람들이 환각을 보기 시작해요. 꿈꾸는 시간이 없으면 사람은 정상적으로 살 수가 없는 겁니다. 꿈꾸는 게 상상도 못할 만치 중요한 일이라는 걸 명심하시고, 꿈을 꾸기에 우리가 이만큼 살아갈 수 있다는 점도 기억해주세요.

다만 우리는 꿈을 습관적으로 잘 잊어버립니다. 기억을 못하는 거예요. 하지만 이제까지의 제 꿈작업 경험으로 미뤄보면, 꿈을 기억하지 못했던 분들도 작업을 시작하면 서서히 꿈을 기억해내십니다. 너무 조급해진 마시고요. 이제는 꿈 이야기를 할 수 있고, 자신의 꿈을 잘 들어주는 사람들이 있다는 걸 기억해주세요. 내 안의 어딘가에 있는, 내가 의식하지 못한 어떤 부분들이 꿈으로 나타나는 건데, 그런 꿈을 기록하고 함께 이야기한다는 것은 우리 각자의 마음속에 있는데 있는 줄도 몰랐던 것들을 몸 밖으로 끄집어내는 일이기도 해요. 꽁꽁 싸매고 있던 것들을 나만의 짐이나 상처로 안고 있는 게 아니라 그걸 밖으로 풀어내서 해소한다고 생각해보세요. 그것 자체만으로도 매우 중요한 일이고 우리에게 큰 도움이 될 거예요.

조진석 녹음기를 틀어놓고 잠꼬대까지 녹음해보는 건 어때요? (웃음)

김광현 하긴, 저는 잠을 잤다 하면 잠꼬대를 한대요. 그러니 녹음기가 있어야겠네요.

고혜경 좋은 생각입니다. 농담 속에 기발한 아이디어가 들어 있네요. 잠꼬대를 많이 하는 분들은 녹음을 하거나 주변 사람들에게 그걸 좀 적어달라고 해보세요. 꿈뿐 아니라 잠꼬대와 몽유병도 다 자기 표현의 한 방식이고 그 안에는 아주 많은 정보가 들어 있어요.

조진석 제 아내는 꿈이 잘 맞는 편이에요. 뒤숭숭한 꿈을 꾸고 나면 그날은 꼭 사고가 터지지요. 아내가 큰아들에게 안 좋은 일이 벌어지는 꿈을 꾼 적이 있는데, 그날 오후에 큰아들한테 사고가 나서 경찰서에서 전화가 왔어요. 그런 일이 있고 나면 섬뜩해서 꿈을 기억하고 싶지가 않아요. 꿈에는 예지능력도 있는 것 같고.

고혜경 맞아요. 꿈에는 겹겹의 의미가 있는데, 그중에는 조진석 선생님이 말씀하신 예지의 측면도 있습니다. 2004년 동남아에 쓰나미가 덮쳤을 때 안다만제도의 원시 부족 전체가 산으로 도망가서 전부 살아남았지요. 이들이 이런 선택을 한 건 꿈의 예지력 덕분이었어요.

이외에도 꿈은 개인에 대한 성장의 메시지를 담고 있습니다. 꿈의 가장 중요한 기능 중 하나이지요. 저는 한국말 가운데서 '개꿈'이란 말이 가장 나쁜 말 같아요. 의미 없고 중요하지 않은 꿈은 없습니다. 개꿈은 없어요. 우리가 잘 알아듣지 못할 뿐, 꿈은 언제나 우리에게 꼭 필요한 중요한 진실을 속삭이고 있습니다.

꿈을 읽으려면
다른 시각과 관점이 필요합니다

고혜경 우리가 함께 꿈작업을 하기 위해서는 꿈이 무엇인지 이해할 필요가 있습니다. 이와 관련해서 간략히 설명을 드릴게요. 강의식으로 설명할 텐데, 이런 방식으로 진행하는 것은 이 시간밖에 없을 거예요. 지금 보여드리는 사진(37쪽)은 어디서 찍은 건지 아시겠어요?

조진석 달에서 지구를 찍은 거지요? 아님 화성인가?

고혜경 이 사진은 1968년 아폴로8호에 탑승했던 윌리엄 앤더스William Anders가 달 위로 지구가 떠오르는 모습을 촬영한 것입니다. 지구에 사는 우리는 달이 뜨고 진다고 여기는데요. 달을 기준으로 보면 지구가 뜨고 지는 것이지요. 이 획기적인 관점의 전환을 기억해두시고요.

기존의 사고방식에 사로잡혀 이미 알고 있는 것들 가운데서만

— 미국 우주항공국에서 쏘아 올린 유인 우주선 아
폴로8호는 1968년 12월 24일 달에 착륙했다. 달
에 발 디딘 최초의 지구인들은 이들의 눈앞에 펼
쳐진, 달의 지평선 너머로 지구가 떠오르는 모습
을 촬영했다. 이들은 달이 아닌 지구가 떠오르는
모습을 최초로 목격한 지구인이었다.

답을 찾으려 하다 보면 많은 것을 놓칠 수 있습니다. 누구나 저마다의 틀로 세상을 바라보지요. 기존 틀에서 벗어나 다른 관점으로 시야를 넓힐 때 우리는 존재의 새로운 측면을 만날 수 있습니다. 지구에서는 지구의 일부밖에 볼 수 없지만, 달에서는 지구를 한눈에 볼 수 있지요. 우리가 시야를 확상해갈 때 각자 앓고 있는 상처나 아픔을 다룰 수 있는 역량도 커지고 상처에 가려 있던 엄청난 생명력도 발견하게 될 거예요.

여러분이 겪은 5·18은 뼈아픈 역사적 사건입니다. 가해자를 처벌하고 피해자의 명예를 회복함으로써 역사를 바로 세우는 일은 너무나도 중요합니다. 여기 계신 분들은 이미 그런 활동을 활발히 해오셨고요. 이런 작업은 아직 충분히 이뤄지지 못했기에 앞으로도 지속되어야 할 겁니다. 그런데 이 일과 더불어서 여러분 각자가 자신을 위해 해야 하는 일도 그만큼 중요하다는 말씀을 꼭 드리고 싶습니다. 왜냐하면 사회정의가 실현될 때까지 내 삶이 담보 잡혀 있어서는 안 되기 때문입니다. 어떤 사건은 한 세기가 지나야 진실이 밝혀지기도 하고 심지어는 영구히 미제로 남아 진실이 묻혀버리는 경우도 있다는 것을 역사가 말해줍니다. 정의가 실현되는 날까지 일상의 나날이나 세월은 나를 기다려주지 않습니다.

여러분이 지금까지 해오신 작업은 너무나도 소중합니다. 그러나 진실이 밝혀지는 일과 나란히 여러분 자신의 삶도 건강하고 충만해질 필요가 있습니다. 여러분 자신의 마음을 들여다보고 챙겨야 하는데, 그러려면 광주트라우마센터 같은 기관이

나 전문가의 도움이 필요합니다. 하지만 이 일은 궁극적으로는 각자 자신이 해야 하는 일입니다. 세상 누구도 대신해줄 수 없습니다.

저는 우리 각자의 마음을 돌보고 상처를 치료하는 것도 '일'이라 말하고 싶습니다. 흔히 '내면 작업'이라고도 하는데, 일 혹은 작업이라 말하는 이유는 성숙하고 건강하게 살려면 누구나 마땅히 해야 하는 것이기 때문입니다.

불행히도 우리 사회는 이와 같은 내면의 일을 그 값어치만큼 강조하지 않습니다. 어쩌면 여기 계신 분들은 이 일을 하지 않고는 도저히 살 수 없으니 초대된 사람이라 할 수 있겠지요. 내면의 일에 관한 한 여러분에게는 선구적인 역할이 주어졌습니다. 이를 위한 가장 중요한 첫걸음은 세상과 사회정의와 각자의 주변을 향해 있던 시선을 안으로 돌리는 것입니다. 이 일은 결코 호락호락하지 않을 겁니다. 여러분은 피맺힌 역사의 현장에서 살아남은 정말로 강인한 분들입니다. 각자의 내면에 자리한 상처에서 흐르는 피로 이 역사적 비극을 증언하는 삶을 살 수도 있고, 그 상처를 봉합하고 치유하여 '살아남은 자의 의미'를 세상에 드러내는 분이 될 수도 있습니다. 아직은 요원하게 생각되시겠지만 후자를 위해 내딛는 첫걸음은 위대할 겁니다. 이는 눈을 내 안으로 돌리는 것에서부터 시작됩니다. 지구에서 달을 보는 익숙한 방식에서 벗어나 이제는 달에서 지구를 보는 겁니다.

안에 뭐가 있는데? 어떻게 안을 보는데? 이런 의문에 답하기 위해 또 한 장의 사진(41쪽)을 보여드릴게요. 이 사진은 많이들 보셨을 거예요. 이게 무슨 사진일까요?

김진규 바다 위에 떠 있는 빙하네요.

고혜경 흔히들 빙산이라고 하지요. '빙산의 일각'이란 말, 들어보셨을 거예요. 사진을 보면 바다 위에 떠 있는 부분에 비해 바다 아래 잠겨 있는 부분이 훨씬 큽니다. 바다 위에서는 보이지 않지만 바닷속에는 어마어마하게 큰 빙산의 몸이 있지요. 이 빙산을 우리 자신이라고 비유해본다면, 우리가 알고 있는 것들은 바다 위에 떠 있는 '빙산의 일각'에 지나지 않을 겁니다. 심리학자들은 윗부분을 인간의 의식, 아랫부분을 무의식이라고 하지요. 의식이나 무의식 같은 단어가 익숙하신가요? 전문가들이 쓰는 용어 같지만 사실 일반인들도 일상에서 자주 써요. '저 너머'라는 말 많이들 쓰시지요. 내가 알고 있는 저 너머, 인류가 알고 있는 것 저 너머, 산 사람들이 알고 있는 세상 저 너머. 내가 볼 수 있고 알고 있는 게 전부가 아니라 뭔가 더 있다는 막연한 느낌이 들 때 우리는 '저 너머'라는 시적 표현을 씁니다. 미지未知라는 말입니다. 자기가 자신을 제일 잘 안다고 여기는 경향이 있지만, 실제로 '내가 아는 나'가 나의 전부일까요? 저 빙산 이미지를 나 자신으로 대입해서 생각해봅시다. 내가 안다고 생각하는 나는 저 빙산의 일각입니다. 바닷속에는 빙산의 몸, 즉 아직 탐색하지 못한 내가 있다는 사실을 기억하시기 바랍니다. 내가 모르는 물속의 저 몸체도 나라는 걸 인식하는 것은 상당히 중요합니다. 왜냐하면 나는 매우 크고 놀라운 존재인데 내

— 극지방에서 흔히 볼 수 있는 풍경. 바다에 빙산
이 있다. 바다 밖에서 보이는 빙산의 윗부분은
어마어마하게 크지만, 바닷속에 잠겨 있는 빙산
의 아랫부분은 그에 비할 수 없을 만큼 거대하
다. 심리학자들은 빙산의 윗부분과 아랫부분으
로 인간의 의식과 무의식을 설명한다.

가 아는 아주 작은 나는 그렇지 않기 때문입니다. 누군가 스모 그가 가득한 델리나 베이징에서 태어났다고 상상해봐요. 대기의 질이 지금보다 나빠져서 1년 300일을 잿빛 하늘 아래서 산다고 생각해보세요. 그러면 그 사람이 아는 하늘은 한 치 앞도 보기 어려운 불투명하고 어두운 세상일 거예요. 언젠가 그곳을 떠나 청청하고 투명한 하늘을 보기 전까지는 하늘이 원래 그런 거라고 생각할 거예요.

우리 자신으로 돌아와봐요. 여러분 대다수가 악몽에 시달리고 가위에 눌리고 잠을 편히 못 주무세요. 30년 이상 그러셨으니 고통스러운 일상이 익숙하시지요? 깨어 있을 때의 삶도 주무실 때의 힘겨움과 크게 다르지 않을 거예요.

이 고통을 이해하고 풀어갈 실마리가 저 빙산 몸체에 있다는 걸 아시나요? 꿈이라는 빙산의 몸체가 일각에게 '네가 아는 게 다가 아니야'라고 말을 걸어오는 겁니다. 건강, 행복, 충만함 같은 말이 내 삶에서 자연스럽게 우러나오려면 일각이 몸체와 연결되어 있어야 합니다. 하지만 상처나 아픔, 욕망 같은 장애물들이 이를 가로막지요. 꿈은 이런 장애물을 청소하는 법도 가르쳐줍니다.

여러분이 시달리는 악몽, 가위눌림, 잠꼬대, 몽유병은 여러분을 괴롭히려는 게 아닙니다. 밤마다 그 자리, 그 순간으로 여러분을 데려가는 이유는 그곳이 장애물이 작동하는 자리이고 이를 청소하자고 촉구하기 위해서입니다.

아까 로또 이야기를 했어요. 로또에 당첨되고 싶지요. 근데 로또에 당첨된 사람들이 10년 후 훨씬 더 불행해진다는 조사도 있잖아요? 로또에 당첨되길 바라고 그 뒤에 따르는 불행은 원치 않는 게 우리 셈법이지만, 세상에 지불할 대가 없는 횡재는 없다는 것이 지금까지 살면서 배운 진리입니다. 저는 꿈이야말로 부작용 없는 로또라고 생각합니다. 꿈은 감사로 가득한 마음의 '부富'를 쌓게 해줍니다.

여러분이 시달리는 악몽이나 가위눌림은 이런 '마음의 부'나 행복과는 거리가 멀게 느껴지시지요? 왜 악몽을 꾸는 걸까요? 심리학자들은 악몽이 시급한 메시지가 있다는 119 '삐뽀삐뽀 사이렌'이라고 생각합니다. 지금 마음속에 시급한 문제가 있는데 잠만 쿨쿨 자고 있으면 빨간 사이렌이 돌아갑니다. 일반적인 꿈보다는 악몽이 훨씬 잘 기억되잖아요. 그 메시지가 굉장히 중요하기에 무의식은 악몽의 형태로 우리에게 전달을 하고, 사람들은 이를 쉽게 잊지 못하면서 기억을 더 잘할 수 있습니다.

꼭 말씀드리고 싶은 것은 악몽이 '나쁜 꿈'이 아니고 더욱이 여러분을 괴롭히려는 게 아니라는 사실입니다. 119 사이렌은 모든 걸 다 제치고 여기에 주목해달라, 그리고 어서 빨리 치료를 하자는 뜻입니다. 30년 이상을 밤마다 사이렌 울리는 응급 상황이었다면 얼마나 기력을 소진하셨을까요? 상황은 응급인데 수술로 이어지지는 않는 상태가 지속된 겁니다.

반가운 일은 여러분이 꿈을 기억했다는 사실입니다. 앞서 제 꿈 선생님 말씀처럼, 꿈은 그것을 다룰 능력이 있을 때만 기억

— 이 그림은 마치 여러 장의 유리창에 그려진 각
  각의 이미지들이 층층히 쌓여 있는 듯 보인다.
  무의식의 세계를 보여주는 꿈은 이러한 방식으
  로 표현되기 때문에, 꿈을 들여다볼 때는 마치
  양파 껍질을 벗기듯 한 겹씩 그 의미를 살펴보아
  야 한다.

할 수 있습니다. 실제로 할 수 있는 게 아무것도 없는 상황에서는 꿈을 아예 기억조차 못한다고 해요. 그렇게 본다면 악몽이든 길몽이든 꿈을 기억했다는 사실 자체가 좋은 소식이지요. 이제부터 여러분이 기억해주신 소중한 꿈들을 하나씩 들여다보면서 함께 탐색을 해볼 겁니다.

현실이 아닌
은유와 상징으로서의 꿈 읽는 법

고혜경 우리가 함께 꿈을 읽어나가기 위해서는 꿈의 언어를 배워야 합니다. 기본적으로 꿈은 은유와 상징으로 말합니다. 저희가 아는 표현 양식 중 가장 비슷한 것이 시일 거예요. 아무 뜻도 없는 것 같고 여러 가지가 뒤엉켜 표현되는 것처럼 느껴지지만 찬찬히 뜯어보면 놀라울 만치 완벽합니다. 꿈이 말하는 방식을 살펴보기 위해 다음 그림(44쪽)을 보시지요. 이 그림에서 뭐가 보이세요?

조진석 신문이 있는데요.

황희수 여자도 보이고요.

박민태 의자도 있네요.

김진규 오, 눈 좋다! (웃음)

고혜경 여러 그림이 마구 겹쳐 있지요? 꿈 역시 이런 식으로 여러 가지 의미를 꾸깃꾸깃 겹쳐서 표현합니다. 꿈은 황당하고 말이 안 된다고들 생각하는데, 이런 식으로 표현되기 때문에 일상의 시각으로 보면 그리 보이는 겁니다. 꿈작업은 이렇게 겹쳐 있는 것들을 양파 껍질 까듯 한 겹씩 벗겨내며 들여다보는 거예요. 그렇게 찬찬히 살펴야만 의미를 찾아낼 수 있습니다.

황성혁 선생님이 말씀해주신 꿈으로 예를 들자면, 그 꿈에는 나를 포함해서 많은 것들이 등장합니다. 셰퍼드가 나타났고, 셰퍼드에 쫓기는 나도 있었고, 감나무도 나왔지요. 꿈속에 등장하는 이 모든 것들은 내 심리를 말하고 있어요. 이들 중에서 셰퍼드와 꿈속의 나는 선명하게 대비되지요. 셰퍼드는 공격적인 데 반해 나는 수동적입니다. 이들이 모두 실제 자신을 표현한다고 본다면, 내 안에는 위험으로부터 성공적으로 도망치는 나도 있고 동시에 셰퍼드 같은 엄청난 공격성을 품고 있는 나도 있는 겁니다. 여러분은 엄청난 폭력에 노출된 경험이 있는지라 내 안의 공격성이 과민하게 불편하실 수 있어요. 나는 이런 폭력적인 사람이 되고 싶지 않다고 생각하실지도 몰라요. 그런데 셰퍼드에게 사냥감보다 더 빠른 민첩함과 끝까지 적을 놓치지 않는 치열함이 없다면 어떨 것 같으세요? 셰퍼드의 특성도 사실은 생존을 위해 반드시 필요한 겁니다.

제가 5·18로 상처입은 분들과 이런 작업을 해야겠다고 결심한 직접적인 이유는 서울에서 꿈작업을 하다가 광주 출신 사람들의 꿈을 다루다 보면 아주 어렸을 때 겪었든 심지어 뱃속에서 겪었든 간에 5·18의 영향이 꿈에 등장하기 때문이었습니다. 집단 트라우마의 형태와 정도에는 차이가 있겠지만, 분명

한 것은 그것이 집단 전체에 영향을 미치고 세월이 지나도 저절로 해결되지 않는다는 점입니다. 내가 광주에 있는 것만으로도 5·18이라는 역사적 그림자에서 자유로울 수 없는 거예요. 황성혁 선생님은 꿈속에서 셰퍼드와 대치를 하다가 하늘로 날아가버리셨어요. 이건 성공적으로 도망치는 하나의 방식일 수 있습니다. 그런 꿈을 꾸고서 기분이 좋았다고도 하셨고요. 현실에서의 인간은 중력 때문에 날지 못합니다. 하지만 꿈은 은유와 상징으로 말한다고 했어요. 우리가 이 세상을 살아갈 때 물리적으로는 중력의 영향을 받듯이 정신적으로는 인습과 관습의 영향을 받습니다. 그런데 하늘을 난다는 건 중력을 거스르는 것이고, 그런 꿈을 꾼다는 건 인습과 관습에서 자유로워진다는 점에서 소위 말해 발상의 전환을 보여주는 겁니다. 그래서 창의력이 발달한 사람들이 나는 꿈을 많이 꾸지요.

김진규 하늘을 난다는 건 자유를 누린다는 뜻이겠지요. 날자면 엄청난 모험도 할 수 있을 거예요. 이런 모험을 한다는 건 하늘을 날지 못했던 과거의 나를 완전히 죽여버리는 부분도 있는 것 같아요.

고혜경 김진규 선생님, 좋은 피드백 감사합니다. 선생님 말씀 가운데 저희가 앞으로 해야 할 중요한 내용이 들어 있어요. 덧붙여 저는 김 선생님 말씀에서 강한 염원이 느껴져요. 얼마나 날고 싶으세요? 그날 그 상황에서 벗어날 수 있다면, 이런 끝나지 않는 트라우마 증상들에서 자유로워질 수 있다면, 가볍게 훨훨 나는 자유로움이 있다면……. 자유롭지 못한 내가 죽으면 자유로운 내가 태어날 수 있어요. 꿈에서의 죽음은 커다란 변화를 의미합니다.

트라우마는 그날 그 사건에 있는 게 아니라 각자의 신경계에 있다고 해요. 트라우마로 고통받는 신경계 안에 갇힌 에너지를 충분히 풀어내면 트라우마를 겪고 있는 여러분은 죽어 없어지는 거예요. 트라우마를 몰랐을 때의 자신을 한번 떠올려보세요. 5·18이라는 사건으로 그런 여러분은 사라졌어요. 그 후로는 트라우마로 고통받는 여러분이 탄생한 것이지요.

이제 트라우마 치유 작업을 통해 트라우마에서 자유로워지는 몸으로 거듭나려 합니다. 우리가 만나는 8주 동안 지금의 고통받는 내가 완전히 사라질 수는 없을지도 모릅니다. 그렇지만 최소한 되풀이되는 악몽이나 가위눌림에서 자유로워지는 걸 목표로 해봅시다. 더 이상 가위에 시달리지 않게 되면 자면서 마비되고 고통받던 여러분은 사라지는 거예요. 훨훨 가볍게 자유로워지고 싶은 염원들을 이 자리에 모아봅시다.

용기 있는 사람만이
상처를 드러낼 수 있습니다

고혜경 이제까지 꿈에 대해 간략히 설명드렸는데요. 궁금한 점이나 그 외에 하고 싶은 말이 있으면 이야기해주세요.

박민태 저는 오늘 이런 꿈을 꿨어요. 꿈에서 어떤 사람이 바다에서 나는 김으로 찌개를 끓이겠다는 거예요. 김으로는 찌개가 아니라

국을 끓여야 하는데 말이에요. 그리 조언을 했는데도 계속 찌개를 끓이겠다더군요. 그러다가 책을 보고서는 내 말이 맞다며 국을 끓이더라고요. 그러고서 잠에서 깼어요.

고혜경 민간 속설에서 음식 먹는 꿈을 꾸면 탈이 난다는 이야기를 들어보셨을 거예요. 그렇지만 꿈을 공부하는 사람들은 음식을 영혼의 공양이라고 봅니다. 바닷속은 우리가 잘 알지 못하는 곳이고, 조금 전에 보신 빙산 이미지를 떠올려보면 아시겠지만 심리학에서 무의식의 세계에 대한 은유라고 보는 빙산의 몸체는 바닷속에 있어요. 그런 무의식의 바다에서 자라는 식물이 김이고요. 이걸로 찌개든 국이든 우리 몸에 자양분이 되는 무언가로 탈바꿈시키는 게 요리예요. 자연에서 나는 재료를 조리해서 소화가 잘 되는 자양분으로 바꿔내는 것, 이게 소위 말하는 연금술이지요. 이 꿈은 우리 모두에게 주는 선물인 것 같네요.

박민태 우리에게 좋은 소식이 올까요?

고혜경 그럼요. 우리가 하게 될 꿈작업의 토대는 카를 구스타프 융Carl Gustav Jung 박사가 만드셨어요. 그분은 그룹 작업을 하진 않으셨지만, 첫날 분석을 하려고 들고 오는 꿈이 전체 작업의 톤을 결정짓는다고 말씀하셨지요. 그래서 저는 집단 꿈작업을 할 때 처음 가져오는 꿈에 특별히 주목해요. 우리 모두에게 아주 귀한 꿈이에요. 저도 안심이 되는데요.

박민태 또 하나 질문이 있는데요. 꿈은 육체가 꾸는 건가요, 영혼이 꾸는 건가요?

고혜경 '꿈은 영혼의 거울'이라는 표현이 있습니다. 그렇다고 영혼을 육체와 분리해서 바라보는 건 아니고요. 심층심리학에서는 궁극적인 차원에서 물질과 정신의 경계가 무너진다고 해요. 실제로 마음의 병이 몸의 병을 일으키기도 하잖아요. 서로 밀접하게 영향을 미치는지라 육체와 영혼을 단순하게 나눌 순 없지요.

박민태 제가 날아다니는 꿈을 꿨잖아요. 그런데 저는 이걸 제 영혼이 날아다니는 거라고 생각하거든요.

고혜경 아, 그런 맥락에서의 질문이군요. 제주도 사람들은 예전부터 꿈을 우리가 잠들었을 때 혼이 날아다니면서 하는 여행이라고 이야기했어요. 충격적인 사건이 벌어지면 넋이 나갔다면서 빠져나간 넋을 찾아 원래의 몸으로 다시 불러들이는 '넋들임'이란 의례를 오늘날도 행하고 있고요. 제주도 사람들 방식으로 받아들인다면, 나는 꿈뿐만 아니라 꿈 자체가 영혼의 여행이겠지요. 그런데 이는 은유적인 표현이라고 생각합니다.

김광현 선생님, 저는 몽유병 환자인가 봐요. 자다가 돌아다니지는 않지만, 꿈속에서의 행동을 실제로도 해요. 꿈에서 누구랑 싸울 때면 잠결에 실제로 아내를 때리거나 발로 차요. 잠꼬대도 많이 하고요. 아내가 왜 자면서 자기를 두들겨 패냐고 한 적이 많아요.

김진규 진짜 정신병이네요. (모두 웃음)

고혜경 그렇다면 저를 포함해서 여기 계신 모든 분이 다 정신병자이게 요. 엄밀하게 이를 몽유병이라고 하지는 않지요? 자면서 때리

거나 발로 차거나 소리를 지름으로써 김 선생님 안의 에너지를
해소할 수 있겠지요. 물론 옆 사람에게는 미안한 일이지만요.
트라우마의 충격이 덮쳐올 때 몸은 싸우거나 도망치거나 얼어
붙거나 이 셋 중 하나를 하려고 해요. 그런데 이 행동을 완결하
지 못한 채 몸에 그 에너지가 남게 되지요. 개인적으로는 꿈을
꾸면서 표출되는 행동도 분명 이런 차원이 있으리라 생각합니
다. 제 꿈 선생님은 자면서 하는 잠꼬대나 몽유병이 주변 사람
들에게 "제발 나 좀 봐줘" 혹은 "내 얘기 좀 들어줘"라고 무의
식이 하는 연극 같은 것이라고 말씀하세요. 저는 자면서 때리
는 행위는 위험하거나 부당한 상황에서 싸움으로 나를 지켜내
지 못할 때 도출되는 것 같고, 잠꼬대는 내 안의 깊은 이야기를
다른 사람이 충분히 귀담아들어주지 않는 좌절감에서 비롯된
것일 수 있다고 생각해요. 이럴 때 그 내용을 기록하고 이야기
할 수 있다면, 즉 그 에너지가 편히 노닐 수 있는 판을 펼쳐주
면 증상이 훨씬 줄어들 겁니다.

김동철 여기 와서 실제로 우리와 이야기 나눠보니 어떤지도 궁금합
니다.

고혜경 해리 윌머Harry Wilmer라는 미국 텍사스 출신 정신과 의사의 치료
이야기를 통해서 제 소감을 말씀드릴게요. 미국 길거리에서는
종이를 들거나 팻말을 세워두고 구걸하는 이들을 쉽게 볼 수
있는데, 이들은 종이나 팻말에 한결같이 '베트남 참전 용사'라
는 말을 씁니다. 이 장면을 목격할 때마다 저는 의문이 들었어
요. 한국도 베트남전쟁 때 군대를 보냈고 참전자 수가 적지 않

은데, 한국에서는 '베트남 참전 용사'라고 써붙이고 자신을 드러내는 노숙자들을 본 적이 없었거든요. 왜 그럴까? 예전에는 한국이 가족 관계가 긴밀해서 군인들이 돌아왔을 때 가정 안에 흡수되고 그들의 상흔도 그 속에서 다뤄졌다는 식의 설명을 들었습니다. 물론 패전한 채 반전운동이 극렬했던 미국 땅으로 되돌아가면서 상처받은 미군 군인과, 마치 조국을 부흥시킨 영웅의 귀환 같은 대접을 받았던 한국 군인의 상황은 많이 달랐을 거고요. 그런데 저는 베트남 참전 군인들의 수기를 읽으면서 이들 상당수가 인간의 몸과 정신이 견뎌낼 수 있는 한계치를 넘어선 경험을 했고, 제가 그런 일을 겪었다면 저 역시 회복 탄력성을 잃어버렸겠다는 생각을 했습니다. 내가 그런 일을 겪고서 사회로 복귀해서 다시 일상으로 돌아갈 수 있을까? 회의적입니다. 미국의 베트남전 참전 군인들 중에서 적지 않는 이들이 병원에서 '치료 불가' 판정을 받고 마약 같은 처방전으로 삶을 영위했어요.

이런 와중에 월머라는 의사가 꿈 집단을 만들어 작업을 시작했습니다. 그는 베트남 참전 군인들을 치료한 의사들이 왜 이들에게 꿈 이야기를 묻지 않았는지 의아해했어요. 당시에 이런 사람들에게 해주는 치료란 약물 처방이 주였고, 이들에게 꿈 이야기 같은 걸 물어본 의사는 없었다는 거예요.

조진석 저도 정신과 의사를 예닐곱 명쯤 거쳐봤는데, 꿈에 대해 물어는 봐요. 근데 꿈을 꾸는지 안 꾸는지만 물어보지 그 내용은 묻질 않지요. 어떤 꿈이고 그게 본인에게 어떻게 와 닿았는지 물어봐야 하는데, 그저 꿈꾸는지, 몇 번이나 꾸는지 형식적으로 묻고 지나가요. 그러고는 이 약 먹으시오, 저 약 먹으시오 하고요.

고혜경 대다수 정신과에서는 약물 중심의 치료를 하는 게 현실입니다. 약물이 필요하다는 점은 저도 부인하지 않습니다. 어떤 분석자 교육 프로그램에서 분석이 주가 되고 약물을 보조 수단으로 사용해야 한다는 주장을 들은 적이 있는데, 저도 비슷한 입장입니다. 그런데 어느 것이 더 중요한지를 따지기보다는 이 둘 사이의 긴밀한 협력 관계가 절대적으로 필요하고 중요하다고 생각해요.

저는 한국의 베트남전 참전 군인이 미군과 같은 방식은 아닐지라도 어느 정도는 외상 후 스트레스 장애를 앓고 있다고 생각합니다. 추측컨대 우리 주변에 넘치게 많은 알코올중독이나 가정 폭력, 사회 부적응의 배경에는 이런 역사적 사건들이 직간접적으로 연루되어 있을 겁니다. 미국과의 주요한 차이라면 우리 사회는 최근까지도 마음이 아픈 것에 대해 '질병'으로서 '치료나 도움이 필요하다'는 인식이 부재했던 데 있지요. 마음 안에서 일어나는 게 뭔지를 아는 데 꿈은 참으로 중요한 자원입니다.

해리 윌머는 베트남 참전 군인들을 모은 후에 꿈을 나누는 집단 치료를 시도했어요. 한 팀을 두 그룹으로 나눈 후, 한 그룹은 안에 둘러앉고 나머지 한 그룹은 그 그룹의 밖에 둘러앉게 했지요. 안쪽 그룹 사람들은 자기 꿈을 이야기하고, 바깥쪽 그룹 사람들은 그걸 듣습니다. 바깥쪽 그룹 사람들이 안쪽 그룹 사람들의 이야기를 들어주는 큰 귀가 되어준 셈이지요. 그런데 이것만으로도 놀라운 변화가 일어났어요. 윌머의 이 선구적 작업은 외상 후 스트레스 장애를 다루는 일종의 교과서 같은 모델이 되었습니다.

꿈은 말로 채 표현할 수 없는, 그야말로 상상을 초월하는 경험과 거기에서 비롯된 심리 상태들까지 나름의 방식으로 표현해줍니다. 누군가가 그 소화 안 되는 상황을, 그 혼란스럽고 억장 무너지는 심정을 귀담아듣고 공감해주는 것에서부터 기적 같은 변화가 시작됩니다. 치유란 게 어마어마한 기술과 특별한 비법이 있는 건 아닌 것 같아요. 기본적으로는 누군가가 "나 이렇게 기막히고 그래서 아프다"라는 이야기를 하고, 또다른 누군가는 그걸 진심 어린 마음으로 듣고 느끼고 공감해주는 것이 비법일 겁니다.

여러분과 함께하는 느낌이 어떠하냐고요? 각자의 아픔을 이야기하고 듣는 이런 모임에 함께하게 되어서 저는 정말 감사합니다. 내밀하고 깊은 꿈 이야기를 나눌 수 있는 장이 생겨서 또한 감사하고요. 우리는 약하거나 엄살을 떨기 때문이 아니라 용기 있기 때문에 이런 모임을 할 수 있는 거예요. 약할 때는 자신의 취약한 치부를 드러내는 게 어렵습니다. 하지만 지금 우리는 "나 이렇게 아파" 혹은 "나는 감당이 안 돼" "도움이 필요해"라고 말할 수 있습니다. 진정으로 자기자신을 사랑하는 분들이 용기를 내주신 덕분에 가능한 자리이겠지요.

그렇다고 해서 제가 떨리지 않고 두렵지 않은 건 아닙니다. 어떻게 진행될지? 사실 막막합니다. 이전에 이 땅에서 아무도 하지 않은 일을 경험도 많지 않은 제가 시작한다는 게 두려워요. 그럼에도 지금 이 순간, 이 특별한 자리의 일원이 되어서 감사한 마음이 훨씬 큽니다.

김동철 광주트라우마센터에서 이런 작업 요청을 받고 어떠셨나요? 우리에 대해서는 어떻게 소개받고 오셨어요?

고혜경 집단의 상처를 다루는 작업이 필요하다는 이야기는 줄곧 해왔고요. 꿈작업 하러 10여 년 전부터 광주를 오가기는 했어요.

김동철 5·18 당시에는 광주에 안 계셨을 것 아니에요? 그러니 뜬소문도 들으셨을 거고, 센터에 오면서 이 사람들을 어떻게 만나야 할지도 고민하셨을 텐데요. 서슴지 말고 한번 이야기해보세요. (모두 웃음)

고혜경 이제야 진짜 시험대에 오르는군요. (웃음) 우선 함께 작업을 해야 한다는 마음이 앞섰어요. 근데 막상 작업을 하려 하니 겁이 나더군요. 30년 넘게 묵은 상처 보따리가 풀릴 때 내가 잘 감당해낼 수 있을까? 선생님들이 그 아픔을 한꺼번에 다 쏟아내시면 어떻게 해야 할지 걱정도 되었고요. "네가 우리 아픔을 뭘 알아?" 하며 안 받아주실까봐 우려도 했어요. 유학 시절에 보고 듣던 게 있어서 한국에서도 이런 작업이 필요하다고 떠들어대긴 했는데, 막상 판이 펼쳐진다고 생각하니 겁나더라고요. 와보기 전에는 혼자 오만 가지 생각을 다 했지요. 그런데 오늘 선생님들이 거침없이 편하게 말씀해주셔서 좋았습니다.

그동안 제가 작업했던 다른 팀들과 크게 다르지 않겠구나 싶었어요.

김광현 그간 외부 사람들과 이런 대화를 나누면 싸우거나 불미스러운 일이 생기니 속내를 드러내지 않고 감추게 되었어요. 근데 트라우마센터에 오면서 속내를 표현하는 연습을 한 것 같아요. 그런 연습 기간이 없었다면 선생님과도 이렇게 꿈 이야기를 편하게 하기 어려웠을 거예요.

고혜경 충분히 이해는 가요. 한 번 왔다가 가버리는 사람들을 많이 보셨을 테고, 그런 데서 여러 차례 상처를 겪어오셨잖아요. 그런 상황에서 '내가 어떻게 너를 믿고 가겠어'라는 생각이 드는 건 당연한 일이지요. 광주트라우마센터가 없었더라면 이런 만남이 불가능했을 겁니다.

김광현 예전에 학술 논문이나 방송을 위해 인터뷰를 하려고 잠깐잠깐 오신 분들이 있었어요. 지금에서야 얘기하지만, 그땐 내가 희생을 해서라도 이런 현실을 바깥에 알려야겠다는 생각에서 그런 분들을 만났지요. 그런데 그건 상대방에게 내 사생활을 모두 드러내놓는 거거든요. 그러다 보면 잠깐 뵌 분들이 일순간 나를 정신병자로 봐버려요. 그런 경우가 상당히 많았지요. 이런 일이 반복되다 보니 이제는 인터뷰 요청이 들어와도 거절하는 사람들이 많고요. 항상 어떤 때가 되면 반짝 주목을 받았을 뿐 정말로 그 아픔을 치유하려고 하는 사람들이 없었어요. 광주트라우마센터가 관심을 갖고 우리 내면에 숨어 있던 걸 일단 끄집어낼 기회를 준 것 같고 안정적으로 문제를 해결해가고 있는 것 같아요.

고혜경   30여 년간 광주의 집단 트라우마가 갖는 심각성에 부합하는
적절한 치유 작업이 이루어지지 않은 건 참으로 부끄러운 일입
니다. 역사적 비극이었고 이로 인해 고통받고 신음하며 아직까
지 근근히 버티는 사람들이 있는데, 이 내면의 상처를 개인의
몫으로 치부해버리는 것은 우리 사회의 미성숙함을 드러내는
단적인 예라고 생각해요. 집단 트라우마를 다루는 시스템에 있
어서 한국 사회는 유치원 단계라고 여겨져요. 하지만 광주 사
람들의 아픔을 다루다 보면 그걸 통해서 우리 사회 전체에 뭔
가 제시할 게 생길 거예요. 앞으로 이 작업이 어떻게 진행될지
모르지만 이런 시작이 끼칠 파장은 클 겁니다. 이 땅의 무수히
많은 다른 집단 트라우마를 바라보고 다루는 시각도 달라지리
라고 봅니다. 저는 집단의 상흔이 대물림한다는 사실을 배워서
알고 있습니다. 상처를 치유하고 다음 세대에게 이 상처를 유
증하지 않는 것은 역사적 과업이에요. 그런 소중한 작업에 저
를 초대해주셔서 정말 감사합니다.

김광현   저희 역시 감사합니다. (모두 박수)

고혜경   그럼 다음 시간까지 제가 내드린 숙제 꼭 해오시길 바라요.

김동철   선생님, 그런데 여기서는 약물 치료도 가능한가요?

고혜경   아니요. 저는 그런 치료를 할 수 있는 자격이 없고요. 정신과에
서 진료하는 전문가들만 약물을 쓸 수 있습니다. 다만 꿈을 잘
꾸기 위한 약을 하나 추천해드릴게요. 비타민B 복합체를 드세
요. 시중에서 손쉽게 구할 수 있을 거예요. 비타민B 복합체가

꿈 기억률을 향상시킨다는 논문이 미국에서 많이 발표되었어요. 수용성이라 몸에 남은 영양소는 그냥 배설돼요.

조진석 우리 둘째가 그거 먹던데, 저도 같이 먹어야겠네요. 오늘부터 꿈은 모조리 내 것이다! (모두 웃음)

고혜경 오늘 함께하시느라 수고 많으셨습니다. (모두 박수)

세상이 나를 짓밟을지라도

꿈은 아직

살아 있습니다

고혜경 한 주 동안 안녕하셨지요? 지난주에 숙제를 내드렸는데 모두

들 해오셨는지요?

조진석 꿈을 기억하려고 애써봤는데, 생각이 안 나요. 오늘 아침에는

꿈속에서 무슨 소리에 놀라 악을 쓰다가 깼거든요. 내가 악을

써서 식구들이 깜짝 놀라서 깰 정도였어요. 그런데도 구체적인

꿈 내용은 생각이 나질 않아요.

고혜경 내용이 기억나진 않으셔도 꿈을 꾸는 건 아시겠지요?

조진석 뭔가 꿈을 꾸긴 하겠지요. 아직 두 번째 시간이라 기억이 안 나

는 걸 테고, 여덟 번째 시간까지 가면 잘 기억할 거예요. (웃음)

고혜경 우선 노력하셨다는 게 중요합니다. 진전이 있을 테니 마음 편

히 기다리세요.

오늘은 본격적으로 꿈 하나를 골라 함께 작업해볼 텐데요. 먼

저 여러 선생님들이 최근에 어떤 꿈을 꾸셨는지부터 들어볼게

요. 황성혁 선생님은 어떠셨어요? 지난 일주일간 꿈꾸셨어요?

황성혁 잠을 설치는 사람이 꿈을 많이 꾼다고들 하더군요. 그러니까

저도 꿈을 많이 꾸겠지요. 자다가 하루에 세 번을 깨기도 하니

까요. 기억 안 나는 꿈도 있지만, 생생하게 기억나는 꿈도 있어요. 오늘은 돼지꿈을 꿨어요. 몸뚱이는 돼지이고 머리는 사람인데 홀라당 벗고 있더라고요, 여섯 마리가.

조진석 돼지꿈이라고 해서 그 꿈 사려고 했는데, 듣고 보니 안 사야겠네요. (웃음)

고혜경 꿈 내용을 적거나 그려볼 생각은 하셨어요?

황성혁 생각은 해봤지요. 꿈 공책을 준비하려고도 해봤고요.

조진석 에이, 거짓말도 잘하시네. (웃음)

고혜경 박민태 선생님은 어떠셨어요?

박민태 저도 꿈을 여럿 꿨어요. 한 번은 꿈에서 이상한 놈이 나를 잡으러 왔어요. 그놈한테 고춧가루를 팍팍 뿌려서 혼내주고 싶었지요. 그래서 고춧가루를 찾으러 부엌에 갔는데, 그걸 누가 일러서 그놈이 도망가버렸어요. 속상해서 내가 악을 쓰고 울었지요. 결국 아내가 깨워서 일어났는데, 그렇게 꿈꾸다가 울고 악 쓰는 일이 잦아요.

얼마 전 제가 형편이 어려워서 실제로 반지를 전당포에 갖다줬어요. 근데 어젯밤 꿈에 노란 금 목걸이가 내게 있다고 해서 부엌에 가보니 통통한 목걸이 세 개가 있더라고요. 꿈속에서도 '내가 전당포에 갖다줄 건 다 갖다줬는데, 또 뭔가가 있네' 하는 생각이 들더라고요. 욕심 날 만큼 좋은 목걸이였어요.

고혜경 전당포에 어떤 물건을 갖다주면 돈을 주잖아요. 꿈에서의 돈은 내 안의 에너지를 뜻해요. 박민태 선생님은 내면에 에너지가 많으신가 봐요. 꿈에서 무언가 돈이 될 만한 게 나오는 걸 보면. 금 꿈은 굉장히 특별한 꿈이니 앞으로도 그런 꿈 좀 자주 꿔오세요.

박민태 로또 하나 사면 당첨될까요? (웃음)

고혜경 로또보다 더 좋을 걸요. (웃음)

꿈의 메시지에
귀 기울인다는 것은

고혜경 김동철 선생님은 한 주간 어떠셨어요?

김동철 꿈은 계속 꾸는데, 90퍼센트는 나한테 불리하고 무서운 꿈이에요. 생각지도 않은 잘못을 해서 수갑 차고 교도소에 가는 걸 뿌리치는 꿈도 꿨고, 자동차를 운전하다가 큰 교통사고를 내는 꿈도 꿨어요. 잠결에도 이게 꿈이었으면 하는 생각이 들어서 나도 모르게 눈을 떠보면 진짜 꿈인 거예요. 왜 이런 꿈을 꾸는지 알 수 없어 답답해요. 꿈이 뇌와 관련 있다는 얘기를 듣고서 MRI를 찍을 생각도 해봤어요. 근데 그걸로 이런 꿈을 꾸는 원인을 판독할 수 있을지 확신이 없어요. 꿈꾸지 않고 잘 수 있는 약이 있다면 그걸 먹어서라도 꿈을 안 꿨으면 좋겠어요.

고혜경 굉장히 고통스러우시겠어요. 그런데 지난 시간에도 말씀드렸지만, 꿈은 안 꾸면 큰일 납니다. 나를 불행하게 하거나 불리하게 만드는 꿈은 없어요. 박민태 선생님은 꿈에서 악을 쓰며 운다고 하시잖아요. 내가 깨어 있을 때 충분히 드러내거나 표현하지 못한 것들을 그런 식으로 꿈에서 해소하니 이렇게 살 수 있는 겁니다. 꿈을 꾼다는 것 자체가 이미 내 건강이나 안위에 도움이 된다는 사실을 잊지 않으셨으면 해요.

꿈을 받아들이기 어렵고 삶의 고통을 다 떨쳐버렸으면 좋겠지요? 그런 유혹은 누구나 느낄 겁니다. 근데 이런 표현에서 선생님 삶의 고단함이 전달돼요. 꿈의 내용 때문이 아니라 꿈을 받아들이는 김 선생님의 자세 때문에 저에게 그렇게 느껴지는 거지요. "내 삶에서 불행은 이미 차고 넘쳐. 더 이상 나한테 힘든 걸 주지 마!" 이렇게 절규하시는 듯해요. 실제 꿈을 다뤄보면 아실 거예요. '나쁜 꿈'은 없습니다. 꿈은 삶의 꼬인 문제와 얽혀 있는 감정을 풀어가자며 그 실마리를 주는데, 삶의 무게가 지나치게 무거운지라 나를 도와주러 오는 꿈에게도 "더 이상은 오지 마"라고 하시는 듯해요.

여기 계신 모든 분들은 자신이 이미 과부하에 걸렸다고 여기실 거예요. 그렇지만 기분 나쁜 꿈일지라도 그게 해로운 꿈은 아닙니다. 모든 꿈이 우리를 건강하고 평안하게 살 수 있도록 도와주고 삶의 균형을 잡을 수 있도록 이끌어준다는 걸 꼭 기억해주세요. 그리고 꿈이 전하고자 하는 메시지에 귀 기울여보세요. 여러분이 그 어떤 최악의 악몽을 말씀하셔도 저는 그 안에서 긍정적인 메시지를 찾아드릴 수 있습니다. 그걸 이해하면 악몽도 달리 보일 거예요.

김동철 좋은 꿈을 꾸면 좋지만 나쁜 꿈을 꾸더라도 꿈은 필요하다는 말인가요?

고혜경 예. 그렇습니다. 그리고 어떤 꿈에 대해서든 좋은 꿈인지 나쁜 꿈인지를 판단하지 마세요. 예를 들어 아내가 죽는 꿈을 꿨다면 아침에 일어나서 기분이 안 좋겠지요? 하지만 그런 꿈을 꿨다고 해서 실제로 아내가 죽는 건 아니잖아요? 사실 이 꿈은 굉장히 축하할 꿈이에요. 정서적 측면에서든 능력에 있어서든 아내에게 의존하고 있던 부분을 스스로 해결할 수 있게 되었을 때 이런 꿈을 꾸거든요.

박민태 기분 나쁜 꿈을 꾸면 어쨌든 그날은 조심하게 되더라고요.

고혜경 그렇긴 하지요. 여러분은 꿈을 안 꾸었으면 하시지만 오히려 심각한 악몽을 기억하지 못한다면 저는 그게 더 걱정스러울 것 같아요. 악몽은 기본적으로 시급한 메시지가 있다는 말인데, 꿈이 말하고 있는 이슈를 다뤄낸다면 삶이 훨씬 자유로워질 텐데, 그러한 꿈의 초대를 무시한다면 그게 더 큰일이지요.

김동철 저는 꿈에서 교통사고가 나면 잘 기억나요. 그런 날은 어디를 가더라도 하루 종일 조심하지요. 근데 다른 꿈은 기억을 잘 못하고요.

고혜경 김동철 선생님은 지난주에도 접촉 사고 꿈을 말씀하셨지요? 다른 분들도 탈것이 나오는 꿈 많이 꾸실 텐데요. 이론적인 말씀을 드릴게요. 꿈은 우리가 일반적으로 사용하는 언어가 아닌 은유와 상징의 언어를 사용한다고 이전 시간에 말씀드렸지요. 자전거, 오토바이, 버스, 택시, 자가용, 지하철, 기차, 비행기 등등의 탈것이 나오는 꿈은 관계에 대한 이슈를 담고 있습니다. 자전거나 택시처럼 개별적으로 움직이는 차는 개인적인 관계로, 버스나 지하철 같은 대중교통은 집단이나 단체와의 관계로 볼 수 있어요.

접촉 사고는 다른 차량에 과하게 다가가서 안전거리를 지키지 않을 때 벌어지지요. 이런 꿈은 실제 교통사고의 경험과 관련되어 있을 수도 있지만 그보다는 주변 사람 혹은 집단과의 갈등을 나타내는 경우가 많아요. 차량의 충돌을 관계의 충돌로 바꿔 생각해봐요. 누군가가 내 생각이나 감정에 지나치게 깊이 개입해서 간섭하고 충고한다고 생각해보세요. 혹은 내가 남에게 내 생각을 강요하거나 내 감정을 쏟아붓는다고 생각해보세요. 침범이 쉬워질수록, 그리고 그걸 허용할수록 충돌이 일어날 수밖에 없을 겁니다.

이번에는 윤민석 선생님 이야기를 들어보지요.

윤민석 전 피곤하게 일을 하다가 자면 숙면을 취하고 꿈도 잘 안 꾸는데, 일을 안 하고 시간이 많을 때는 잠을 설치고 꿈도 시시때때로 꿔요. 요즘은 제가 몸이 아파서 집에서 쉬다 보니 하루에도 대여섯 번은 꿈을 꿔요. 그 꿈이 다 기억나는 건 아니지만요.

고혜경 지난 시간에 렘수면에 대해 설명드렸는데요. 사람은 잠을 자면서 하루에 다섯 번에서 일곱 번가량 렘수면 상태에 들어갑니다. 이때 꿈을 꾸고요. 일반적으로 초저녁에는 굉장히 짧은 꿈을 꾸고, 시간이 지날수록 꿈꾸는 시간이 늘어나지요. 그래서 아침에 일어나기 전에는 대략 45분간 꿈을 꾸고요. 윤민석 선생님은 아침녘에 꾼 꿈들을 토막토막 기억하시는 게 아닌가 싶어요.

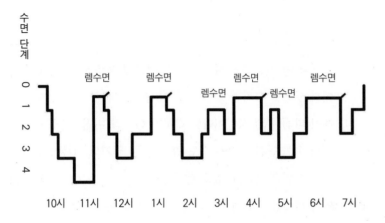

수면 단계

렘수면 렘수면 렘수면 렘수면 렘수면 렘수면

0 1 2 3 4

10시 11시 12시 1시 2시 3시 4시 5시 6시 7시

— 수면 시간에 따른 수면 단계를 나타낸 그래프.
잠든 후 렘수면 단계에서 꿈을 꾸는데, 그래프를
살펴보면 잠에서 깨어나기 직전의 렘수면 시간
이 가장 긴 것을 확인할 수 있다. 즉 이때 가장 긴
꿈을 꾼다고 보면 된다.

또 하나 기억해두서야 할 건, 하룻밤에 꾸는 모든 꿈이 모두 공통의 주제를 갖고 있다는 점이에요. 하룻밤 동안의 꿈을 기록해보면 꿈마다 제각각의 이야기를 하는 것처럼 보여요. 그럼에도 불구하고 이들 꿈은 하나의 메시지를 전달하고 싶어합니다. 클래식 음악에서는 하나의 주제를 두고 여러 방식으로 변주를 해나가잖아요. 하룻밤의 꿈도 다 달라보이지만 실제론 한 가지 주제를 이렇게 하면 알아들을까, 다르게 설명해볼까, 길게 늘여서 말해볼까 하는 식이지요. 이 주제가 꿈꾸는 사람이 계속해서 다뤄야 할 사안이라면 하루가 아니라 며칠, 길게는 수년에서 수십 년간 계속될 수도 있고요. 꿈 일기의 기록이 쌓이다 보면 이를 발견할 수 있을 겁니다.

윤민석 제가 하룻밤에 대여섯 개의 꿈을 꾸는 건 아니고요. 하루 종일 집에 있다 보면 낮에 잠깐씩 자기도 하는데, 그런 걸 다 포함해서 24시간 동안 대여섯 개의 꿈을 꾼다는 말이었어요. 숙면을 취할 땐 안 꾸던 꿈이 계속 꿔지는 거지요. 그렇다 보니 어떤 때 이렇게 꿈을 많이 꾸는지가 궁금해요.

고혜경 꿈이란 내 눈에 안 보이는 내 마음을 이미지로 영화처럼 비춰 보여주는 것입니다. 결국 내 마음의 표현이지요. 바쁘면 꿈을 안 꾸고 시간 많으면 꿈을 많이 꾼다고 표현하는 건 모든 현대인이 당면하고 있는 문제입니다. 대부분의 시간을 분주하게 보내다 보니 내 마음속에서 일어나는 일을 무시하고 살게 되지요.

박민태 우리는 모두 죽음의 문턱까지 갔다온 사람들이에요. 그래선지 무서운 꿈도 많이 꿨고요. 하지만 세월이 흐르면서 무서운 꿈이 많이 사라지긴 하더군요. 근데 지금도 가끔씩 죽은 사람이 꿈에 나타나긴 해요. 언젠가 돌아가신 장모님이 나오는 꿈을 꾼 적이 있는데요. 얼굴이 통통한 게 살아 계실 때랑 똑같아 보이더라고요. 딱 나타나시더니 아무 말씀 안 하신 채 빤히 저를 쳐다보셨어요. 그러다가 딴 데서 뭘 하시다가는 사라지셨지요.

고혜경 박민태 선생님께 장모님은 어떤 분이셨어요?

박민태 제가 장모님 속을 많이 썩였어요. 사이도 안 좋았고요. 제가 제 분을 참지 못해서 장모님한테 해선 안 될 말도 많이 했고요. 그게 제 마음에 남아 있지요. 근데 꿈에 나타나신 거예요.

고혜경 제가 그 꿈을 꾸었다면 그 눈길이 무척 부담스러울 듯해요. 나를 혼내거나 비난하는 눈길 같아요. 그런데 꿈에 등장한 장모님이 실제로 돌아가신 장모님일까요, 아니면 내 마음 안에 나를 장모님처럼 날카롭게 쏘아보는 눈길일까요? 후자일 것 같아요. 저는 인간의 도道 중에서 제일 높은 도는 자기자신에게 친절해지는 것이라고 생각합니다. 장모님과의 관계에 대해 후회도 남으시겠지요. 그런데 만일 장모님이 다시 오신다면 "자네 애썼네. 힘들어서 그랬지"라고 하시지 않을까요?

꿈에 죽은 사람이 나오면 어떻다더라 하는 얘기는 많이들 하잖아요. 돌아가신 분이 나를 찾아오셨다고 인식을 하는 꿈과 실제로는 돌아가셨는데 꿈속에선 그걸 눈치채지 못한 채 아직 살아 계신다고 여기는 꿈 사이에는 차이가 있습니다. 후자는 그분의 생사 여부와 무관하게 내 내면의 어떤 부분이 그 사람을 통해 형상화된 경우가 많습니다. 반면에 전자는 실제로 돌아가신 분이 전할 메시지가 있어서 나를 찾아오셨다고도 볼 수 있어요. 실제로 가까운 사람이 세상을 뜬 후에 그 사람 꿈을 꾸는 경우는 꽤 있지요.

박민태 이런 말씀 드려도 될지 모르겠지만, 솔직히 말해서 저는 꿈을 믿지 않아요. 믿을 게 못 되더라고요.

고혜경 괜찮습니다. '꿈처럼 된다' 아니면 '꿈은 반대다'라는 말들이 있지만, 꿈은 믿고 안 믿고의 문제가 아니에요. 지금까지 들어보지 못한 이야기일 거예요. 이 분야를 공부하는 학자들은 꿈이 횡설수설하는 게 아니라 아주 정확하게 뭔가를 전하려 한다는 점을 많이 말씀하셨고요. 꿈 말을 잊어버린 우리는 그 말을 잘 이해하지 못하는 거예요. 우리 작업에서는 꿈이 전하고자 하는 메시지에 관심을 기울이면서 그 메시지를 어떻게 들을 건지에 초점을 맞추려 합니다.

몽유병,
자신을 살펴봐달라는 무의식의 연극

조진석 지난 시간에도 말씀드렸는데, 나름대로 애를 써도 꿈을 기억하는 게 쉽지 않아요. 꿈에서 로또 번호가 나오면 여한이 없겠는데 말이에요. (웃음) 제가 좋은 약을 많이 먹고 있어요. 엊그제는 비타민B도 챙겨 먹었고요. 그런데 얼굴에 두드러기가 나서 혼났어요. 내가 사먹은 게 아니라 아들 걸 훔쳐 먹었지만.

황성혁 몰래 훔쳐 먹으니 그렇지요. (웃음)

고혜경 병원에 가서 지금 복용하는 약 중 비타민B와 같이 복용하면 안되는 약이 있는지 물어보세요. 다른 약과 섞어 복용할 때 혹시 문제가 생길 수도 있으니까요.

조진석 발목과 허리, 어깨가 아프고 잠도 잘 못 자니까 자주는 아니더라도 가끔씩 여러 약을 섞어 먹는데, 그래서 그런지도 모르겠네요.

고혜경 조진석 선생님은 기억나는 꿈이 하나도 없으세요? 옛날에 꾼 꿈도 상관없으니 한번 말씀해보세요.

조진석 옛날에는 꿈꾸고 나서 기억이 나기도 했는데, 지금은 다 잊어버렸어요. 요즘 꿈은 기억이 안 나고요.

고혜경 꿈을 기억하지 못하더라도 자다가 소리를 지르거나 잠꼬대를 한 적은 있으시지요? 가족에게 부탁해서 조 선생님이 주무실 때 어떤지 좀 알려달라고 해주세요.

조진석 앞서도 말씀드렸지만, 오늘은 자다가 악을 썼어요. 무슨 악을 썼는지, 왜 악을 썼는지는 기억이 안 나고요. 일어나서 둘러보니 식구들이 전부 내 옆에 있더라고요. 왜 여기 있느냐고 했더니 모두들 어이없는 표정으로 날 쳐다보더군요.

저는 자다가 벌떡 일어나서 밖에 나갈 때도 있어요. 누군가 나를 부르는 것 같아 현관문을 열고서는 "들어와라" 그러는데 밖에는 아무도 없으니 들어올 리가 없지요. 밤에 이런 소란을 몇 번 피우곤 해요. 이게 몽유병은 아니지요? 이게 몽유병이면 나는 환자인 건데!

고혜경 몽유병은 아니고요. 비명을 지르니까 가족들이 달려와서 나를 걱정하고 있잖아요. 꿈에서의 상황은 기억을 못하지만 분명 위협적이었을 것이고, 그 비명과 함께 눈을 떴을 때 가족이 전부 내 곁에 있는 장면도 꿈의 연장으로 볼 수 있을 것 같아요. 트라우마란 그 견딜 수 없는 충격의 순간 '아무도 없었다'는 게 주요한 구성 요소예요. 꿈에서 깰 때의 이미지가 저라면, '그때 그 순간하고는 달라'라는 확인으로 다가와서 엄청난 위안이 될 것 같아요. 잠꼬대나 몽유병도 자세히 살펴봐야 한다고 말씀드렸잖아요. 비명이 튀어나오는 위협적인 꿈 상황보다는 그 순간 나를 염려하고 함께해주는 가족이 있다는 걸 내 무의식이 가르쳐주고 싶어하는 것 같아요. 이런 꿈 안 꾸셨으면 내 든든한 지지자들이 있다는 걸 기억 못하실 뻔했어요. 다른 선생님들은 어린 시절에 몽유병으로 고생한 적 없으신가요?

김동철 젊은 시절에는 다 그렇지요. 가시내를 보듬는 생각 같은 걸 할 때⋯⋯. (웃음)

조진석 그건 몽정이지. 꿈속에서 기분 좋은 것! (웃음) 몽유병은 자기는 기억을 못하는데 잠자다가 일어나서 돌아다니는 거예요. 그래서 누가 보면 정신 나갔다 하고요.

고혜경 몽정은 여러분 모두 경험해보신 자연스러운 현상이고요. 일단 몽유병에 대해 먼저 알아봅시다. 우리말에는 '병'이란 말이 붙었지만, 영어로는 'sleep walking'이라고 해요. 자는 동안 걸어다니는 걸 가리키는 것이지 이걸 모두 병으로 치부해버리면 그 본질을 잘 못 볼 수 있어요.

조진석 근데 우리나라에서는 몽유병이라고 하면 정신병보다 더 험하게 생각해요.

고혜경 실제로 험한 경우가 있긴 해요. 예를 들면, 매일 같은 시간에 일어나서 집 밖으로 나가 돌아다니는 거예요. 그러다가 새벽녘에 경찰서에서 연락이 오지요, 이 사람 좀 데려가라고. 수십 년간 이렇게 매일 밤 돌아다닌 경우도 있었습니다. 물론 본인은 자신이 그렇게 돌아다닌 걸 기억 못하고요. 일상생활이 불가능할 정도로 심각한 상황이면 병원에서 치료를 받아야겠지요.

조진석 저는 잠든 채 일어나서 나가는 것도 아니고 기억도 나니까 확실히 몽유병은 아니네요. 그런데 주변에서 저더러 야행성이라고 했어요. 다들 잠자는 시간인데 저는 시내를 돌아다녀야 속이 풀리는 거예요. 15년쯤 전부터 10여 년간 그리 지냈을 거예요. 한때 숨어 살다시피 한 적이 있는데, 남들 눈에 띄면 안 되는데도 간혹 한두 시간씩 야밤에 돌아다니면서 바람을 쐬야 맘이 편해졌어요.

고혜경 저는 그 기분을 짐작만 해볼 따름입니다. 답답하셨을 것 같고, 마음대로 활보하고 싶은 열망이 강하게 느껴져요.

조진석 사업이 망했을 때 말고 그전에 돈을 갈퀴로 긁으면서 승승장구할 때도 밤만 되면 꼭 나다녔어요. 아무리 피곤해도요.

고혜경 선생님의 경우는 분명 몽유병이 아니고요. 원래 이야기로 다시 돌아가보면, 몽유병은 무의식이 주변 사람들에게 제발 자신의 상황을 알아달라고 하는 연극 같은 거예요. 심층심리학을 공부하는 저희는 다른 사람이 알아듣게 표현해낼 순 없지만 무언가 그들에게 전하고 싶은 메시지가 있을 때 몽유병이 나타난다고 봅니다. 성장하는 아이들에게는 흔히 일어나는 일이고요. 제가 가장 자주 듣는 몽유병 형태는 아이가 매일 자다가 일어나서 냉장고 문을 열고 그 안을 한참 들여다본 후에 다시 자러가는 경우지요. 물론 아이는 이걸 전혀 기억하지 못하고요. 아이의 무의식이 주변 사람들, 특히 가족에게 호소하려는 게 뭘까? 질문을 한번 해보세요. 내 아이라면 저런 방식으로 무슨 말을 하려는 걸까?

냉장고는 음식이 보관되어 있는 곳이에요. 지난주에 김국 이야기를 하면서 말씀드렸지요? 꿈에서 음식은 영혼의 공양이라고. 이 아이는 우리 집에 이렇게 음식이 많을지 모르지만 영적인 자양분은 없다는 말을 하고 싶은 거예요. 음식을 먹어 몸을 살찌우듯이 영혼에도 자양분이 필요한데, 이 아이는 이런 식으로 영적인 측면에서 허기가 질 지경이라는 선포를 하는 거지요.

몽유병에 관한 실례를 하나만 더 들어볼게요. 제 선생님이 접한 사례인데, 여러분과도 관련이 있을 수 있어요. 미국에서 다섯 살짜리 아이를 둔 부모가 저희 선생님을 찾아왔대요. 자기 아이가 매일 새벽 1시에 일어나서는 술이 든 찬장을 열고서 술들을 다 끄집어낸 후 밖에다가 쭉 일렬로 세워놓고 다시 잠든다는 거예요. 물론 이 일은 모두 잠결에 일어나는 거지요. 아침에 일어나면 찬장 앞에 술병이 줄지어 서 있는데, 한 번도 아니고 매일 그러니 부모로서는 귀신이 곡할 노릇이었겠지요.

사연을 듣고서 제 선생님께서 집안의 분위기와 상황을 물어보셨대요. 함께 사는 아이의 외할아버지가 알코올중독이셨다더군요. 집에서 술을 마신 후 소리를 지르고 물건을 깨뜨리곤 했다는데, 아이가 그런 환경에서는 도저히 제대로 살 수 없었겠지요. 근데 다섯 살짜리 아이가 그런 말을 논리정연하게 입밖으로 내뱉을 순 없잖아요. 하지만 이 아이의 무의식은 아는 거예요. 이런 환경에서 자기가 제대로 클 수 없다는 걸. 아이의 몽유병은 집안 사람들에게 하는 절박한 호소였던 겁니다. 꿈과 마찬가지로 몽유병에도 중요한 메시지가 있기 때문에 이런 증상이 나타나면 유심히 살피고 무얼 말하려고 하는지 귀 기울여 들어야 해요.

김진규 질문이 있는데요. 몽유병에 걸린 아이 이야기를 듣다 보니 떠올랐는데요. 몽유병은 아니지만, 실제로 5·18 동지들 중에 비슷한 예가 있습니다. 방에 가보면 다른 건 없고 술병들을 쭉 진열해놔요. 술을 마신 후 술병을 치우지 않고 늘어두는 걸 많이 봤거든요. 버리라고 하면 안 버리겠다고 하고요. 그렇게 술병을 진열해놓는 것도 병적인 증상인가요?

고혜경 앞서의 경우와는 다르지만, 거기에도 분명 어떤 메시지가 있을 겁니다. 잠을 자면서 한 행동인지 깨어 있는 동안 습관적으로 한 행동인지에 따라서도 달리 접근해봐야겠지요. 강박적으로 모든 걸 정리정돈하는 분일 수도 있고, 다른 이유일 수도 있어요. 저에게는 나 이러고 있으니 누가 좀 말려달라는 소리로 들리기도 하네요. 이유는 다양할 것 같아요.

내 청춘의 시절 펼쳐진
흐뭇한 꿈들

고혜경 오늘부터는 본격적으로 꿈작업을 해볼 텐데요. 꿈이 어떤 식으로 표현되고 어떻게 내 건강과 자아실현을 도와주는지 실제로 확인해보도록 할게요. 작업을 하다 보면 선생님들도 꿈을 좀더 이해하실 수 있을 겁니다. 지원자가 있으시면 그분 꿈으로 실제 작업을 해볼게요.

황성혁 40여 년 전에 꾼 꿈이 하나 있는데, 그걸로 작업을 해도 괜찮을까요? 지금도 생생하게 기억하고 있는데.

고혜경 그것도 좋습니다. 5·18과 관련된 사람들이 모여서 꿈작업을 하는데, 그 사건 전에 꾼 꿈을 함께 나누는 게 무슨 도움이 될까 하는 의문을 가지실 수 있어요. 하지만 그 오래전 꿈이 지금까지 잊혀지지 않았다는 건, 지금까지 내가 그 꿈의 영향을 받는다는 겁니다. 지금 이 순간에도 영향을 미칠 만큼 충분히 꿈에 에너지가 있어서 기억되는 거예요.

꿈은 언제나 '지금 이 순간'입니다. 무의식에서는 과거, 현재, 미래가 분리되지 않은 채 동시에 나타나요. 과거는 더 이상 존재하지 않는 지나간 시간이 아니라 옛날이야기처럼 언제나 살아 있는 실체이지요. 그러므로 이 꿈은 40년 전의 나에게도 중요했고 지금 이 순간에도 중요합니다. 5·18을 전후로 삶은 완전히 달라졌어요. 트라우마를 겪지 않던 시기와 트라우마에 시달리는 시기로 나뉠 테고요. 그런데 그전에 꾼 꿈이 아직도 선명하게 기억된다는 것은 이 꿈이 5·18이라는 엄청난 역사적 사건과도 무관하게 불변하는 나라는 존재와 관련된다고 볼 수 있습니다.

일단 우리의 첫 작업을 황성혁 선생님의 꿈으로 해보지요. 우리 모두 마음을 열고 좋은 귀가 되어 황 선생님의 꿈 이야기를 들어야 합니다. 그런 마음으로 만약 내가 그 꿈을 꾸었다면 어땠을지 함께 이야기해보는 거예요. 서로를 손가락질하듯 지적하면서 당신 꿈은 이러저러하다고 판단하는 게 아니고, 무슨 뜻인지 해석해주는 것도 아니고, 상대방 꿈을 내가 꾼 꿈으로 만드는 게 그룹투사 꿈작업의 비결입니다. 상대방의 꿈 이야기를 마음으로 듣고 그 꿈에 대해 내 마음의 이야기를 하는 거예요. 내 마음에 들어온 꿈 이야기를 하는 것이므로 이건 내 꿈이지 더 이상 상대방 꿈이 아닙니다.

이 작업을 잘하려면 우선 듣는 게 무엇보다 중요합니다. 잘 듣는다는 말은 가슴으로 듣는 거예요. 들으면서 머릿속으로 그 꿈을 상상해봐도 좋고 기록을 하셔도 좋습니다. 몸으로 꿈을 느껴보세요. 그리고 내 꿈이 되었으니 꿈에 대해 이야기할 때는 일인칭으로만 말할 수 있어요. "내 꿈이라면" "내 안에서는" "내가 상상한 바로는" 이런 식을 말해야 해요. 여기서 "당신은" 혹은 "그 꿈은 그 뜻이야"라는 방식은 허용되지 않습니다. 모두들 준비되셨지요?

모두 예.

황성혁 그럼 꿈 얘기 좀 해볼게요. 제가 스물세 살 때 꾼 아주 황홀한

한 꿈이에요. 용꿈이었지요. 제가 바닷가에 갔는데, 바닷물이 아주 시퍼래서 속으로 빨려들 것만 같았어요. 바다 오른편에는 좁디좁은 논둑길이 있었고요. 길을 걷다 보니 뱀 굴이 하나 있었는데, 그 안에 빨간 뱀인가 구렁이인가가 있더라고요. 아주 예뻤어요.

조진석 뱀이 징그럽지, 어떻게 예뻐요?

황성혁 아니, 색깔이 예쁘다고요. 뱀 몸뚱이까지 보이길래 그걸 건드려보려고 뭔가를 막 찾았어요. 손으로는 못 건드리겠으니까. 옆에 보니 1미터쯤 되는 댓가지가 있어서 그걸로 건드렸더니 뱀이 놀라서 물속으로 들어가더라고요. 그걸 보고 있자니 바닷속에서 뱀이 솟아오를 것 같아 겁이 나고 무섭더군요.

때마침 해가 솟을 무렵이었는데, 물거품이 일고 무지개가 활짝 떴어요. 아까 그 뱀이 뿔 달린 용이 되어서 꾸물꾸물 나타나더군요. 그래서 가지고 있던 댓가지를 흔들었더니 댓가지가 막 길어졌고요. 그러고는 용이 승천했지요. 이게 40여 년 전 총각 때 제가 꾼 꿈입니다.

조진석 용 꼬리라도 잡고 같이 따라 올라가지 그랬어요.

고혜경 일인칭 기억하시지요? "나라면 용 꼬리를 잡고 승천하고 싶어요"라고 표현하는 게 꿈작업 방식이에요.

황성혁 그러게요. 기왕 말한 김에 그 당시에 꿨던 다른 꿈도 하나 얘기할게요. 제가 남루한 옷차림으로 어떤 궁궐에 들어갔어요. 나를 따르는 남자 둘이 내 뒤로 함께 들어오더군요. 궁궐 안에는 왕관을 쓰고 금빛 부채를 든 왕비가 있었는데, 왕비에게도 여자 종이 둘 딸려 있었어요. 궁궐 안에는 연못이 하나 있었는데, 아주 맑았고 안에는 비단잉어가 있었고요. 우리랑 그쪽이랑 서로 마주보며 걸어와서는 연못 옆에서 만나 마치 전통 혼례 때의 신랑, 신부처럼 맞절을 했어요. 꿈에서였지만 그리 흐뭇할 수가 없었어요. 그러고서 깨버렸지요. 이 꿈 역시 40여 년이 지났지만 생생하게 기억이 나요.

고혜경 황성혁 선생님의 꿈 이야기 모두 잘 들으셨지요? 이제부터는 이 꿈을 내 꿈으로 만드는 데 도움이 되는 질문들을 황 선생님께 하셔도 좋습니다. 이런 질문들은 황 선생님 꿈을 내 꿈으로 만들어가는 과정이니 일인칭으로 하지 않으셔도 돼요. 궁금한 점을 물어보세요. 예를 들면 용 크기가 얼마큼 컸는지, 색깔은 어땠는지가 궁금할 수 있겠지요? 이런 건 황 선생님께 직접 물어보시면 됩니다.

이 외에 꿈 이야기를 들으면서 내 마음에 와 닿는 인상적인 이미지가 있을 수 있어요. 어떤 분은 무지개일 수 있고, 다른 분은 비단잉어일 수 있고요. 그런 것들에 대한 생각이나 느낌을 말씀해주셔도 좋습니다. 꿈에 대한 나의 인상이나 생각을 '투사投射'라고 하는데, 투사를 할 때는 일인칭으로 말하는 것이 규칙입니다.

저는 황 선생님의 꿈 이야기를 들으면서 이 꿈을 꿨던 때가 황 선생님에게 어떤 시기였는지가 궁금했습니다. 예를 들면 학교를 졸업했다든가 굉장히 힘든 상태였다든가 누군가가 돌아가셨다든가 하는 거요.

황성혁 시골집에서는 농사를 짓고 있었고, 저는 양돈을 하다가 망해서 광주 올라와서 도서관에서 농림직 시험 준비를 했어요. 농림직 공무원이 되면 양돈을 계속 할 수 있으니까요.

두 번째 꿈을 꿨을 때 동네 어르신께 해몽을 해달라고 했는데, 그분이 요즘 사귀는 사람이 있느냐고 물으시더군요. 있다 했더니 꼭 그 여자와 결혼하라 하셨어요. 근데 그 여자와는 결혼을 안 했지요.

고혜경 왜 그분과 결혼을 안 하셨는지 여쭤봐도 될까요?

황성혁 밥 한 번 안 해먹고 산 도시 여자였어요. 그래서 어머니가 반대하셨지요. 시골에서 살려면 시골 여자를 골라야 한다고 하시면서요. 그러고 나서 스물아홉 때 5·18을 겪었지요. 재판을 받고 징역 살 때 그 아가씨와 만나는 걸 포기했어요.

고혜경 재판에서 몇 년 형을 선고받으셨어요?

황성혁 4년 형을 받았어요. 그걸 다 채울 줄 알고 아가씨를 포기했는데, 6개월 살고 특별감형 조치로 나왔지요. 이후 바로 시골집으로 내려갔고, 거기서 지금의 아내를 만나 결혼했어요. 그런데 그 도회 아가씨는 내가 결혼한 후로도 3년 지나서까지 나를 쫓아다녔지요.

조진석 그 아가씨가 딴 남자를 못 만났구먼. (웃음)

김진규 아이고, 그 이야기는 황 선생님한테 벌써 100번은 들은 것 같아요. (웃음)

세상이 나를 짓밟아도
절대로 짓밟히지 않는 것들

고혜경 　다시 꿈 이야기로 돌아가보지요. 황 선생님 꿈을 여러분이 각
　　　　자 자기 꿈으로 꾸어보니 어떠세요?

김진규 　저는 군대 있을 때 구렁이를 발로 차본 적이 있어요. 스님들 사
　　　　리탑 근방에서 제초 작업을 했는데, 비석 바로 아래에서 뭔가
　　　　움직이더라고요. 그게 구렁이였는데, 나를 향해 어슬렁어슬렁
　　　　기어나오더군요. 그래서 내가 발로 퍽 찼어요. 근데 꿈쩍도 안
　　　　했고요. 구렁이는 절대 사람을 먼저 해치지 않아요. 사람이 구
　　　　렁이 성질을 건드리니까 구렁이가 사람 몸을 감아서 힘을 못
　　　　쓰게 하는 거지요.
　　　　꿈에서 구렁이나 용을 보면 권력이나 돈, 명예가 찾아온다고들
　　　　하잖아요. 무지개도 희망을 상징하고요. 그럼 황 선생님 꿈은
　　　　쌍으로 좋은 건데, 제가 이 꿈을 꿨다면 다른 사람에게 얘기하
　　　　지 않고 평생 간직할 거예요. 꿈을 꼭꼭 내 마음속에 품고 있을
　　　　것 같아요.

조진석 　그 꿈이 제 꿈이었다면, 제가 제 복을 찼다고 생각했을 거예요.
　　　　구렁이가 용이 돼서 승천하는 것도, 무지개와 해가 있는 것도
　　　　다 좋아요. 근데 저였다면 댓가지를 흔들지 않았을 거예요. 그
　　　　러니까 용이 가버렸지, 안 그랬다면 용이 저에게 오지 않았을
　　　　까요?

황성혁 　용이 나타나니까 댓가지를 흔든 거지요.

조진석 어쨌든 제 꿈이라면 그리 생각했을 거예요. 제 꿈이니까. (웃음) 황 선생님은 댓가지로 용을 겨뒀잖아요. 저였다면 손모가지를 딱 잘라서라도 댓가지를 그대로 놔뒀을 거예요. 구렁이가 용이 돼서 반쯤 올라왔는데, 왜 댓가지로 건드려서 용을 저 하늘로 날아 올라가게 만들어버렸는지 모르겠어요.

고혜경 자유롭게 꿈에 대한 생각을 나누다 보면 그간 우리가 보지 못했던 꿈의 세부 이미지가 더욱 선명하게 각자에게 살아나는 걸 알 수 있을 겁니다. 40년 전 꿈이 이 자리 이 순간의 이미지로 다가와서 생동감이 느껴질 거예요. 각자 자신의 꿈이라고 생각하면서 지금 내 안에 떠오르는 느낌에 주목해보세요.
황 선생님께 질문이 하나 있는데요. 댓가지가 길어진 후에 그 댓가지가 용의 몸에 닿았나요?

황성혁 닿았으니까 용이 놀라서 승천한 거지요. 무지개가 뜬 후 용이 반쯤 물 위로 올라와서는 나를 보고 있었어요. 내가 댓가지를 흔들었는데 댓가지가 길어지더니 용의 몸을 딱 건드리니까 용이 하늘로 올라간 거고요.

조진석 가만히 있었으면 황 선생님은 황 대통령이 될 뻔했는데! (웃음)

황성혁 그럼 전두환이 아니라 황성혁 대통령이 나왔을지도 모르겠네요! (웃음)

고혜경 김동철 선생님은 이 꿈에서 어떤 부분이 가장 눈에 들어오세요?

김동철 이야기인가 보다 하지 뭘 느끼겠어요. 인생 막바지인데. (웃음)

고혜경 인생 막바지라도 끝까지 멋진 꿈을 꾸고 싶지 않나요?

김동철 멋있기야 하지요. 무지개도 있고, 바다도 있고, 구렁이도 있고.

고혜경 　이 꿈은 본래 황 선생님 꿈이지만, 이렇게 각자의 꿈으로 상상
　　　　해보는 과정에서 이 꿈의 에너지도 내 것으로 만들 수 있어요.
　　　　윤민석 선생님은 이 꿈에서 어떤 장면이 가장 인상적이세요?

윤민석 　글쎄요. 꿈은 그저 꿈일 뿐이니까 깨어나면 없어진다고 여겼
　　　　지, 그 꿈에서 무언가를 해석하려고는 안 해왔어요.

고혜경 　해석을 하시라는 건 아니고요. 황 선생님 꿈 이야기를 들으면
　　　　서 강렬하게 느껴지거나 불편하거나 기타 등등 어떤 감정의 변
　　　　화가 있으세요?

윤민석 　전 별다른 걸 못 느꼈습니다.

고혜경 　그것도 좋습니다. 그럼 박민태 선생님은 어떠세요?

박민태 　무지개를 잡았어야 해요, 무지개를!

황성혁 　그게 희망을 나타내는 것이었을까요?

박민태 　예. 그러면 앞길이 확 열렸을 텐데! 제 꿈이었다면 무지개를
　　　　확 잡았을 거예요.

고혜경 　무지개를 잡았다면 기분이 어땠을까요? 저는 황성혁 선생님의
　　　　꿈을 연상해보는 것만으로도 굉장히 벅차요. 평생 한 번만이라
　　　　도 이런 꿈을 꿔봤으면 좋겠다 싶고요. 그래서 이 꿈을 내 꿈으
　　　　로 상상하는 게 신나요. 내가 스물서너 살 청년으로 막 세상을
　　　　향해 내 삶을 펼쳐내려는 준비를 하는 입장이라고 상상해보면,
　　　　이 꿈은 나의 크고 충만하고 장엄한 가능성을 엿볼 수 있는 꿈
　　　　으로 보입니다. 이런 귀한 꿈을 지금껏 간직하고 우리에게 나
　　　　눠주신 황 선생님께 감사드려요.
　　　　황 선생님 꿈을 제 꿈으로 상상해봤어요. 삶에 크나큰 시련이

닥쳐 방향감을 상실하고 어찌 보면 인생이 꺾이는 상처를 받았음에도 불구하고 절대 파괴할 수 없는 온전한 내 본래의 모습을 찾는 게 일생의 과정이라는 생각이 들었습니다. 저에게는 이 꿈속의 상황을 가장 잘 대변하는 이미지가 무지개 같아요. 무지개는 하늘과 땅을 잇는 다리이기도 하고, 그 여정을 밟아가는 사람에게는 통과해야 하는 길이기도 하지요. 그런데 무지개는 찰라로만 볼 수 있어요. 그러면서도 영구적인 인상을 남기지요. 대부분의 나날들에는 보이지 않지만 무지개가 존재한다는 사실을 의심하진 않잖아요. 무지개를 다리라고 본다면, 특히 이 꿈에서 무지개는 진정한 나와 상처나 아상我相에 갇혀 망각하고 사는 나 사이를 이어주는 다리처럼 보여요.

제가 이 꿈을 꾼 청년의 입장이 되어볼 때, 먼저 꿈이 시작되는 검푸른 바다와 좁은 논둑길은 아주 근원적인 자리라고 여겨집니다. 뭔가 새로이 태어나고 사라지는 장소 같고 시공간을 초월한 드라마가 펼쳐지는 곳 같기도 하지요. 삼켜져서 다시 근원으로 돌아갈 것만 같은 바다와 좁디좁은 논둑길은 평생을 두고 결정해야 하는 갈림길 같아요. 죽음이나 본래의 자궁으로 돌아가고픈 위협처럼 느껴지는 바다, 그리고 조심해서 한 걸음 한 걸음 나아가도록 펼쳐져 있는 좁은 길. 그 길이 오른편에 있다는 것도 대단히 원형적으로 보여요. 일반적으로 왼쪽은 무의식, 오른쪽은 의식으로 보거든요. 그래서 좁지만 논둑길이 나 있는 게 감사해요. 논둑길은 신작로는 아니니 자연과 가까우면서도 농사라는 문명이 가미된 길이고요. 저에게 논둑길은 천천히 걷는, 그렇지만 성실한 길 같아요. 내가 농사를 짓는 사람이기에 익숙한 길이기도 하고요. 바로 이 길에서 뱀 굴을 만나지요.

저는 뱀 굴이 그동안은 땅속에 묻혀 있었던 보물 같아요. 어쩌면 겨울잠 자고 있던 생명의 힘 같기도 하고요. 내가 세상에 나와서 뭔가를 해보려고 도전할 때 진짜 내 힘이 뭔지 더 알아가게 되는 느낌입니다. 특히 뱀 색깔이 빨갛고, 황 선생님은 이 빛깔을 예쁘다고 하셨어요. 빨간 뱀은 불같은 열정, 피 같은 생명력과 관련될 듯해요. 그래서 성적인 느낌도 강하게 다가오고요. 뱀과 접촉할 때 댓가지를 쓰는데, 이는 연장된 손의 역할을 해요. 뱀에 바로 손을 댔더라면 물리거나 더 큰 위험이 닥칠 수도 있었을 텐데, 현명하게 도구를 사용하지요. 사극에서 보면 댓가지를 무기로 쓰잖아요. 새로운 걸 만나는 상황에서 나를 지킬 무기가 내 손안에 있다는 건 반가운 일이지요.

그런데 왜 다른 나무도 아니고 댓가지일까? 저에게 댓가지는 뱀과 닮아 있는 것으로 보여요. 대나무는 엄청나게 빨리 자라고 번식력이 강해서 원폭이 투하된 자리에서도 가장 먼저 자라는 식물이라고 들었어요. 대라는 엄청난 생장과 번식의 힘이 내 손아귀에 있다면 저는 겁나는 게 없을 것 같아요. 그래서 무시무시한 용이 살아 꿈틀거리는데도 그 용을 향해 댓가지를 흔들 수 있는 거지요.

신화를 보면 뱀과 용은 언제나 연결되어 있습니다. 뱀이 날개를 달면 용이에요. 용은 바다와 지상, 하늘이라는 삼계三界를

—자기 꼬리를 입에 물고 있는 비룡, 우로보로스
를 묘사한 동판화. 17세기에 프랑크푸르트에서
발간된 루카스 제니스의 『연금술 박물관 *Meseum
Hermeticum*』에 수록되어 있다. 우로보로스는 종
말이 발단으로 되돌아오는 영겁회귀, 만물의 완
결을 나타내는 환상 동물이다.

모두 점유하는 온전함의 상징인지라 신령스러운 동물이라고 하지요. 턱 아래에는 여의주가 있고 입으로는 불을 뿜기도 하는, 불가능해보이는 것들이 공존하는 역설의 상징이기도 하고요. 저는 용이 승천할 때 내 댓가지가 용에게 닿았다는 게 기뻐요. 꿈에서 무언가와 맞닿으면 에너지 교류가 일어나거든요. 그런데 이건 두 번째 접촉입니다. 처음에는 뱀을, 그다음에는 승천하는 용을 댓가지로 건드리지요. 용이 제 모습을 드러내자 내 댓가지도 마구 커져요. 마치 손오공의 여의봉 같기도 하고 남자들이 더 잘 이해할 남근 같기도 해요.

이 꿈은 한 편의 옛이야기 같아요. 40년이란 세월 동안 군더더기가 다 떨어져 나가고 그 핵만 남아서 개인적인 느낌보다는 원형적인 느낌이 훨씬 강해요. 이런 식으로 옛 이야기가 탄생한다고 설명하는 학자들도 있어요. 저에게는 이 꿈이 왠지 아이들 꿈처럼 순수하게 느껴져요.

그다음 꿈도 저는 옛이야기 같습니다. 옛이야기는 상징적으로 우리 내면의 여정을 보여주는 장르잖아요. 이 꿈은 옛이야기의 결말 같지요. 궁궐에서 왕과 왕비가 결합하거나, 보물을 획득하고 돌아온 영웅이 공주와 혼인을 해서 왕국에 웃음과 풍요가 되돌아오고, 그렇게 영원히 행복하게 살았다는 게 옛이야기의 끝이잖아요. 저는 이 꿈이 궁극적으로는 한 영웅이 돌아가야 할 자리를 보여주는 듯합니다.

저에게는 지금 이 순간 이 꿈이 예지하는 것들이 뭉클하게 다가옵니다. 우선 궁극적으로 돌아가야 할 자리에 도달한 깊은 안도감이 있어요. 마침내 영혼의 고향에 도달한다면 바로 이런 자리일 것 같아요. 그런데 40년 후 이 꿈을 다시 꾸어보기에, 너무 지치고 남루한 채 궁전에 당도했다는 게 저에게는 부각돼 보였어요. 앞서 청년의 삶이 시작되는 시기에 꾼 꿈이 통과의례 같았다면, 뒤의 꿈은 그 시절에 꾸었지만 40년 뒤의 오늘 더 다가오는 꿈 같습니다. 그리고 왕과 왕비는 원형적인 인물이라 개인을 넘어서 집단을 대표하는 이들이니, 개인적인 차원에서만 바라볼 꿈은 아닌 듯해요.

그런 의미에서 이 꿈은 '돌아온 탕자'의 이미지 같아요. 내 마음의 고향을 다시 기억하기까지 걸린 40년, 그보다는 33년이라는 지치고 고단했던 시간이 너무 길게 느껴져요. 이 아름다운 꿈이 시간이 갈수록 자꾸만 슬퍼지는 건, 한 사람의 본성과 트라우마로 영향받은 현재 자신 사이의 간극이 너무나도 크기 때문일 거예요. 청년이 반백이 된 이 오랜 세월이 마치 광주 오디세이 같습니다. 이런 험난한 삶을 살아 견뎌낸 사람에게 긴 세월 기다리고 있었던 왕비는 마땅히 맞절을 할 거예요. 인생은 이렇게 아름다운 여정이거늘 왜 이다지도 감당하기 어려운 매서운 시련이 들어 있는지? 지금의 현실과 꿈이 보여준 현실이 너무나도 다른 세계 같아서 서럽습니다. 어느 한쪽만 있다면 이다지 슬프지는 않을 거예요.

제가 제주도에서 무속 공부를 할 때, 제주의 무속인인 심방이 굿장에게 댓가지를 흔드는 걸 봤어요. 마치 꿈 전체가 용왕맞이를 하는 것 같아요. 아주 예전부터 이 땅에서 해오던 의례의

한 장면처럼 상상되요. 꿈을 공부하는 저로서는 무당이든 다른 종교 지도자든 이런 꿈을 기억해서 이야기하는 사람이 영적인 지도자라고 생각합니다. 그렇다고 돗자리를 펴야 된다는 게 아니고요. 혹독한 시련 가운데서도 이런 꿈을 간직할 수 있는 사람이 타인의 영혼을 돌보고 집단의 상처를 다루는 일을 해야 한다는 말입니다.

이 꿈은 세상이 아무리 나를 짓밟아도 절대로 짓밟을 수 없는 어떤 영역이 우리 안에 존재하고 그게 우리의 본질이라는 사실을 증언해주는 듯해요. 본격적인 첫 작업에서 악몽이 아니라 이런 존재론적인 꿈을 다루게 된 건 상당히 의미심장하게 다가옵니다. 마지막으로 이 꿈을 나눠주신 황성혁 선생님의 지금 심정을 들어볼까요?

황성혁 전 누구나 이런 꿈을 한두 번 꾼다고 생각했는데, 주변에 물어보니 한 번도 못 꿔봤다는 사람이 대부분이더군요. 받아들이는 입장에 따라서는 대수롭지 않게 여길 수도 있겠지만, 저는 이 꿈을 생각할 때마다 흐뭇하고 황홀해요. 좋은 꿈 이야기를 들려준 것 같아서 기분이 참 좋습니다.

고혜경 김진규 선생님은 본인이 이 꿈을 꾸었다면 다른 사람에게 꿈 이야기를 안 했을 거라고 하셨는데요. 옛 어른들은 귀한 꿈을 함부로 다루지 말라는 표현을 꿈 이야기를 하지 말라는 식으로 하셨던 것 같습니다. 다른 사람에게 꿈을 이야기한다고 해서 그 의미가 사라지는 건 아니고요. 꿈의 에너지를 다른 사람과 나누는 것은 매우 귀하고 소중한 작업이라는 걸 기억하셨으면 합니다. 그러니 꿈을 귀하게 여기지 않는 사람에게 보물을 나눠줄 필요는 없어요. 황성혁 선생님이 일생에 한두 번 만날 법한 꿈 이야기를 꺼내주셨는데, 우리가 함께 이 에너지를 느낄 수 있게 해주셔서 다시 한번 감사드립니다.

첫 작업이라 다소 낯설으셨을 거예요. 장시간 앉아 있기도 힘든 선생님들이 인내심을 발휘해서 함께 꿈을 경청하고 꿈 드라마에 몰입하신 것, 정말 잘 해내신 겁니다. 앞서 여러 선생님들이 황성혁 선생님의 꿈에 대해 이런저런 말씀을 해주셨는데, 어떤 의견이 맞고 어떤 의견이 틀리다고 판단하실 필요는 없습니다. 꿈작업은 여러 의견이 어우러지면서 다양한 생각들을 나누는 것이거든요. 이번에는 굉장히 황홀한 꿈을 나눴지만 고통스럽고 감당하기 힘든 꿈을 나누는 것 역시 우리 모두에게 도움이 된다는 점도 알아주셨으면 합니다. 그런 꿈을 함께 작업함으로써 각자의 힘든 상태에 공감할 수 있고 어려운 상황을 직시하면서 내면의 힘을 만나게 될 겁니다.

오래 기억되는 꿈속에는
내면의 본질적 이슈가 담겨 있습니다

고혜경 오늘은 황성혁 선생님의 40여 년 전 꿈을 함께 나눠봤는데요. 오래도록 기억되는 꿈에는 중요한 메시지가 들어 있습니다. 선생님들은 몇 살 때 꿈까지 기억하세요?

김진규 여덟 살 때 꿈이 기억나요.

김광현 잘 모르겠는데요.

조진석 저도 모르겠어요.

박민태 어려서는 꿈을 많이 꿨지요. 하늘을 날아다니거나 높은 데서 떨어지는 꿈 같은 거요.

고혜경 꿈의 대가라는 융 박사님은 어린 시절 꾼 어떤 꿈이 자기 생애 전체를 설명한다는 걸 나중에 인지하셨어요. 신기하지요? 꿈은 에너지가 다하면 잊혀집니다. 오래 기억되는 꿈은 계속 영향을 미친다는 말이에요. 그런 꿈은 거의 일생과 관련된, 그만큼 자기 내면의 본질적인 이슈를 담고 있다고 할 수 있습니다.

조진석 그렇다면 기억나지 않는 꿈은 죽은 꿈인가요?

고혜경 어떤 측면에서는 그렇게 볼 수 있을 겁니다. 무의식의 바닷속으로 들어가서 이후의 어느 날 다른 식으로 꾸게 되겠지요. 하지만 꿈이 얼마나 중요한지를 배울 기회가 없었기 때문에 꿈을 쉽게 잊어버리기도 하는 것 같습니다.

윤민석 제가 엊그제 꿈을 하나 꿨는데요. 지금 이야기해도 될까요?

고혜경 그럼요.

윤민석 어렸을 때 제가 아버지 말을 안 듣고 서울로 도망친 적이 있어요. 그랬다가 불량배들이 저를 지하실로 끌고 가서 나쁜 짓을 연습시켰는데, 그때 저처럼 잡혀온 쌍둥이가 있었어요. 그동안 그 애들에 대해서 한 번도 생각해본 적이 없는데, 엊그제 꿈에 그 쌍둥이 형이 나타났어요.

꿈에서 제가 포승줄에 묶여 형무소에 들어가는데, 그 쌍둥이 형이 저쪽에서 걸어오더라고요. 근데 조그만 난쟁이가 되어 있었어요. 이 사람이 왜 이리 됐지 하는 생각이 들더라고요. 무기징역 형을 받았다는데, 저한테 아는 척을 하더군요. 주변 사람들에게는 저에게 독방을 주라고 했고요. 근데 제 방에 들어갔더니 여자들이 있는 거예요. 형무소인데 말이지요. 그러다가 깨버렸어요. 이 꿈은 정말 생생하게 기억나는데, 이런 꿈에도 어떤 의미가 있는 건가요?

고혜경 쌍둥이 형은 어떤 사람이었나요?

윤민석 형은 착했고 동생은 좀 깡패 같았어요.

고혜경 방에 들어갔을 때 여자들은 뭘 하고 있었어요? 선생님을 환영하는 것 같았나요? 아니면 여자들끼리 딴짓을 하고 있었나요?

윤민석 쌍둥이 형이 저에게 독방을 주라고 했잖아요. 그래서인지 그여자들이 저를 기다리고 있었던 것 같아요. 씻겨주거나 돌봐주려고요.

고혜경 그 방에 들어갔을 때 기분은 어떠셨어요?

윤민석 좋았지요. 무슨 형무소에 여자가 있나 싶었어요. (웃음)

고혜경 마치 휴양지처럼요?

윤민석 그렇지요.

김동철 조만간 장가갈 꿈이네! (웃음)

고혜경 제가 이 꿈을 꾸었다고 상상해보면, 꿈의 첫 부분이 구속과 감금으로 시작되니 답답해요. 포승줄에 묶인 채 감옥에 들어가는데 나에게는 선택권이 없는 듯 느껴져요. 이는 어릴 적 깡패에게 잡혀 지하실에 감금되는 분위기와도 비슷할 것 같아요. 무슨 일이 벌어질지 모르는 두려움도 느껴지고요.

그런데 그때 누군가를 만나지요. 무시무시한 깡패 같은 놈을 만날 수도 있었는데, 평소에 미처 생각지 못했던 쌍둥이 형을 만났습니다. 나를 알아봐주고 나에게 편의를 제공해주는 조력자를 만난 거지요. 그는 여성적인 따뜻함과 보살핌을 제공해주고요. 예전에 쌍둥이 형이 착하고 동생은 깡패 같았다면, 형이 동생을 돌봤을 것 같아요. 그런 맥락에서 보자면 여성적인 돌봄의 길로 안내하는 사람으로 이 형은 적임자일 것 같고요.

꿈작업을 하러 오기 전에 이런 꿈을 꾼다는 것은 상당히 좋은 징조 같습니다. 내 내면에서 어떤 조력에 의해 따스함과 안정감이 활성화되는 상황이랄까요. 보통 남자들이 사회생활을 하다 보면 자기 내면의 목소리에 귀 기울이는 게 쉽지 않습니다. 그런 측면을 존중받기 힘들어요. 하지만 꿈을 나눈다는 것은 그런 내면의 목소리를 들여다보는 작업이고요. 어렸을 때는 실제로 지하실에 끌려들어갔지만, 이 작업은 문자 그대로 지하의 세계, 즉 무의식의 세계로 들어가는 거예요. 이런 줄 모르고 왔는데 별 선택권 없이 끌려들어가게 돼요.

윤민석 근데 왜 쌍둥이 형은 그렇게 조그마했을까요?

고혜경 꿈 세계에서는 동화책에나 등장할 법한 캐릭터들이 종종 나타납니다. 거인이나 난쟁이가 살아 있는 세계예요. 황성혁 선생님 꿈에서는 용이 등장했고요. 그 모든 게 현실의 눈으로 보면 황당하지만, 거기에는 일종의 상징이 들어 있습니다. 또한 꿈에서는 중요한 것을 나타내려 할 때 크기를 과장해요. 아주 크거나 아주 작거나. 나를 풍요롭게 만들어주는 길 안내자인 쌍둥이 형은 분명 중요한 존재입니다. 이 사람도 나이기는 하지만.

옛이야기에서 난쟁이의 직업이 주로 뭔지 아세요? 광부예요. 지하 세계에서 보물을 캐내는 존재이지요. 무의식과 가깝고 그 보물을 다룰 줄도 아는 인물입니다. 내 안을 보겠다고 결심하고 이 자리에 나오시니 내 내면 세계에서도 보석을 캐낼 줄 아는 인물이 나를 도와주려고 나와요.

제가 윤 선생님 꿈을 제 꿈으로 상상해보면, 현재는 물리적으로 자유롭고 마음대로 돌아다닐 수 있지만 마음 안은 수감 상태로 여겨져요. 하지만 꿈속, 즉 내 안을 들여다보니 그 안에는 조력자가 있지요. 난쟁이 형이 나를 돌봐주는 여자들이 있는 독방에 수감시켜준다면 저는 이 감옥에 들어가고 싶어요. 새로이 들어간 세계에서는 어떤 일이 벌어질지 사뭇 기대됩니다.

오늘 긴 시간 동안 좋은 이야기 나눠주셔서 감사하고요. 한 꿈을 다루다 보니 갑자기 생각 안 나던 어젯밤 꿈이 생각나시지요? 이런 것은 꿈 에너지 때문에 벌어지는 일입니다. 이제 모두에게 여쭙겠습니다. 처음으로 본격적인 꿈작업을 해봤는데, 어떠셨는지 궁금합니다.

박민태 돼지 새끼를 낳는 꿈도 꿔봤고, 어마어마한 똥꿈도 꿔봤고, 대통령과 악수하는 꿈도 꿔봤어요. 근데 그런 꿈을 꿔도 실제로 좋아지는 건 하나도 없더라고요.

고혜경 내 내면이 원하는 것과 실제 세계에서 내가 원하는 것에는 차이가 있습니다. '내면의 황금'이란 말도 있습니다. 선승들을 보면 물질적으로는 제일 가난한데 마음은 제일 부자잖아요. 꿈이 나침반처럼 가리키는 것은 마음의 부예요. 돈 많고 힘 있는 사람이 더 행복할 것 같으세요?

황성혁 선생님이 오늘 나눠주신 꿈은 실제로 황 선생님께 부와 명예를 가져다주진 않았지만 선생님의 본질이 이 정도로 황홀하고 감동적이라는 걸 일깨워줍니다. 로또에 당첨된 후 그 많은 돈을 허랑방탕하게 날려 알거지가 된 분들 이야기가 종종 보도되곤 합니다. 하지만 이 좋은 꿈은 평생토록 떠올릴 때마다 힘을 실어주지요.

박민태 생각해보니 저도 용꿈은 아니지만 구렁이가 나오는 꿈은 꿔봤네요. 조그만 새끼 구렁이가 꿈에 나타났길래 발로 콱 밟았는데, 한 주먹도 안 되던 게 점점 커지더라고요. 대가리를 탁 쳐들고 올라오려고 폼을 쟀어요. 그래서 발로 차버리려고 했는데 잘 안 되더군요. 그러다가 구렁이는 올라와버렸어요. 용이 된 건 아니고요. 어른들은 이 꿈이 태몽이라고 하던데.

고혜경 뱀은 꿈에 가장 자주 등장하는 동물 중 하나입니다. 기독교에서는 뱀을 인간을 유혹하는 악마라고 보지만, 대부분 신화권에서는 그렇게 보지 않아요. 꿈속에서 뱀은 종종 이무기나 용이 돼요. 그만큼 환상적인 힘이 내재되어 있지요. 전남 나주 지방의 신화에 보면 뱀 신이 고팡庫房이라는 곡식 창고를 지켰습니다. 이때의 뱀은 풍요와 다산을 상징하는 동물이지요. 뱀을 따라가면 영약을 구한다고 해서 치유의 신으로 숭배되기도 했고요.

뱀이 꿈에 나타나면 변화가 있다고 보시면 돼요. 탈바꿈을 하는 대표적인 동물이 뱀과 나비이지요. 완전히 죽고 거듭나는, 그래서 본래 타고난 자신이 되는 것이 인생이라 뱀은 새로운 시작과 관련됩니다. 황 선생님 꿈에도 그런 측면이 있지요.

윤민석 앞으로 꿈에 대해 좀더 알고 싶어지네요. 뱀을 사악한 동물로만 여겨왔는데, 그렇지 않다는 선생님 말씀을 들으니 꿈에 대해 더 관심이 생기고요.

고혜경 꿈은 우리 삶에 자양분을 주고 삶을 이끌어가기도 합니다. 일상에서 표현하지 못했던 것들이 꿈에서는 나타나니, 꿈속에서 울고 웃고 화내고 걷어차고 하면서 정신의 건강을 찾아가기도 하고요. 이런 귀한 작업에 함께하겠다고 용기를 내주신 선생님들께 진심으로 감사드리며 이번 시간 마치겠습니다.

마감을 할게요. 꿈은 에너지가 있다고 했어요. 이렇게 에너지를 끌어올려놓았는데, 이 에너지를 그대로 가지고 각자의 자리로 돌아가서는 안 됩니다. 에너지 접촉 사고가 날 수 있어요. 이 꿈 마당은 여기서 닫고 다음에 다시 열 거예요. 단순해서 쉽게 따라하실 수 있습니다. 왼손 손바닥을 위로, 오른손 손바닥을 아래로 향하게 한 후 그대로 옆 사람 손을 잡으세요. 그러면 주고받는 방식으로 연결된 에너지 고리가 만들어집니다. 우주에서 가장 신령한 소리 한 마디가 '옴'이래요. 호흡을 길게 마시고 '옴'을 세 번 하겠습니다. 안녕히 가세요.

꿈은
왜 이렇게 나를
힘들게 할까요

고혜경 지난 시간에 황성혁 선생님 꿈을 나눠봤는데요. 이후에 황 선생님은 편안히 주무셨는지, 그리고 어떤 꿈을 꾸셨는지 궁금합니다. 사람들과 꿈작업을 하고 나면 반드시 무의식의 응답이 있거든요. 어떤 꿈을 꿨는지 눈여겨볼 필요가 있어요. 말씀해주시지요.

황성혁 잠도 잘 잤고, 꿈도 많이 꿨어요. 그중 하나를 이야기해드리지요. 꿈에서 주춧돌을 약간 옮겨야 하고 그에 맞게 기둥도 하나씩 옮겨야 하는 상황이었어요. 영차, 하고 기둥을 들었는데 사람들끼리 아귀가 안 맞는 거예요. 이쪽에서 잡아당기면 저쪽에서 밀어줘야 하는데, 저쪽에서도 잡아당기는 식이었지요. 서로 상대방 탓을 하고요. 근데 우리를 지켜보는 사람들이 많더라고요. 사람들한테 박수를 받고 꽃다발도 받았어요. 그러다가 꿈에서 깼지요.

조진석 국회의원 나가야겠구먼. (웃음)

고혜경 그 꿈을 꾼 후 기분이 어떠셨어요?

황성혁 기분 좋았지요.

김광현 예전에 시골집이 내려앉아서 기둥을 조금 옮기려고 하다가 집이 자빠져버린 적이 있어요. (웃음) 결국 집을 새로 지었지요.

고혜경 주춧돌을 놓고 그 위에 기둥을 올리는 게 무슨 작업인지 아시지요? 집을 새로 건축한다는 의미예요. 지난 시간에 황성혁 선생님 꿈으로 작업을 했는데, 그 결실이 내면에서 새집 짓는 것으로 드러나네요. 저는 특히 주춧돌과 기둥을 세운다는 말에 눈길이 가요. 집 지을 때 보니 땅을 고르고 오랜 밑작업을 하고 나면 그때부터 일이 쑥쑥 진행되더라고요. 아직 손발이 착착 맞지는 않지만, 그럼에도 불구하고 황 선생님은 주춧돌을 옮기고 그 위에 기둥을 세우려고 노력하셨어요. 어찌 됐든 한번 해보자 하는 느낌이 드는데요. 꿈속에서 박수도 받고 말이에요.

한 주 동안의 안부를 나누듯
서로의 꿈을 묻고 듣습니다

고혜경 다른 분들 꿈 이야기도 들어보지요. 김동철 선생님은 지난주에 꿈 좀 기억하셨어요?

김동철 밤마다 꿈은 꾸지요. 젊었을 땐 좋은 꿈을 많이 꿨는데, 지금은 꿈꾸고 나면 기분이 나빠요. 다시 떠올리고 싶지 않고요.
그저께는 인건비 아끼려고 공장에서 저 혼자 일을 했어요. 물 한 모금 안 마시고 하루 종일 일했지요. 근데 완전히 기진맥진해질 만큼 일했는데도 꿈을 꿔요. 그런데다가 생전 생각해보지도 않았던 요상한 게 꿈에 나와요. 이제 여든이 다 되어가는데, 여자가 나타나서 팔짝팔짝하면 제가 그 여자를 안으려고 하는 꿈도 꾸고요.

윤민석 기분이 어떠셨어요? 크게 애기해봐요! (모두 웃음)

황성혁 몽정했겠어! (웃음)

고혜경 여자가 팔짝팔짝하면 기분이 좋지 않으세요?

김동철 아니요. 꿈만 꾸면 기분이 안 좋아요. 어떤 꿈이든지 간에요.

고혜경 기분이 좋든 안 좋든 간에 꿈은 나한테 해주고 싶은 말이 있는 거예요. 좋다, 싫다, 판별하지 말고 일단 꿈이 말하는 메시지를 들으려 귀 기울여보세요

김동철 꿈을 기억해서 적어놓으란 말이지요? 기억은 나는데, 바쁜 세상에 기록할 여력도 없고 그럴 능력도 없어요.

고혜경 조각조각 조금이라도 기억나는 꿈들은 다 의미가 있는 거예요. 그 꿈을 다룰 능력이 있으니 기억나는 것이고요. 박민태 선생님은 지난주에 어떠셨는지 궁금하네요.

박민태 어제는 분명 아는 사람이긴 한데 누군지는 정확히 모르겠는 친구한테 전화가 걸려오는 꿈을 꿨어요. 근데 그 친구 전화번호가 10번이었어요. 그냥 10번.

고혜경 어떤 성향의 친구인지는 아시겠어요?

박민태 좀 털털한 친구였어요. 그리고 꿈이 이어지는데요. 왕대를 실어 날라야 하는데, 형수가 기름을 아끼자고 해서 차 대신 경운기로 나르기로 했어요. 왕대를 네모나게 붙여서 깔끔하게 경운

기에 실어 운반하기로 했지요.

고혜경 형수는 어떤 분이세요?

박민태 저랑 지금 같이 살고 계시고요. 저한테 잘해주시지요. 근데 이
건 좋은 꿈인가요?

고혜경 어떤 꿈이든 좋은 꿈이에요. 그리고 앞서 나타난 숫자에는 어
떤 의미가 있을 거예요. 혹시 열 살 때를 기억하면 어떤 게 떠
오르세요? 가장 기억나는 일이 있으면 이야기해주세요.

박민태 어렸을 때는 어른들 일 나가시면 밥하고 빨래하고 지냈지요.

고혜경 혹시 10년 전에 벌어진 일 중에서 떠오르는 게 있으세요?

박민태 어제 일도 생각이 안 나는데, 10년 전 일이 생각나겠어요? (웃
음) 근데 꿈에서 10번이 계속 강조되더라고요.

조진석 로또를 10만원어치 사요. (웃음)

고혜경 꿈에서 숫자는 우연히 나타나는 게 아닙니다. 기본적으로 숫자
10은 완성의 수예요. 1부터 시작하면 10이 십진법의 마지막
수이지요. 내가 건 게 아니라 어딘가에서 전화가 오고 그 전화
가 나와 연결되는 경우는 흔치 않아요. 제가 꾼 꿈이라면, 완전
함과 연관된 어떤 곳에서 나와의 접촉을 시도했고 그게 연결되
었다는 점에서 기뻐요. 특별한 전화이고, 근원과 이어지는 듯
해요. 전화는 먼 거리에 있지만 소통이 가능한 매개체잖아요.
특히 듣는 것이 아주 중요한.
꿈에서 경운기가 나오는데, 경운기는 집 가까운 곳에서 일을
할 때 차보다 더 효율적이지요. 나에게 잘해주는 형수가 기름,
그러니까 일종의 에너지를 절약하기 위해 경운기를 쓰자고 하

시잖아요. 그렇게 하면 에너지 낭비 없이 좀더 효율적으로 일할 수 있을 것 같았나요?

박민태 잘 모르겠어요.

고혜경 잠은 잘 주무세요?

박민태 아니요. 많이 설쳤어요.

고혜경 요즘은 불을 켜두고서 주무시나요?

박민태 불 켜두고 자면 딸이 불을 꺼요.

고혜경 불을 꺼도 잘 주무세요?

박민태 잠들어버리면 모르지요.

고혜경 처음에 여기 오셨을 땐 불을 끄면 못 주무신다고 하셨어요. 그렇지요?

박민태 그때는 가위에 눌려서 그랬어요. 지금은 가위에 눌릴 것 같으면 얼른 눈을 떠버려요. 눈뜰 땐 몸이 영 이상해요.

고혜경 마비가 오진 않나요?

박민태 그건 모르겠어요.

고혜경 제가 보기에는 조금씩 가위에서도 벗어나시고 꿈에 대한 이야기도 많이 하시는 것 같아요. 반갑습니다. 조진석 선생님은 요즘 어떠신지 궁금하네요?

조진석 전 고민이 많아요. 아침에 꿈을 기억하려고 하는데, 잘 생각이 안 나요. 잠에서 깨면 현실인데도 꼭 꿈속 같고요. 일어나서 담배 피우고 커피 마시고 내 할 일을 하는데도 현실이라는 생각이 안 들고 꼭 꿈을 꾸고 있는 것만 같아요.

오늘 꾼 꿈을 이야기해드릴게요. 제가 원래 변치 않는 걸 꿍장히 좋아해요. 내가 먼저 변치 않는 한 남들도 안 변할 거라는 생각을 신조로 삼아왔고, 나보다는 우리를 먼저 생각하면서 살았어요. 근데 오늘 꿈에서는 털어서 먼지 안 나는 사람 없고, 우리나라 고위층 중에서 병역 비리, 재산 비리 같은 걸 안 저지른 사람이 없다는 게 설정처럼 깔렸어요. 그러고서 어떤 총구가 저를 향하더라고요. 그래서 저는 그런 사람들이 썩어야 한다고 했어요. 순리대로 변하는 것은 좋지요. 하지만 중요한 건 변치 말아야지요. 내 마음이, 내 신조가 변함 없으면서 변해야지, 무조건 변하는 건 안 좋은 거예요. 저는 내 신조가 흔들림 없으면서 세상이 바뀌어가는 데 따라 변하는 건 하나로 가면서 변한 것이기 때문에 변한 게 아니라고 생각해요. 그러다가 잠에서 깨서 핸드폰에 꿈을 적어뒀어요. 잊어버리지 않으려고요.

고혜경 지금 내 꿈속에서는 영구적인 것과 끝없이 변하는 것이란 역설이 고민의 화두인 것 같아요. 불교에서는 모든 것이 변한다는 사실만 변치 않는다고 하잖아요. 특히 사람 마음, 즉 신뢰나 초심에 대한 말씀을 하시는 걸로 들리는데요. 영원히 변치 말자고 하지만 사실 그게 가능하지 않다는 것도 아시잖아요? 어떤 기준이나 원칙이 지켜졌으면 하는 바람은 누구에게나 있지요. 그런데 한 걸음 더 나아가서 고위층들이 잘 저지르는 비리 같은 게 나에게도 있는지 질문해보면 어떨까요? 이런 질문을 통해 모르던 나를 알아가는 것은 내가 변하는 게 아니에요. 바라는 만큼 내 자신이 순수하지 않다는 걸 알아가는 것은 부정적인 변화가 아니지요.

조진석   요즘엔 안 좋은 생각이 많이 들어요. 나보다 나이 드신 분들이 저세상 가시는 건 괜찮은데, 나보다 어린 사람이 아프거나 세상 떠나는 걸 보면서 많은 생각을 해요. 나는 식구들한테 해준 게 없고 지금까지도 해놓은 게 없다 보니, 내가 죽어서 식구들 꿈속에 나와서라도 지금 못 해준 걸 좀 해줬으면 좋겠다는 생각이 들어요. 일종의 참고라도 되라고요. 이런 게 요즘의 변화겠지요? 이렇게 안 좋은 생각을 해서 그런가. 요즘 머리카락이 좀 빠지네요. (웃음)

고혜경   일관되게 이야기하는 지점이 있으세요. 변해선 안 되는 것들을 지키되 나아지고 싶은 마음이라고 해야 할까요? 내가 세상을 떠나더라도 식구들한테 뭔가를 남기고 싶다는 말은, 가족에게 앞으로도 계속 따뜻한 사람이 되고 싶다는 뜻 같아요.

조진석   저는 가정이 제일 중요하다고 생각하지만, 먹고사는 것도 중요한 일이지요. 먹고살려면, 하루 일해서 소소하게 몇 만 원이라도 벌 수 있는 일거리가 있을 때 일을 해야 하고요. 그런데 일하는 대신 5·18 관련 활동을 하는 사무실에 나가요. 하지만 사무실에서 중요한 일을 하는 것도 아니에요. 전에는 사무실에 나가면 각자 할 일이 있었고 일도 원활하게 돌아갔는데, 지금은 안 그래요. 노닥거리다가 집에 돌아오지요. 막상 집에서는 할 일이 없으니 널부러져 있어요. 집에 가서는 활동이 중요하지 집안일이 뭐가 중요하냐고 하고, 밖에 나가서는 가정이 제일 중요하다고 해요. 생각해보면 집에 가서 "나 이만큼 돈 벌어왔다" 할 수 없으니, 내가 뭔가를 하지 않았느냐는 생색을 내기 위해 사무실에 나가는 것 같아요. 일종의 현실도피지요. 이런 걸 보면 제가 변했고, 뭔가 잘못하고 있다는 생각이 들어요.

김광현 굉장히 현실적인 고민 같네요.

고혜경 진솔한 가장의 마음이 가슴에 와 닿아요. 진솔할 수 있는 용기에 감사드립니다. 본인이 해결하지 못하고 있는 문제에 대해 꿈이 나름의 지혜를 주려는 것 같아요. 꿈을 좀더 유심히 지켜보며 그 안에서 지혜를 구해봐요.

이번에는 윤민석 선생님 이야기 좀 들어보지요. 선생님은 지난주에 어떠셨어요?

윤민석 제가 누군가를 좋아하면 끝까지 굉장히 좋아해버려요. 김대중 전 대통령을 그렇게 좋아했고, 안철수 씨에 대해서도 그래요. 그래선가? 지난주 꿈에는 제가 안철수 씨가 만든 정당에 입당했더라고요. 이 지역에서 제가 활동을 하고 있어서 그런지 지역 위원장 같은 걸 맡아서 하고 있고요.

조진석 경사 났네, 경사 났어. (웃음)

윤민석 제가 생각했던 게 그날 꿈에 나타나면 그 꿈은 개꿈이라고 하더라고요. 제가 안철수 씨를 좋아하니까 꿈에서 그런 활동을 한 거지요.

고혜경 윤민석 선생님은 세상에 대한 열망을 정치의 형태로 풀고 싶으신가 봐요. 제가 이 꿈을 꾸었다면 정치인에게 초점을 맞추기보다 이들과 함께 실현하고픈 내 안의 열망을 들여다볼 것 같습니다. 그리고 다시 한번 강조하지만, 개꿈은 없습니다.

김광현 선생님은 지난 시간에 못 오셨는데, 그간 어떠셨나요?

김광현 저는 꿈을 꾸면 자꾸 잠에서 깨요. 세 번이나 그랬어요.

고혜경 몸이 아프거나 마비가 와서 깬 건 아니고요?

김광현 그런 건 아니에요. 그리고 꿈은 기억이 잘 안 나요. 공책에 써 보려고 해야 하는데, 일어나면 기억이 나야 말이지요.

고혜경 일어나서 뭔가를 쓰는 게 사실은 귀찮은 일이지요. 불도 켜야 하고, 잠결에 기록도 해야 하고, 기억이 사라지지 않도록 애도 써야 하고요. 자다가 중간에 일어나는 건 더 힘들지요. 그럴 땐 머리맡에 공책과 펜을 놔둔 후 꿈을 모두 기록하려 하지 마시고 생각나는 단어 한두 개, 문장 하나만 적어두세요. 그리고 계속 주무시면 됩니다. 예를 들면 "강아지를 업고 있었다"라는 식으로요. 그렇게 적어놓고 나면 아침에 일어나서 꿈을 기억해 내기 쉽습니다.

김광현 그저께는 무슨 꿈이었는지 구체적으로는 기억 안 나는데 형체를 모르겠는 무언가에 마구 쫓기는 꿈을 꿨어요. 꿈에서 발이 안 떨어지고 몸이 움직여지질 않더라고요. 깨어나보니 다리가 딱 굳어 있었어요.

황성혁 저도 그랬습니다. 도망가야 되는데 발이 꼼짝도 안 하고요.

고혜경 몸과 마음이 따로 놀면 너무 답답하시지요? 특히 두 분 다 발이 안 떨어진다고 하셨어요. 나를 지키기 위해 도망치는 에너지와 관련될 듯한데, 차후에 이걸 다루는 작업을 해보지요. 나를 얼어붙게 만들어서 꼼짝 못하게 하려고 이런 꿈을 꾸는 게 아니에요. 예전에 하고 싶었던 어떤 행위를 완결하지 못했으니 그걸 완결해서 그때 몸에 가둬진 에너지를 다 풀어내려고 꾸는 꿈입니다.

깨어 있는 상황에서
꿈을 다시 꿔봅니다

고혜경 오늘은 마비 이야기가 많이 나오니 지난번에 가위눌림과 마비 현상을 호소하셨던 김광현 선생님께 여쭐게요. 최근에도 가위에 눌리시나요?

김광현 가끔 잠을 설칠 때 그러긴 하지만 요즘은 거의 없어졌어요. 저는 술은 안 마신 채 맨정신으로 잘 땐 깊은 잠을 못 자요. 텔레비전을 틀어놓고 자고요. 그럴 땐 어떤 병실 같은 데 있는데 시커먼 뭉치가 내 몸으로 내려와서 발버둥을 치는 꿈을 꾸곤 해요. 그래도 최근엔 그런 꿈은 거의 안 꿔요.

고혜경 김 선생님은 꿈작업 첫날부터 가위눌림 이야기를 하셨어요. 어떻게 하면 가위에 안 눌릴 수 있느냐고 물으셨지요. 지금은 자주 그러지 않으신다니 다행입니다. 선생님들 만나뵈면서 모두에게 등장하는 공통된 현상들이 보여요. 가위눌림 빈도수가 제가 만나본 다른 집단보다 월등히 높은 것이 그중 하나이지요. 김광현 선생님 경우가 가장 심한 편이었고요. 앞으로 술은 안 드신 채 주무실 수 있도록 실습을 좀 해봐요. 이번 시간에는 김 선생님 가위눌림을 꿈연극으로 해보면 어떨까 합니다.

조진석 꿈이라고 생각하고요?

고혜경 예. 김광현 선생님의 꿈을 지금 우리가 함께 꿔보는 겁니다.

조진석 저는 그런 꿈을 꾸면 도망가려고 해도 갈 수가 없고, 악을 쓰고 싶은데 말이 안 나와요. 이런 건 어떻게 해야 하나요?

고혜경 서로 연관된 사안이라 우선 김광현 선생님 꿈에 초점을 맞추면 서 그 문제도 함께 고민해보지요. 지금부터 우리가 하려는 작 업은 '꿈연극'이라고 합니다. 일단 한 번 해보면, 꿈이나 잠자 는 동안 일어나는 현상에 대한 느낌이 다르게 다가올 겁니다. 김 선생님 꿈이니 선생님이 직접 연기하려면 힘드실 거예요. 그러니 김 선생님은 연출을 맡아주세요. 우리는 이 연극을 하 면서 김 선생님의 꿈을 함께 경험해보는 거예요. 실제로 우리 모두가 꿈 요소의 부분부분이 되어볼 거예요.

김광현 선생님 꿈의 이미지는 간단해요. 그렇지요? 일단 김 선 생님 역할을 하실 분이 필요합니다. 가위눌리는 사람을 연기해 주시면 돼요. 어떤 분이 하실래요? 김 선생님이 연출자이시니 배우를 뽑아주셔도 됩니다. 그리고 그 꿈에 어떤 인물이 등장 하나요? 김 선생님이 지난번에 꿈 이야기를 들려주시긴 했지 만, 그 꿈을 이 자리로 초대하기 위해서 다시 한번 상황을 자세 히 묘사해주세요.

김광현 아주 가끔 군인이 나오기도 해요. 총을 들고 나오기도 하고 총 없이 군복만 입은 채 나오기도 하고요. 그렇지 않으면 형체는 안 보이는데 군홧발 소리가 쩍쩍 쫓아와서 도망가려고 하기도 해요. 가위눌릴 때는 마술 램프에서 연기가 나오듯이 천장에서 뭔가가 내려와서 목이나 몸 전체를 누르고요.

김광현 조진석 선생님이 누우시지요.

조진석 저더러 지금 자빠지라고요? (웃음)

박민태 그냥 제가 누울게요. 이렇게요. (자리에 눕는다.)

고혜경 김광현 선생님이 표정이나 자세를 지시해주셔야 해요.

김광현 모자를 벗어주세요.

박민태 (모자를 벗는다.) 제가 너무 머리숱이 없네요. (웃음)

김광현 박민태 선생님은 누워서 손은 편안히 내리시고요. 눈을 뜨고 계세요. 그리고 위에서 내려오는 사람 역할은 황성혁 선생님이 해주세요.

황성혁 왜 그런 걸 절 시켜요!

김광현 날아가게 생기셨잖아요. (웃음) 이제 살짝 박민태 선생님을 눌러보세요. 위에서 쓱 내려오면서요. 그러면 박민태 선생님은 눈을 뜬 채로 몸을 부들부들 떨어주시고요. (실제로 몸 떠는 것을 실연해 보여준다.)

황성혁 박민태 선생님, 이제는 일어나세요! (박민태는 실제로 잠에 빠져 있다.)

김광현 박민태 선생님은 손을 불끈 쥔 후 몸을 떨고 계시면 돼요. 손발이 오그라들어서 딱 붙어 있는 상태이지요. 말도 안 나옵니다. 그러다가 바닥을 치면서 깨어나보세요. 이때 황성혁 선생님은 형체 없이 사라지시면 됩니다. (주변을 둘러보는데, 몇몇 이들은 잠에 곯아떨어져 있다.)

—20세기 이래로 인간의 정신 세계에 대한 탐구가
이뤄지면서 무의식에 대한 관심이 증대된다. 이러
한 관심은 예술로도 확대되어서 스웨덴의 극작가
아우구스트 스트린드베리는 인간의 무의식을 보
여주는 〈꿈연극〉이란 작품을 발표하여 표현주의
의 기수로 각광받기도 한다. 사진은 2003년 국립
대만대학에서 공연된 〈꿈연극〉의 무대 디자인.

이러다가 잠에서 깨면 혼자서는 일어나질 못하고 가족들이 손 발을 주물러줘야 마비가 풀려요. 가족들이 굉장히 힘들어했어 요. 두 사람이 붙어서 팔을 펴려고 해도 안 펴지고, 거의 한 시 간은 저를 주물러줘야 했지요. 5·18 이후에는 20여 년 동안 이 틀에 한 번 정도는 이런 꿈을 꿨어요. 가족들이 주물러주다가 안 되면 병원에 실려가서 약 먹고 주사를 맞았고요.

고혜경 이때 정신은 말짱하셨나요?

김광현 예. 정신은 차려지는데 말이 안 나오는 거지요.

고혜경 말로 표현할 수 없을 만큼 고통스러우셨을 것 같아요. 근데 여 러 선생님들이 참여도 하시고 관찰자로도 계셨는데, 함께 꿔본 꿈의 느낌은 어떠세요? 다른 분들은 김광현 선생님 입장이 한 번 되어보시지요. 우선 자기 꿈 상황을 재현하며 경험해보신 김광현 선생님이 먼저 느낌을 말씀해주셔도 좋을 것 같아요.

김광현 연극에서는 짧은 시간 마비가 왔지만, 꿈속에서는 상당히 오래 실랑이를 하거든요. 벗어나려 해도 벗어날 수가 없고요.

고혜경 불을 잠깐 꺼주실래요? (불을 끈다.) 이 상태에서 까맣게 위에 서 뭔가가 내려와서 몸이 점점 굳어지고 그러다가 전혀 몸을 움직일 수 없어요. 몸으로 느껴보세요. (불을 켠다.) 만약 내가 매일 이런 악몽에 시달린다면 어떨 것 같으세요?

박민태 아휴, 힘드네요!

고혜경 어떻게 힘드세요?

박민태 몸을 오그리고 있으니 힘들지요.

고혜경 이렇게 꼼짝을 못한다고 생각하시면요?

박민태 실제로 이런다면 너무 고통스러울 것 같아요.

고혜경 내 아픔도 차고 넘치는데 동료의 고통을 내 것으로 느껴주셔서 진심으로 감사합니다. 김광현 선생님은 지금 어떠세요?

김광현 계속 식은땀이 나네요. 뭔가 내려와서 나를 누르는 게 보이는 데 꼼짝도 할 수 없으니 괴롭잖아요. 그러니 정신을 차리고서 는 가족들에게 하소연해요. 너희는 내가 죽기를 바라는 것 아 니냐, 구해달라고 하는데 거들떠보지도 않는 것 아니냐고요. 가위에 처음 눌릴 때 이런 게 심했지요. 이게 모두 억지인 건 제가 잘 알아요.

고혜경 근데 억지로 안 들려요.

윤민석 저는 졸음이 오네요. 자버리고 싶어요.

나를 압도하는 꿈의 공포를
함께 직면해봐요

고혜경 다른 분들 말씀도 좀 들어보지요. 황성혁 선생님은 어떠셨어 요? 혹시 비슷한 경험이 있으세요?

황성혁 가위에 눌린 적이 있어요. 우리 시골 마을에서는 30~40여 가 구가 살았는데, 집집마다 동네 뒷산인 명산에다가 소를 풀어 놓고 키웠어요. 5·18 때는 이 산을 넘어서 도망가기도 했고요. 5·18 이후에 몸이 상해서 시골에 내려가 치료받을 때 꾼 꿈인 데요. 제가 오토바이를 타고 명산에 갔더니 키가 170센티미터는 되는 늘씬하고 예쁜 여자들 100여 명이 나체로 있더라고요. 근데 그 여자들이 제 목을 눌렀어요. 일어나고 싶은데 일어나 지지도 않고 소리도 안 질러지더라고요. 그러면서 삘삘 땀을 흘렸어요. 용을 쓴 거지요. 그러다가 깼어요.

고혜경 그때 기분이 어떠셨나요?

황성혁 많이 무서웠어요.

박민태 저도 제가 가위눌린 걸 한번 표현해볼게요.

고혜경 예.

박민태 (똑바로 눕는다.) 불을 끄고는 이렇게 잠을 자요. 근데 기다렸다 는 듯이 목을 직접 조여와요. 얼굴은 없는 한두 사람이 배 위에 올라가서 목을 딱 조르는 식이지요. 저는 몸부림을 치는데 몸 은 꼼짝을 안 하고요. 가위에 눌릴 때는 숨을 안 쉬면 죽을 것 같아서 아주 가쁘게 숨을 쉬어요.

윤민석 저도 5·18 이후에 악몽을 많이 꿨어요. 몸이 마비되는 건 아니 었고, 꿈속에서 어떤 사람이랑 싸움을 해야 하는데 몸이 말을 안 듣는 식이었지요. 그런 꿈은 진짜 많이 꿨어요. 근데 지금은 그런 꿈을 안 꾸지요.

황성혁 저는 가위에 눌리면 땀을 많이 흘려요. 꿈에서 얼른 깨고 싶은 데 잘 안 깨어나지요. 신체적으로 이상한 건 없어요. 근육이 뭉 치지도 않고요. 강도가 약한 거지요.

박민태 꿈에서 가위에 눌려서 실랑이를 하고 나면 힘이 하나도 없어 요. 그럼 옆에 자고 있는 사람한테 막 뭐라고 하지요. 내가 몸 을 못 움직이니까 코로 숨을 크게 쉬어요. 일부러 들리라고요.

근데 아내는 아무것도 모르고 잠만 잔다니까요.

고혜경 김광현 선생님, 이 느낌을 잘 아시지요? 김광현 선생님과 박민태 선생님의 가위눌림은 거의 비슷한 느낌이에요. 두 가위눌림의 공통점 중에서 지금 눈에 들어오는 것은, 내가 이렇게 숨넘어갈 정도로 괴로워서 도움을 청하는데 세상 사람들이 아무도 모른다는 데 있어요. 나는 죽을 것 같아 고통으로 신음하며 살려달라 외치는데 그 소리가 반향 없이 흩어져버리는 거예요. 이 상황이 지속되었으니 어떻겠어요?

박민태 그 고통은 이루 말할 수 없어요. 꿈이 아니에요. 실제로 그런 상황이에요. 게다가 계속 반복이 되지요. 김광현 선생님은 저보다 훨씬 심하게 가위에 눌리시니 그 고통은 말로 표현할 수 없을 만큼 클 겁니다. 근데 그렇게 우리를 눌러대는 게 귀신 아닌가요?

고혜경 그렇게 느껴질 수도 있을 겁니다.

김광현 제가 가위눌릴 때는 형체 없는 게 짓누르다 보니 귀신이라는 생각은 안 해봤어요. 천장 전체가 시커멓게 내려와서 몸 전체를 짓누르는 경우가 많지요. 아주 가끔 형체 있는 게 나타나기도 하지만요.

고혜경 형체가 있는 경우는 군인으로 나타나나요?

김광현 예.

고혜경 군인인데도 목이나 몸을 눌러요?

김광현 아니지요. 그럴 때는 군인이 총을 겨누고 저를 쏘려고 해서 도망을 가는데 발이 안 떨어지다가 잠에서 깨지요.

고혜경 가위눌림에 시달리는 당사자들에게는 그것조차 내 건강과 성장을 도와주기 위한 거라는 게 얼토당토않은 말 같으실 거예요. 아무도 몰라주는 절절한 외로움에다가 잠시 재연하는 것만으로도 식은땀이 날 정도인데 말이에요. 그런데 지금은 깨어 있는 상태로 꿈을 체험하고 있으니 한번 생각해보지요. 내가 누워서 자고 있는데 시커멓게 뭔가 내려오면 어떻게 하고 싶으세요?

김광현 저는 꿈속에서 눈을 뜨고 있기 때문에 분명히 아래로 뭔가가 내려오는 게 보여요. 차라리 눈을 감고 있으면 안 보일 텐데 말이에요. 뭔가 나를 누르면 뿌리친 후 일어나서 움직이고 싶어요. 근데 몸이 안 움직여지니 불안이 엄습해오고요. 알면서 당하는 느낌이에요.

고혜경 이 현상이 지속적으로 반복된다는 건 여기에 굉장히 중요한 메시지가 있다는 뜻입니다. 그리고 꼭 기억하셔야 할 게 있어요. 뭔가가 나를 숨막히게 짓누르지만 그게 결국 나를 죽이지는 못했다는 점이에요. 그 사실을 자각한다면 가위가 나를 엄습해오더라도 죽지는 않을 테니 약간의 여유가 생기지요. 이때 내가 뭔가를 해볼 수 있어요.

김광현 가위에 눌릴 때 여러 번 대처해보려고 했는데 잘 안 되더라고요.

고혜경 어떻게 대처하셨나요? 지금 이 자리에서 가위에 눌리고 있다고 가정해보지요. 가위가 나를 죽이지 않는다는 사실도 알고 있고, 나를 도와주려고 최선을 다할 동료들도 주변에 있어요. 나를 누르고 목 조르는 대상이 군인이든 형체를 알 수 없는 검은 무엇이든 어떻게 하시겠어요?

김광현 내가 일어나서 움직여야지요.

고혜경 그렇지요. 보통 때 나를 파괴하려는 적이 덮친다면 어떻게 할 것 같으세요?

김광현 싸우겠지요.

고혜경 그렇지요. 배를 위로 하고 누워 있는 건 자신을 무방비 상태로 노출하는 자세예요. 고양이는 정말 안전할 때만 배를 드러내고 누워요. 근데 내가 위협 앞에 이런 무방비 상태로 있다고 생각해보세요. 만일 고양이가 그런다면 겁을 모르는 바보 고양이이거나 나를 방어하는 게 뭔지 모르는 어리석은 고양이일 거예요. 아니면 트라우마 고양이겠지요. 얼어붙어서 꼼짝 못하는. 벌떡 일어나서 반격하거나 도망치거나 일단 몸을 굴려서 공격을 피해야지요. 그런 동작을 해보는 거예요.

박민태 하지만 몸이 안 움직이는데요.

고혜경 이전까지는 그랬지요. 지금부터는 달라져야 해요. 가위눌림이 오랜 시간 되풀이되었으니 내 몸의 반응도 마비에 익숙해져 있어요. 그러니 마비 전에 뭔가를 하는 습관이 붙도록 연습을 해야 해요.

김광현 가위에 눌려서 병원에 가도 원인을 알 수 없고 치료법도 알 수 없다고 하니 답답했어요. 결국 가족이나 의사의 도움을 못 받은 채 저 혼자 버텨야 했지요. 악몽을 꿀 때 눈을 떠보려고는 했던 것 같아요. 꿈속에서는 눈을 뜨고 있지만 이게 꿈인지 아니까 실제로 눈을 떠야 한다고 생각해서 그렇게 해보면 아무런

— 고양이는 가장 안전한 순간에만 자기 배를 드러
 내고 눕는다. 위협할 무언가가 없는 상황에서나
 가능한 자세다. 하지만 인간은 보통 이런 자세로
 잠든다. 악몽에 시달릴 때 자기 몸을 방어하기 위
 해 자세를 바꿔보는 것은 악몽에서 깨어나는 하
 나의 요령이 될 수 있다.

일도 없었지요. 몸을 못 움직여도 눈은 떠진 적이 있어요. 많지
는 않았지만요. 생각해보니 그렇게 몇 번 눈을 떠본 후에는 가
위에 많이 안 눌렸던 것 같네요.

고혜경 그 사실을 기억해내셨네요. 보세요. 뭔가 할 수 있지요. 어떤
상황이든 내가 할 수 있는 게 있다는 중요한 사실을 기억해내
셨어요. 가위에서 벗어날 힘이 내 안에 있어요. 마비가 오는 것
도 사실이지만 더 중요한 건 내 안에 마비를 풀 힘이 있다는 거
예요. 그래서 그런 꿈 상황을 기억하는 것이고요. 고통이나 두
려움에 압도당하면 그 사실을 잊게 되지요.

5·18 때 고문당한 분들 아니면 이와 유사한 극한상황에 처해
서 그 뒤에 트라우마를 앓는 분들이 기억해야 할 가장 중요한
메시지는 바로 이것 같아요. 인간은 절대 무력하지 않다는 사
실입니다. 여러분이 무력했다면 지금까지 살아 계시지 못할 거
예요.

괴롭고 외롭고 무섭고 죽을 것 같은 꿈이 되풀이될 때, 가만히
있는 것은 위험 앞에 배를 드러내고 있는 고양이 같다고 생각
하세요. 몸은 습관을 기억해요. 이제 그 습관을 바꾸는 거예요.
낮에 이 상황을 계속 연습해서 어두운 게 내려올 때 자동적으
로 몸이 움직이도록 새로운 습관을 만드는 겁니다.

김광현 선생님은 우선 눈을 뜨는 것부터 잘 기억해두세요. 가
위에 눌리면 마비가 오지만, 눈을 꿈쩍이거나 얼굴 근육을 움
직이면 마비는 풀리게 되어 있어요. 이걸 알면 자는 동안에 일
어나는 일일지라도 일방적으로 당하는 게 아니라 자신이 이 상

황을 다룰 수 있게 돼요. 저라면 눈 깜빡이는 것보다 더 적극적인 행동을 연습할 거예요. 일단 몸을 굴려서 내 배나 목으로 무언가가 떨어지지 않도록 피할 거예요. 동시에 저는 검은 것에 한 방 날리는 연습도 해보고 싶어요. 되풀이 연습해서 몸이 기억하면 자면서도 그런 반사 행동이 일어날 겁니다.

김광현 그렇게 연습하면 꿈을 안 꿀까요?

고혜경 예. 나에게 힘이 있고 내가 상황을 통제할 수 있다는 걸 기억한다면, 꿈은 이렇게 달라진 나에게 반응을 보입니다. 그 상황을 다룰 힘이 있는 줄 알면 왜 그런 꿈이 되풀이되겠어요. 꿈은 에너지 낭비를 하지 않습니다.

김광현 근데 눈을 떠서 주위를 살펴보면 아무런 이상이 없거든요. 그래서 다시 자면 또 상황이 반복되는 경우가 있더라고요. 그게 두렵기도 하고요.

고혜경 어떤 습관을 끊으려고 결심하더라도 그 습관은 하루아침에 사라지지 않습니다. 마음이 흔들리기도 하고 흔들린 마음을 추스르는 데 시간이 걸리기도 하잖아요. 몸의 습관도 마찬가지입니다. 그리고 아직은 오늘 알게 된 걸 연습해보지 않았어요. 꿈은 현명해서 의외로 빨리 배울 수 있습니다.

이제 선생님들은 그런 꿈을 꿀 때 어떤 자세를 취할지 결정하시고, 그 자세를 수시로 연습해서 몸이 기억하도록 해주세요. 제가 지금 알려드린 것은 미국에서 꿈으로 트라우마를 다루는 사람들이 여러 번 적용해본 방법이고 이론으로도 만들어가고 있습니다.

김광현 진작 선생님을 뵈었더라면 수십 년간 그 고통을 겪지 않아도 됐을 텐데, 이리 늦게 뵈어서 정말 아쉽네요. 근데 요즘은 거의 만취 상태로 집에 들어가서 샤워하고 나면 바로 곯아떨어지거든요. 1시에 들어가든 2시에 들어가든 꼭 6시면 깨요. 피곤해도 6시 이후에는 잠을 안 자려고 텔레비전을 켜두고요.

고혜경 가위에 눌리지 않으려고 스스로를 방어하느라 술도 드시고 잠도 덜 주무셨을 거예요. 앞서 설명드린 방법을 꾸준히 연습하시면 두려움 없이 주무실 수 있을 겁니다. 가위에 대응할 수 있으니 꿈도 어떤 방식으로든 달라질 테고요. 지금까지의 제 경험을 토대로 말씀드리자면, 나를 짓눌렀던 알 수 없는 것의 형체가 서서히 보일 수도 있어요. 형체가 보인다면 불안감이 훨씬 덜해지지요. 어떤 식으로든 대응해볼 수 있잖아요. 만약 나를 짓누르는 게 나의 절망감 혹은 외로움이라면, 그 감정들은 꿈속에서 다른 방식으로 변할 거예요. 어쨌든 상황이 달라질 겁니다. 훨씬 편하고 자유로워질 거예요.

꿈의 고통을 직면하면
꿈 자체가 달라집니다

고혜경 박민태 선생님은 오늘 꿈연극을 해보니 어떠셨어요?

박민태 아까는 마구 잠이 쏟아지데요. 엄청 피곤해요.

고혜경 저도 천장이 내려앉는 줄 알았어요. 힘들고요. 기운도 없으시지요?

박민태 예. 저는 실제로 자다가 이런 일이 일어나면 얼른 눈을 딱 떠버려요.

윤민석 그렇게 마음먹으면 눈이 떠지나요?

박민태 안 떠질 때도 있어요. 눈을 감고 잠들려고 하면 딱 반응이 와요. 그럼 얼른 눈을 뜨지요. 그럴 땐 몸이 엄청나게 찌뿌둥해요. 근데 눈이 안 떠지면 당하는 거고요.

윤민석 좀 딴 이야기인데, 제가 예전에 꿈을 꿨어요. 도둑놈이 우리 집에 들어왔길래 이놈한테 발차기를 해버려야지 하고 생각하고 있었어요. 살포시 방문을 열길래 기회는 이때다 싶어서 발로 찼는데, 뭔가 쿵 했어요. 물을 떠 가지고 들어오던 우리 아이를 제가 발로 찬 거예요.

고혜경 아이를 발로 차서 미안하기는 하지만 윤 선생님에게는 그 상황이 예기치 않은 침입으로 감지된 거지요. 여기 계신 분들 모두 큰 충격을 겪으셨고 그 순간 세상이 안전하다는 믿음이 증발해버렸을 거예요. 안전하지 않다고 느끼는 사람은 매사에 긴장하고 조심을 하는 게 당연하지요. 위험은 과장되어서 크게 다가오고 몸은 이런 감각에 따라 대응해요. 이런 반응 때문에 주위에서 오해도 많이 사시지요?

윤 선생님 꿈 이야기를 들으면서 좋은 소식과 나쁜 소식이 동시에 떠오르네요. 나를 위하는 사람에게조차 방어를 해야 할 정도로 위험에 대해 과민하다는 게 힘겹고요. 그렇지만 이제 위험을 느낄 때 무방비로 당하는 게 아니라 걷어찰 정도로 방어할 힘이 내 안에 있다는 건 좋은 소식이지요.

윤민석 이게 실제로 있었던 일이기도 해요. 예전에 문 열고 들어오는 아이를 제가 발로 찬 적이 있거든요.

고혜경 실제 상황을 꿈이 되풀이했군요. 그 상황이 담고 있는 의미를 이해하지 못하면 꿈이 그 이미지를 인용하는 듯해요. 낮 동안 의 의식 세계와 자는 동안 경험하는 무의식 세계는 분리된 세 계가 아니에요. 제가 꾼 꿈이라면 침입과 방어라는 이슈와 함 께 아버지와 아들이라는 이슈도 생각해볼 것 같아요. 아드님과 의 관계를 한번 되짚어보세요. 동시에 나와 내 아버지의 관계 가 어땠는지도 돌아보시고요. 엄하기만 하셨는지? 성장할 때 나를 세상으로부터 안전하게 지켜주셨는지? 진짜 위협과 과장 된 위협 사이의 차이를 구분해서 과잉 대응하지 않는 것은 그 다음 일 같아요.

박민태 저는 오늘 연극하면서 엄청 힘들었어요. 누워 있는 것 자체가 요. 그러니 실제로 당하는 분은 얼마나 힘드셨겠어요.

고혜경 그렇지요. 우리가 김광현 선생님 상황을 꿈연극을 통해서 함께 체험해봤는데, 자는 동안 이런 일이 벌어지니 오랜 세월 얼마 나 고통스러우셨을까요? 저도 이 자리가 무척 힘들었습니다. 꿈에는 엄청난 에너지가 있어서 순식간에 여러분을 깊은 잠에 빠뜨려버렸어요. 그 누구도 기획하지 않았지만 꿈연극이 모두 가 잠든 밤 홀로 상처로 신음하는 사람 장면을 만들어냈지요. 저는 깨어 있는 관객 역을 소화해야 했어요. 그 순간 엄청 화가 올라오더라고요. 누워 있는 사람은 죽을 만치 힘들어서 식은땀을 흘리는데 동지들은 쿨쿨 잠에 빠져 있었지요. 서럽고 외롭다고 느꼈어요. 그 처절한 외로움은 김 선생님 것이기도 하고 제 것이기도 하고 또 여러분 것이기도 하겠지요. 아까는 그 감정에 압도당했는데, 지금은 이 장면이 김 선생님뿐만 아니라 여러분이 이 사회에서 겪는 외로움의 깊이를 표현하고 있다는 데 생각이 미쳤어요. 오늘 꿈연극이 만들어낸 명장면이 아닌가 합니다.

우리는 이렇게 아프고 나약하고 방어적임에도 불구하고 오늘 이 자리에 함께 있었습니다. 모두 같이 꿈연극에 참여했고요. 식은땀 흘리며 몸이 굳어가는 배우도, 잠에 곯아떨어진 배우도, 그 장면을 목격하는 배우도, 김 선생님 꿈이 펼치는 연극 무대에서 충실히 제 몫을 해낸 겁니다. 김 선생님 개인의 꿈 이야기가 우리의 꿈으로 탄생한 듯해요.

오늘 김 선생님은 힘든 자신의 꿈 이야기를 총지휘해서 꿈연극으로 만들어내주셨는데, 김 선생님 개인에게는 몸 안의 고통을 바깥으로 끄집어내서 객관화하는 눈이 만들어진 것 같습니다. 용기 내어 끝까지 견뎌주셔서 감사합니다. 그리고 배우 역할을 완수해주신 다른 선생님들께도 감사드립니다.

이제 꿈 에너지가 어느 정도 강렬한지 경험하셨지요? 무의식 차원으로 연결되는 게 어떤 건지 몸으로는 아셨을 겁니다. 나의 상처, 나의 이야기는 깊이 들어가보면 곧 우리의 상처, 우리의 이야기예요. 여기서 벌어지는 이 치유 작업이 빛고을 광주라는 집단에 미칠 파장이 없다고는 아무도 단언할 수 없을 겁

니다. 여러분 모두 매우 중요한 일을 하고 계신다는 것, 다시
한번 말씀드립니다.

박민태 그런데 앞서도 이야기했듯이 그렇게 꿈에 나타나서 누르는 게
귀신인가요, 아니면 몸이 굳어서 그런 건가요?

고혜경 저는 귀신이란 말을 쓰진 않습니다.

박민태 그럼 뭔가요?

고혜경 심적 에너지라고 보지요. 예전에는 그렇게 보이지도 않고 잡히
지도 않는 에너지에 귀신이나 조상이라는 이름을 붙였어요. 그
런데 누가 어떨 때 귀신이 되나요? 옛이야기에 보면 한이 서려
있을 때 귀신이 되더라고요. 제일 센 귀신이 처녀 귀신이고요.
심리학에서는 이 귀신을 바깥에 있는 누군가로 보지 않고 내
안에 있는 어떤 에너지라고 봅니다. 억울하게 당했는데 아무도
안 알아주고 외로움과 서러움이 깊고 커질 때 한으로 응어리가
되지요. 내 안에 있는 이런 한의 응어리들이 꿈에서는 귀신 같
은 모습으로 나타나고요.

예를 하나 들어볼게요. 제가 지난 주말에 어떤 분께 꿈 이야기
를 들었어요. 바닷속에 시커멓고 엄청나게 큰 괴물이 있더래
요. 사람들이 해변에 서서 괴물의 출현을 바라보고 있는데, 자
기는 너무 무서워서 숨으려고 했대요. 사람들 속에 섞이면 괴
물이 모를 것 같아서 그렇게 뒤섞여 자신을 드러내지 않으려고
애쓰다가 깨어났다고 하시더라고요. 그 꿈 이야기를 나누다 보
니, 괴물의 입이 얼마나 컸고 얼굴 빛깔은 어땠는지 차츰차츰
더 자세히 기억을 해내셨지요.

그러는 와중에 괴물이 자기 엄마였다는 생각을 하셨어요. 어릴 적에는 자기를 잡아먹을 것 같은 위협감을 느끼게 한 존재, 이후로는 평생 도망 다니고 싶은 두려운 존재……. 꿈속에서 맨 처음에는 바닷속에 있는 무서운 괴물이 나타났지요. 그런데 꿈을 좀더 자세히 기억해내다 보니 그 괴물이 엄마로 변했다고나 할까요? 자세히 봤더니 괴물이 아니라 엄마였다고 인식이 바뀌었다는 게 더 정확한 표현이겠지요.

괴물일 때는 잡아먹히지 않으려는 두려움밖에 없었지만, 엄마라는 사실을 알고 나면 최소한 자기를 잡아먹으려는 식인 괴물을 상대하는 것보다는 낫잖아요. 엄마라면 그래도 뭘 해볼 수는 있고요. 도망을 치든 싸움을 하든. 여러분이 말씀하시는 귀신도 이와 유사하리라고 봅니다. 오랫동안 외면하고 방치하고 무시해온 어떤 나, 밖으로 드러나는 무엇이 아니라 내 안에 있는 어떤 한스러운 부분이 의인화됐다고 보시면 될 거예요. 물론 심리학의 입장이 전부가 아닐 수 있습니다. 그렇지만 제가 지금까지 만난 사람들을 보면, 심리학의 측면이 중요했다는 점을 말씀드리고 싶어요.

옛이야기는 귀신을 어떻게 다뤄야 하는지도 가르쳐줍니다. 귀신은 자기 이야기를 들어줄 사람을 찾아요. 꿈에 나타나는 귀신도 마찬가지예요. 자기 한을 들어주고 풀어주면 두려운 모습을 버리고 순화될 거예요.

김광현 선생님은 수십 년간 가위에 시달려오셨는데, 오늘 그 이미지를 꽤 선명하게 기억해내셨어요. 이는 대단히 용감한 일입니다. 무의식은 김광현 선생님을 괴롭히려는 게 아니라 이걸 다뤄서 그 안에 있는 선생님의 힘을 찾으라고 촉구해온 거예요. 근데 무의식이 채 말을 마치기도 전에 이미 마비가 와서 옴 짝달싹 못하는 거지요. 이는 마치 『장화홍련전』에서 마을에 사 또가 부임할 때마다 귀신이 나타나서 사또가 죽어버리는 것과 비슷한 거예요. 그러다가 마침내 주인공이 등장하면 귀신의 이 야기를 끝까지 들어주고 그 한도 풀어주잖아요. 이전까지는 귀 신의 등장과 함께 얼어붙어 죽어버리는 사또들이었다면, 이제 부터는 주인공 사또로 바뀌어야 해요. 우리가 다 함께 귀신 말 을 들어주었으니까요.

저는 김광현 선생님의 가위눌림을 다루면서 트라우마에 대해 새롭게 배우는 게 많습니다. 꿈에서 마비는 완결되지 않는 행 동과 이어져 있어요. 트라우마 환자들에게 최고의 도전은 '아 무것도 할 수 없다'는 무력감과의 싸움 같아요. 압도하는 위협 에 무방비 상태로 노출될 때 마비가 찾아옵니다. 이때 마비가 일어나지 않는다면 어떤 행동을 했을까요? 질문을 하는 게 중 요합니다. 위협이 닥치면 일반적으로는 피하거나 도망가거나 싸우지요. 이런 행동을 할 수 있으면 마비된 채 있을 필요가 없 어요. 에너지가 흘러버리면 매일매일 그 상황이 되풀이되지 않 습니다.

김광현 선생님께 제시한 것처럼, 낮에 연습을 통해 구체적인 행동을 몸이 기억하게 하세요. 꿈에서 그 행동을 기억해 마비 를 뚫고 나가면 멈춰 있는 에너지가 흐를 거예요. 미완의 행동이 완결되는 거지요. 그러면 위협도 다르게 느껴질 겁니다. 어떤 위협이 닥치더라도 자신을 지켜낼 힘이 자기 안에 있다는 걸 기억하게 되면 놀라운 일이 벌어질 거예요. 이게 모든 가위눌림에 적용될지는 모르겠지만, 최소한 트라우마와 관련한 가위눌림에는 주요한 실마리가 될 것 같습니다.

윤민석 저도 그런 악몽을 꿔요. 근데 제가 덤비려고 해도 제 몸이 말을 안 들어요. 다리도 안 움직여지고 말도 안 나오고 주먹도 안 나가고요. 움직이지를 못하는데, 이럴 땐 어떻게 해야 하나요?

고혜경 윤민석 선생님 상황도 유사하다는 점, 나만이 겪는 괴로움이 아니라는 사실을 다시 한번 기억해주세요. 이 상황을 바꿀 수 있다는 것도 기억하시고요. 깨어 있을 때 그 상황을 연상하면서 꿈속에서 못했던 자기를 지키는 행동을 구체적으로 연습해보세요. 이런 노력은 반드시 꿈에 반영됩니다.

김광현 선생님은 열심히 연습해서 우리 모두를 가르쳐주셔야 해요. 이건 김 선생님뿐만 아니라 수많은 사람들이 겪고 있는 문제입니다. 우리는 앞으로 이 방법 외에도 악몽을 다루는 다양한 방법을 시도해볼 거예요. 이번 꿈작업은 선생님들이 주기적으로 꾸는 악몽 해결을 최소한의 목표로 삼고 있어요. 편히 주무실 수 있다면 삶이 훨씬 수월해질 겁니다.

김광현 선생님 이야기가 저는 수긍이 됩니다. 제가 실제로 경험해봤으니까요. 자려고 눈을 감으면 천장이 시커매요. 공포가 엄습해오면서 한기가 들 정도로 몸이 오그라들지요. 그럼에도 불구하고 나름대로 자기 전에 눈만 뜨면 된다는 생각을 하는데, 실제로 몸을 움직이진 못했지만 눈이 떠지더라고요. 그럼 아무런 이상이 없었고요. 그 후엔 눈만 떠버리면 된다고 생각하게 됐어요. 머릿속에 이게 박히면 되더라고요.

제 경험에 의하면, 소주를 5병쯤 먹으면 세 시간은 푹 곯아떨어져서 자요. 그럴 땐 꿈을 안 꿔요. 하지만 그러다가 깨어나서 다시 어설프게 선잠이 들면 꼭 꿈을 꾸지요.

고혜경 술과 꿈 기억은 좋은 친구가 아니라고 말씀드렸어요. 꿈이 가위눌림이나 악몽이 아니라 오늘은 무슨 말을 할지 기다려지는 친구로 바뀌고, 술과는 점차 멀어지는 친구가 되었으면 좋겠어요.

다시 한번 말씀드리면, 현재의 되풀이되는 트라우마 악몽의 상황을 바꿀 수 있다는 사실을 기억해주세요. 그 악몽조차도 나를 도와주기 위한 긍정적인 메시지라는 걸 알아주셨으면 합니다. 나를 괴롭혀온 악몽도 다룰 수 있습니다. 무의식은 의식의 노력에 반드시 반응합니다. 우리가 할 일은 바꾸려는 의지와 구체적인 연습입니다. 또다시 자는 동안 그 현상이 되풀이될 때 나는 어떻게 대처할지 결정하시고 낮에 그 행동을 연습하세요. 가위에 눌릴 때 반사적으로 그 행동이 나오도록 몸으로 익히셔야 해요. 한 주 동안 실제로 해보신 후 다음 시간에 그 결과를 이야기해주세요.

오늘 수고 많으셨습니다. 에너지가 엄청났어요. 견뎌주셔서 감사합니다. 특히 꿈 상황을 어렵게 재현해주신 김광현 선생님께 다시 한번 감사드립니다. 가위눌림으로 고생하는 우리 모두에게 큰 선물을 주셨어요. 댁에 가서서 물 많이 드신 후 샤워하고 주무시면 도움이 될 거예요. 오늘의 에너지 장은 지난번에 배운 '옴'으로 닫겠습니다.

이전에는 보이지 않던 것들이

서서히

꿈에 나타납니다

고혜경 오늘은 아쉽게도 김동철, 박민태 선생님이 참석을 못하셨는데
요. 참석하신 분들 중에는 숙제를 해오신 분들이 꽤 있으세요.
꿈을 적어오신 분도 있고, 기억만 해오신 분도 있고요. 꿈에 관
심 갖고 노력해주셔서 참 기쁩니다.

김광현 새벽에 일어나서 비몽사몽 간에 수첩에 메모를 했어요. 방금
여러분한테 자랑도 했지요.

김진규 많이 발전했네요. (박수)

김광현 지난주에는 자려고 눈감는 순간부터 눈뜰 때까지 계속 꿈을 꿨
어요. 자세히 기억은 안 나지만, 꿈속에서 여러 선생님들과 이
야기도 한 것 같고요. 이런 적이 없었는데, 눈을 감고 있으면
계속 꿈이 꿔졌어요. 꿈에 빠져 있는 듯한 일주일을 보냈지요.

고혜경 악몽은 안 꾸셨어요?

김광현 악몽은 없었고요. 그제 저녁인가, 아무것도 없는 아주 밝고 환
한 빛이 있는 곳에 제가 있는 꿈을 꿨어요. 악몽은 시커먼 게
내려오는데, 이건 악몽이 아니지요.

고혜경 느낌이 어떠셨어요?

김광현 상쾌하고 좋았지요. 꿈 전체가 기억나는 건 아니고 여러 가지 꿈이 계속되면서 연결도 되고 하는데, 잠깐잠깐 기억나는 것만 적어왔어요. 특이하게도 지난주에 꾼 꿈들에서는 제가 항상 사람들 가운데 있었어요. 사람들이 모여 있는 꿈을 많이 꿨어요.

고혜경 수면 시간은 어떠셨나요?

김광현 잠은 평상시처럼 잤는데, 눈만 감으면 꿈을 꾼다는 느낌이 강했지요.

고혜경 꿈이 하고 싶은 얘기가 많은가 봐요. 지난주에 알려드린 연습은 해보셨나요?

김광현 몸 상태가 안 좋아서 연습을 해야 한다는 생각은 못했고요. 엎치락뒤치락은 많이 했어요. 옆으로 누웠다가 반듯하게 눕기도 하고, 제가 생전 엎드려서는 잠을 잘 못 자는데 엎드려 눕기도 했고요. 잠자리에서 굉장히 열심히 움직였던 것 같아요.

고혜경 연습을 하세요. 반사적으로 움직일 수 있게 익혀놓으면 두려움도 잦아들 거예요. 자력으로 가위눌림에서 헤쳐 나오면 같은 일이 반복되진 않을 거고요. 조진석 선생님은 어떠셨어요?

조진석 글쎄요. 꿈을 꾼 것 같기도 하고 안 꾼 것 같기도 해요. 예전에는 꿈에 대해 그다지 깊이 생각하지 않았거든요. 더럽다, 나쁘다, 찝찝하다, 정도가 꿈에 대한 인상이었는데, 꿈작업에 참여하면서 꿈을 꾸려고 노력하니까 도리어 꿈이 안 꿔져요. 선생님 말씀대로 이제 차차 꿈이 꿔지겠지요?
어제는 여기 오기 전에 뭔가 이야깃거리를 만들어가야겠다 싶어서 꿈을 꾸고 싶었는데, 기억이 나야 말이지요. 오늘 할 말이 없을 거라고 생각하니 굉장히 허망하더군요. 꿈이 기억나면 공책에 써봐야지, 아니면 핸드폰에라도 입력해둬야지 생각했는데, 기억이 안 나요.

고혜경 괜찮아요. 좀더 느긋하게 기다리시면 되고요. 잠은 잘 주무셨나요?

조진석 그리 잘 잔 것 같진 않아요. 어젯밤에도 자다가 깨서 담배 피웠고 또 잠자리에 들었다가 나와서 커피 마셨고요. 오히려 낮에 잠깐씩 꾸벅꾸벅 자는 게 마음 편해요. 집에서 누워 자는 게 더 불편하고요.

고혜경 너무 강박적으로 숙제하려고 노력하지 않으셔도 돼요. 꿈이 장고長考를 해서 걸작을 만들려나 봐요. 시간이 필요해요. 새로운 화두가 불쑥 튀어나올 땐 낯설어서 기억이 더 안 날 수 있고요. 조바심 느끼지 않으셨으면 좋겠어요.

조진석 근데 저는 낯선 곳으로 차를 몰고 갈 때 만나는 사람, 풍경 같은 걸 예전에 봤던 것 같은 느낌이 들 때가 있어요.

고혜경 예전에 겪었거나 꿈에서 봤던 게 재현되는 느낌이 드는 거군요.

조진석 예.

김광현 잊어버리고 있었는데, 저 어제 저녁에 꾼 꿈이 생각났어요!

조진석 생각하고 계세요. 저는 부지런히 제 이야기할게요. (모두 웃음) 또 하나 예를 들면, 드라마를 보면서 앞으로 이러저러하게 이야기가 흘러가겠다 생각할 때가 있잖아요. 그러고서 며칠 지나 드라마를 보면 딱 그렇게 흘러가는 거예요. 간혹 이럴 때가 있는데, 전 제가 도통해서 그런 줄 알았어요. (웃음)

고혜경 조진석 선생님과 비슷한 경험 하신 분 있으시지요? 저도 그렇고, 많이들 그런 경험 해보셨을 것 같은데.

김광현 그럼요. 그럴 때가 있지요.

고혜경 난생처음 간 곳인데 예전에 꿈에서 봤거나 와봤던 것 같은 경험은 꽤 있으실 거예요. 이런 현상을 논리적으로 설명하긴 어렵지요. 하지만 모두들 이런 일은 종종 겪습니다. 이상한 일이라기보다는 자연스러운 현상이라고 해야 할 듯해요. 데자뷔 혹은 기시감이라고 하지요.

제가 작업하고 있는 신화와꿈 아카데미에 오시는 분 중에 의사 선생님이 계세요. 워크숍 중에 누군가가 꿈 이야기를 시작하는데 그분은 이야기를 끝맺기도 전에 이후 전개를 알고 계시곤 했어요. 그것도 몇 번이나요. 이런 건 어떻게 설명할 수 있을까요? 의식의 영역에서는 과거와 현재와 미래가 분리되어 있지만, 무의식의 영역은 그렇지 않아요. 이 모든 게 동시 진행형이지요. 의사 선생님이 타인의 꿈 내용을 미리 알고 있는 것 같은 일은, 무의식이 우리에게 얼마나 큰 영향을 미치고 있는지를 보여주는 듯해요.

조진석 그렇게만 된다면, 로또 숫자를 알아내서 복권을 살 텐데! (웃음)

고혜경 무의식은 나보다 훨씬 커서 원하는 대로 안 되고 필요할 땐 안 맞는다니까요. 내 말 안 들어요. (웃음)

윤민석 선생님은 오늘 어떤 꿈을 기억해오셨나요?

윤민석 예전에는 깨어나서 기분 좋은 꿈과 기분 나쁜 꿈 정도만 생각해봤지, 이 시간에 하는 것처럼 꿈을 해석해본 적은 없거든요.

근데 선생님과 꿈작업을 하면서는 꿈을 꾸면 적어봐야지 싶기도 하고, 꿈속에서 강도를 만나더라도 도망가지 말고 가만 안 놔둬야겠다는 생각을 하기도 해요. 가위눌림도 절대 안 당하고 싶고요.

저는 일을 열심히 할 때는 꿈을 전혀 안 꿔요. 일 안 할 때나 꿈을 꾸는데, 기억은 잘 안 났지요. 근데 요즘은 꿈에 이 사람도 보였다가 저 사람도 보였다가 해요. 꿈이 이어지지는 않는데, 뒤죽박죽 간간이 생각나요.

꿈의 변화를 들여다본다는 것은

고혜경 황성혁 선생님은 지난주에 어떤 꿈 꾸셨어요?

황성혁 자면서 하룻밤에 세 번쯤 꿈을 꾸는데요. 많이 잊어버리지요. 그래도 오늘 아침에 꿔서 기억나는 꿈이 있어요. 꿈도 짤막해요.

고혜경 본격적인 꿈작업은 아니더라도 이 꿈으로 간단히 연습을 해봅시다. 선생님들, 기억하시지요? 꿈 이야기가 나오면, 그때부터는 모두 자신의 꿈이 되는 거예요. 황성혁 선생님이 나를 대신해서 꿔온 꿈으로 자기 작업을 하는 거예요. 내 꿈이 되도록 마음 열고 잘 들으세요.

황성혁 어떤 공사 현장에 아시바가 쫙 매여 있었어요. 저랑 어떤 사람이 현장 위의 엄청 높은 데 있었고 아시바를 타고 내려가야 하는 상황이었지요. 저와 함께 있던 사람이 먼저 내려갔고, 저도 따라 내려가야 하는데 아래를 보니 굉장히 무서웠어요. 한쪽에는 깊은 강이 있어서 그리로 떨어지면 죽겠디라고요. 그래서 강을 피해 육지 쪽에 있는 아시바를 타고 내려갔지요.

1층까지 내려왔더니 트라우마센터 사무실처럼 보이는 게 있더라고요. 하얀 가운을 입은 수간호사가 열쇠로 건물 문을 잠그려고 하길래, 저보다 먼저 내려온 사람이 아직 안 나온 것 같다고 했지요. 그랬더니 열쇠를 저한테 주면서, 그 사람 나오면 문을 잠궈달라고 하셨어요. 열쇠란 게 남한테 함부로 주는 게 아닌데 말이에요. 그러다가 꿈에서 깼어요.

고혜경 황성혁 선생님은 이게 짧은 꿈이라고 생각하세요? 제가 20여 년간 꿈작업을 해왔는데, 언젠가부터는 짧은 꿈이란 말을 안 믿게 됐어요.

김광현 이건 짧은 꿈이 아니에요.

고혜경 황 선생님이 지난번에 나눠주신 꿈 모두들 기억하시지요?

조진석 아니요.

고혜경 주무시느라고 못 들으셨나봐요. (웃음) 주춧돌 위에 큰 기둥을 세우려고 했던 꿈 말입니다. 그때도 공사를 했는데, 이번에도 공사 현장이 나왔어요. 황성혁 선생님 내면에서는 지금 새로운 공사가 막 일어나고 있나 봐요.

조진석 안 떨어지려고 아시바를 꽉 잡았구먼요. (웃음)

고혜경 일반적으로 위층에서 아랫층으로 내려온다는 건, 땅에 가까워지니 자신의 기반이나 본질에 더욱 가까워진다고 볼 수 있어요. 꿈에서 위와 아래, 즉 수직으로의 움직임은 영spirit과 영혼 soul이 움직이는 방향이지요. 저라면 영적인 변화와 관련시켜 꿈을 생각해볼 듯합니다.

조진석 황 선생님은 아시바에서 내려와서 열쇠를 안 썼어요. 그 열쇠로 문을 열었으면, 어디론가 끌려가거나 죽었을지도 몰라요! (웃음)

고혜경 꿈에서 열쇠는 상당히 의미심장한 물건입니다. 그것도 수간호사를 통해 전해진 열쇠이지요. 제가 이 꿈을 꾸었다 상상해볼게요. 내가 본성에 가까운 자리로 내려오니 수간호사를 만나게 되고 이 간호사가 나를 믿고 나에게 열쇠를 맡겨요. 이 열쇠는 수간호사와 연관된 치유의 비밀과 관련이 있을 것 같아요. 이제 중요한 열쇠가 내 손안에 있으니 참 힘이 나요. 그리고 이 건물 1층은 트라우마센터 같아요. 저에게 트라우마센터는 내 상처를 이야기할 수 있고 실제 치유 작업이 일어나는 자리예요. 이 건물 열쇠가 있다면, 제가 필요할 때 문을 여닫으면서 드나듦의 조절이 가능할 것 같아요.

황성혁 선생님이 꿈작업 첫날 말씀해주신, 무서운 개한테 쫓기다가 나무 위로 도망가서 날아버리는 꿈과 대비되는 부분이 있는데요. 이번에는 자발적으로 위에서 아래로 내려와요. 와보니 수간호사가 나를 기다리고 있고요. 수간호사도 나로 본다면 내 안에 있는 여성적인 돌봄의 에너지가 도출된다는 건데, 이건 굉장히 반가운 상황입니다.

김진규 좀 딴 얘기 같은데요. 아침에 눈뜬 순간 오늘은 조심해야 할 것 같은 느낌이 들 때가 있거든요. 그런 날은 여차하면 무슨 일이 일어나요. 주변에서도 그런 느낌이 드는 날 괜히 움직였다가 안 좋은 일 당한 사람을 많이 봤고요.

고혜경 보통 사람들보다 무의식적 느낌이 발달한 분들이 있어요. '이럴 것 같은데'라는 무의식적 느낌은 맞을 확률도 있고 틀릴 확률도 있습니다. 이 분야를 공부하는 사람들은 직관이 맞을 확률을 50대 50으로 봐야 한다고들 해요. 물론 직관에 귀 기울이는 것은 생명체로서 중요한 일입니다. 그런데 무의식에서 나오는 직관의 소리를 비추는 내 렌즈가 투명하지 않으면 그 소리가 오염된 채 보여요. 이럴 때 오독의 여지가 생기지요. 불편한 느낌이 들 땐 당연히 조심하셔야 합니다. 그렇지만 100퍼센트 의존할 수는 없다는 점도 기억해주세요. 그렇지 않으면 "무슨 일이 벌어질 것 같아" "내 안의 소리를 들었어" 같은 예언을 함부로 하는 이상한 사람들과 같은 무리에 속하게 돼요.

김진규 꿈속에서 그런 게 나타났다는 건 일종의 암시나 예지일 텐데요. 그건 결국 자기 내면의 문제일 뿐 외부와는 연결되지 않는 게 아닌가요?

고혜경 나무로 예를 들게요. 나무에 핀 꽃망울들은 개인의 차원이라고 보시면 되고요. 나무에서 뻗어 나간 가지들은 가족, 나무의 둥치는 사회, 뿌리는 인류 전체라고 보시면 될 거예요. 이 모든 게 연결되어 있지요. 그렇게 본다면 개인의 차원이 가족, 사회, 인류와 연결되어 있어요. 안과 밖도 내가 상상하는 이상으로 밀접하게 연결되어 있고요.

이렇게 보면 김광현 선생님의 작업이 윤민석 선생님을 비롯해서 다른 선생님들에게도 영향을 미칠 수 있는 거지요. 우리가 각기 독립된 존재라는 생각은 지난번 보여드린 빙산 이미지에서 일각이라는 의식의 차원에서만 그럴 거예요. 우리가 하는 이런 작업을 종종 한 배를 타고 간다고 표현해요. 여기에서의 작업은 우리가 함께 만들어가는 것이지요. 이해가 되시나요?

윤민석 예. 어떤 의미인지 감이 잡히네요. 또 하나 여쭤볼 게, 조상 꿈을 꾸면 복권을 사라고들 하는데 이런 건 믿으면 안 되는 거지요?

고혜경 꿈은 분명 영혼의 자양분이긴 하지만, 꿈에 대한 낭설도 많습니다. 꿈에서 이빨이 빠지면 죽는다고 하는데, 실제론 안 죽잖아요? (웃음) 제가 사람들한테 자주 하는 말인데, 꿈 공부를 한 사람은 거의 없는데 꿈에 대해서는 모두들 전문가이고 다 나름대로의 꿈 이론을 갖고 계신 것 같아요.

끊임없이 튀어나오는
얽히고설킨 무언가를 끊어낸다는 것은

고혜경 이번에는 김광현 선생님의 한 주간 꿈 이야기를 들어볼까요?

김광현 어젯밤 꿈 이야기를 해드릴게요. 꿈에서 콩나물 해장국을 먹었는데, 그 안에 머리카락이 하나 있었어요. 살짝 건져내봤더니 머리카락이 아니라 노끈이더군요. 근데 끈이 얼마나 긴지 이걸 끄집어내고 또 끄집어내도 계속 나오는 거예요. 콩나물과 단단히 엉켜 있고요. 잘라내야겠다 싶어서 칼을 찾았는데, 아무도 나에게 칼을 안 줬어요. 그래서 칼을 가지러 집에 갔지요. 칼을 들고 다시 집에서 나섰는데, 텃밭에 상추가 있길래 그걸 좀 뜯었고요. 그때 불쑥 전화가 와서는 누군지 모르겠는 사람이 저한테 지금 어디냐고 묻더군요. 집이라고 했더니 저한테 막 욕을 하는 거예요. 왜 아무 일도 안 하고 집에 가버렸느냐고요. 화가 나서 내가 너보다 일을 열 배 이상은 한다고 막 이야기를 쏟아내버렸어요.

그러고서 걸어 나오는데, 느닷없이 운동장이 나타났어요. 체육대회를 하는지 사람들이 굉장히 많았지요. 지회장과 사무장이 거기서 무얼 해먹어야 한다길래 제가 뜯어온 상추를 줬어요. 수리를 해야 한다고 해서 뭔가를 고쳐준 기억도 나요. 또 우리 어머니는 제 친구가 여기 왔다 갔다고 하시더군요. 그 친구는 못된 짓을 하고 다니는, 제가 별로 안 좋아하는 친구예요. 꿈이 잘 연결은 안 되지만, 이 정도가 생각나네요.

고혜경   모두들 이 꿈을 떠올려보시고요. 이 꿈이 내 꿈이라면 어땠을 것 같으세요? 특별히 내 마음에 걸리거나 불편하거나 인상적인 부분이 있으면 말씀해주세요.

조진석   다른 건 모르겠고요. 상추가 나타난 건 태몽과 연결시키고 싶어요. 김광현 선생님이 최근에 새장가를 갔는데, 아직 기회가 있는 거예요. (웃음)

고혜경   잠깐만요. 이 꿈을 김광현 선생님 꿈이 아니라 조진석 선생님 꿈이라고 생각해보세요.

조진석 옛말에 오이나 토마토, 배추 같은 게 꿈에 나오면 태몽이라고
하잖아요. 상추 딴 부분만 봤을 땐 태몽이니 운동 열심히 해야
지요! (웃음)

고혜경 이 꿈을 내 꿈으로 만들기 위해 김광현 선생님께 꿈에 대한 질
문을 할 수 있어요. 제가 먼저 여쭤보지요. 전화를 걸어온 사람
이 남자였나요, 여자였나요? 어떤 톤으로 이야기했나요?

김광현 남자였어요. 왜 집에 가 있느냐고 저한테 따지듯이 얘기해서
저도 대놓고 화를 냈지요.

고혜경 운동장에서 뵌 지회장과 사무장은 어떤 분들이지요?

김광현 단체에서 함께 일하는 동료 그 이상도 이하도 아니에요. 특별
히 가까이 지내는 분들은 아니지요.

고혜경 그분들 성향이 궁금해요. 예를 들면 리더십이 있다거나 아니면
성질이 고약하다거나 등등.

김광현 지회장은 교사 출신이고, 지회장과 사무장 모두 상당히 깐깐해
요. 남한테 뭘 주지도 않고 그렇다고 얻어먹지도 않는 스타일
이랄까요.

윤민석 저는 이 꿈에서 자기가 싫어하는 사람이 꿈에 잘 나타난다는
느낌을 받았어요.

고혜경 꿈작업에서는 그럴 때 "내가 이 꿈을 꾼 사람이라면, 내가 싫
어하는 사람들이 나왔다"라고 표현하는 거예요. 그 투사는 저
에게도 확 다가오는데요. 나와 대조되는 남자들이 꿈에 대거
등장했으니, 저라면 이 인물들을 자세히 들여다볼 것 같아요.
김광현 선생님은 운동장에 다녀간 친구분을 왜 싫어하시는지

설명해주실 수 있나요?

김광현 싫어하지는 않아요. 1980년에 5월 27일까지 함께 도청에 있었던 동지예요. 근데 말과 행동이 다르고 자기가 한 말에 책임을 잘 못 지는 친구지요. 이리 붙었다 저리 붙었다 해서 가까이하고 싶지 않은 친구예요. 광주 말로 '간나구' 스타일이지요.

고혜경 '간나구'가 뭔가요?

조진석 그건 모르셔도 돼요. 굉장히 센 욕이에요.

윤민석 사람 중에서 제일 몹쓸 사람을 간나구라고 하지요.

조진석 거시기라는 말은 진짜 좋은 표현이에요. 반면에 간나구라고 하면 큰일 나요. (웃음)

고혜경 김광현 선생님은 특별히 콩나물 해장국을 좋아하세요?

김광현 잘 안 먹어요. 질려서요.

고혜경 '질려서'라는 말이 와 닿네요. 콩나물 해장국은 술 마신 후 속을 푸는 음식이잖아요. 이게 제 꿈이고 또 제가 술 마시는 사람이라고 상상해보면, 질린다는 말과 길게 이어져서 도무지 끊어내기 어려운 콩나물 닮은 노끈이 연결된 이슈 같아요. 만일 어린 시절의 저에게 세상에서 제일 긴 게 무어냐고 묻는다면 "콩나물, 머리카락, 노끈"이라고 답했을 것 같아요.

처음에는 머리카락 정도로 생각했는데 이게 사실은 길게 이어진 끈이었지요. 오래도록 내가 머리카락 정도로 생각하면서 덜어내면 된다고 쉽게 생각했던 것이, 그 정도가 아니라 잘라내야만 하는 아니면 전체를 제거해야 하는 것이라는 사실을 내 꿈이 나에게 말해주고 싶은 것 같아요. 내가 꿈작업을 통해

내 안을 보기 시작하자 정확히 실체를 드러내는 것 같아요. 그런 의미에서는 내가 칼이 어디 있는지 알고 그 칼을 찾아냈다는 사실이 상당히 기쁩니다. 내가 질려하는 뭔가를 잘라낼 수 있는 도구가 나에게 있다는 발견이 좋아요.

이 도구가 칼이라는 데 주목해보지요. 칼의 이미지, 그리고 콩나물과 노끈이 뒤얽힌 이미지는 대조적이에요. 나에게 자양분이 되는 것과 그렇지 않은 것이 너무 단단하게 뒤엉켜 있는 듯해요. 이런 상황은 뿌리가 깊은 것 같고요. 이걸 자르거나 구분하려면 칼이 필요하니, 이 칼은 무언가를 끊어내는 도구일 뿐만 아니라 이성의 칼로 보입니다. 일반적으로 꿈에 등장하는 날카로운 도구들은 지적인 힘과 연관돼요. 내 날카로운 지성으로 뭔가를 식별해내야 하는데 나에게 그 도구가 있다는 건 신나는 일이에요.

꿈에서 칼을 찾아내자 상추가 보여요. 상추는 누구나 손쉽게 기를 수 있는 채소잖아요. 상추를 칼로 따는 것은 이 칼의 힘을 시험하는 것 같아요. 그 순간, 일하다 말고 왜 집에 갔느냐는 전화가 와요. 저는 이런 상황이 내가 질리게 끌려다니는 이슈 중 하나일 것 같아요. 내가 애쓰고 있는데도 동료가 내 상황을 전혀 이해하지 못한다는 좌절감이 느껴져서 화가 납니다.

나는 운동장에 있는 지회장과 사무장에게 내가 잘라온 상추를 줘요. 이들은 깐깐하고 공과 사 혹은 내 것과 남의 것의 경계를 명확히 구분하는 사람 같아요. 나는 지금 내 삶의 운동장에서 냉정할 정도로 선명하게 경계를 구분하는 연습을 하고 있는 듯합니다. 지회장과 사무장도 나의 일부라고 본다면, 꿈속의 내가 이들에게 더 많은 에너지를 투자하고 있는 것 같아요. 그 뒤에 뭔가를 고쳤다는 것도 같은 의미일 테고요.

내가 끌려다니면서 잘라내지 못했던 상황을 바로 인식하고 다뤄내려고 칼을 찾자 내 관계 맺기에도 일종의 수선 작업이 이뤄지는 듯해요. 내 꿈이니 그 간나구 친구도 나라면, 내 결심이나 의지가 간나구처럼 이랬다 저랬다 하지 않나 생각해볼 것 같아요. 그럼에도 불구하고 질리는 걸 끊어내려는 의지가 있고, 그 연습도 이미 진행 중인 걸로 보입니다.

김광현 술을 끊으려고 하나? 술을 많이 마셔서 집에서 술 끊으라는 잔소리를 엄청 많이 들으니까요. 그리고 꿈속에서 아무도 칼을 주지 않았을 때 왜 칼을 가지러 집에 갔는지는 모르겠어요.

고혜경 누구도 칼을 주지 않았다는 것, 그걸 꿈이 가르쳐주려던 게 아닐까요? 내 손으로 직접 해결해야 하는 문제이고, 해결을 위한 도구도 집이라는 가장 내밀하고 사적인 자리에 있는 것 같아요. 근데 집에서 어떤 칼을 들고 오셨어요?

김광현 분명히 칼을 들고 나온 건 기억나는데, 어떤 칼이었는지는 모르겠네요.

김진규 제가 그 꿈을 꿨다면, 노끈은 인간관계 가운데 맺고 끊음이 안 되는 얽히고설킨 무엇이라는 느낌이 들어요. 근데 칼을 가지고 그 매듭을 끊은 게 아니라 상추를 뜯었다면, 칼에 대해서도 의문이 들어요. 상추를 뜯는 칼은 과도나 식칼인데, 노끈은 면도칼 같은 걸로 끊어야 잘 끊어지거든요.

고혜경   꿈에 나온 노끈은 어떨 때 쓰는 거였나요? 색깔은 어땠나요?

김광현   검정색이었어요. 포장용은 아니고 둥그런 끈이었고요.

조진석   책 철끈 아니었나요?

김진규   팬티의 검정 고무줄이구먼. (웃음)

고혜경   실제로 이 끈은 어디서 볼 수 있나요?

김광현   이전에는 못 봤던 끈이었고요. 손으로 끄집어내는데도 계속 엉켜서 끌려 나왔어요.

고혜경   검정 끈은 그동안 망각하고 있던 이슈가 아닐까 하는 생각이 들어요. 어쩌면 과거와 현재라는 시간 개념이 들어 있을지도 모르겠어요. 너무 뻔한 이야기 같지만, 과거가 이미 지나간 시간이 아니라 현재까지 이어져 내려온다면 지금 여기에 있는 현재의 삶을 온전히 사는 건 불가능해요. 만약 칼이 어디 있는지를 몰랐다면 꿈이 완전히 다른 방향으로 흘러갔을 거예요. 끊으려고 하지만 끊어지지 않는 게 시간일 수도, 감정일 수도, 또 다른 무엇일 수도 있어요.

어쨌든 꿈에서는 자르지 못한 뭔가가 강조되지만 동시에 꿈은 이걸 해결할 수 있는 힘도 내게 있다는 걸 알려주고 싶어하는 것 같습니다. 살면서 큰 문제에 부딪힐 때 진짜 내 힘이 어느 정도인지 알게 되잖아요. 문제가 아무리 커도 해결할 수 있는 도구가 이미 내 손안에 있어요. 굉장히 반가운 일이지요.

김광현   아, 그리고 운동장에 텃밭이 있었는데 상추가 엄청 많았어요. 탐스러웠고요. 상추가 부족하다고 해서 거기서도 상추를 뜯었어요.

고혜경 방금 운동장에 있던 상추가 탐스러웠다는 걸 기억해내셨어요. 운동장은 축구를 하든 야구를 하든 마음껏 뛰어노는 자리라 자유로움과도 연관될 것 같아요. 여기에 상추가 많았다면 이는 지난번 김 선생님 작업과도 연관이 있어 보입니다. 가위눌림이나 몸의 경직, 수면 장애가 있을 때 잠을 오게 하는 성분이 들어 있는 상추를 먹는 건 도움이 돼요. 상추가 많은 운동장이라면 저는 굉장히 힘이 날 것 같아요. 약도 풍부하게 있으니 한번 해보자 싶고요. 그 기운을 바탕으로 맺고 끊음을 명확히 한다면 인간관계도 훨씬 자유로워지겠지요.

하나 여쭤볼 게, 김광현 선생님 꿈에서 상추 같은 것들이 컬러로 보였나요, 흑백으로 보였나요?

김광현 컬러로 보였고, 상추도 아주 탐스러운 포기 상추였어요.

고혜경 감정이나 정서가 억압된 상태에서는 꿈을 흑백으로 기억해요. 꿈이 천연색으로 보인다는 건, 내 안의 감정과 정서를 만나고 있다는 뜻이기도 하지요.

김광현 담배 끊겠다, 술 끊겠다, 운동하겠다, 이 세 가지는 제가 언행 일치를 못하고 있어요. 생각해보니 5월을 떠나고 싶다는 말도 자주 해요. 징그럽다, 떠나야겠다, 하고 말하지만 막상 발을 떼지 못하고 있지요.

조진석 그건 언행일치의 문제가 아니에요. 5월을 떠나고 싶어할 수도 있지만, 그보다는 상황이 힘들고 내 뜻대로 안 풀리니까 푸념을 하는 거라고 봐야지요.

김광현 힘드니까 떠나고 싶은 거예요.

날카로운 지성으로
문제를 풀어 나간다는 것은

조진석 이제까지 5월에 기대를 많이 해왔어요. 누군가가 와서 관심을 가지면 뭔가 바뀌지 않을까 생각하기도 했고, 우리도 굉장히 노력을 많이 했고요. 근데 주변에서 지속적으로 안 받쳐주다 보니 낙담을 하게 되지요. 진짜 5월이 싫었다면 이 근처에 얼씬도 안 했을 거예요. 여기 있는 사람들은 5월을 무심코 지나치는 사람들이 아니에요. 5월이 싫은 게 아니라 누군가가 더 힘이 되어줬으면 하는 바람을 가지고 있어요. 다른 사람을 폄훼하려는 게 아니에요. 갈 사람은 말 없이 가고 사랑하는 사람은 푸념을 하는 거지요.

고혜경 이제까지 열심히 활동을 해왔으니 앞으로 계속 잘됐으면 하고 바라는 마음이 있을 거예요. 그럼에도 불구하고 내 마음속에는 5월과는 무관한 삶을 살고 싶은 마음도 있을 수 있어요. 그 일이 없었더라면 내 삶이 얼마나 달라졌을까 생각해볼 수 있잖아요. 이런 두 마음을 모두 보듬어줄 필요가 있어요.

언행일치가 됐던 사람이니까 지금 이 자리에 계신 거예요. 그러니 오늘 이런 작업도 하시는 거고요. 그럼에도 내 일생을 빼도 박도 못하게 만든 사건과 무관하게 살고 싶은 마음도 이해받을 필요가 있어요.

조진석 전 그런 생각은 안 해봤어요. 주어진 걸 받아들여야지 그걸 거스르고 부정한다고 해서 나에게 올 게 안 오는 건 아니라고 생각하거든요. 누군가가 어떻게 태어나고 부모님이 언제 돌아가시고, 그런 건 정해져 있는 것 같아요. 자기가 열심히 한다고 해서 넘어설 수 있는 게 아니에요. 본인이 얼마나 주어진 데 순응하고 사느냐가 문제인 건데, 이걸 깨우치지 못하니 사고가 나는 거예요. 5월에 대해서도 불평불만은 하지만 할 일이 보이면 그걸 해요. 못하겠다고 털어버릴 수도 있겠지만, 그렇게 안 되는 거지요.

그런데 전 해장국에서 나온 그 끈에서 하나의 생명이 연상돼요. 또 파란 상추는 새장가간 김광현 선생님 입장에서는 딸 낳을 꿈 같고요.

김광현 쓸데없는 소리 하지 마세요. (웃음)

조진석 이게 제 꿈이었다면, 저한테도 아이가 생길 수 있지 않을까 잠깐 생각해봤어요. 실험을 안 해봐서 모르겠지만요. (웃음) 아마 제 가정사 때문에 그런 생각을 했을 거예요. 버릇없는 말일 수 있는데, 아버지한테 여자가 많았어요. 손가락을 다 꼽아도 부족할 정도였고, 그렇다 보니 배다른 형제들도 많았지요. 왕래는 드물었지만요. 아내도 이런 건 잘 이해를 못해요. 아이들도 외가에나 보내지 친가 쪽은 아예 보내질 못했고요. 그런데 요즘 이 형제들한테 가끔 연락이 오니까 아이들이 헷갈려 하더라고요.

저는 그런 가정에서 자라면서, 아버지처럼 안 살아야겠다고 생각했어요. 다행히 아직까지는 부모로서 부끄럽지 않고요. 김광현 선생님 꿈 같은 걸 꾸고 절제를 못했더라면 저도 아버지와 비슷해졌겠지요. 물론 저도 술 먹고 가끔 난리칠 때가 있어요. 목포 유달산에서 약 먹고 뛰어내린 적도 있지요. 그렇지만 아버지가 나한테 물려준 삶을 내 자식들에게 물려주진 않았어요. 그것만은 스스로에게 뿌듯해요. 자식들이 이제 서른이 넘었으니 내일모레 장가갈 텐데, 특별히 아이들한테 해준 건 없지만 반듯한 가정을 물려줬다는 데 대해서는 자부심이 있어요. 그래서 김광현 선생님 꿈에 나타난 상추에 필이 꽂히는 거예요.

고혜경 앞서 말씀드렸듯이 꿈에 등장하는 것들은 내가 다룰 수 없으면 기억하지를 못합니다. 김광현 선생님 꿈이 제 꿈이었다면, 아직 끊지 못하고 있는 어떤 부분에 대한 작업이 무의식 단계에서는 진행되고 있다고 볼 것 같아요. 그걸 끊을 수 있는 도구도 이미 찾았고요.

콩나물 해장국으로 시작된 꿈은 푸짐한 상추를 발견하는 것으로 이어집니다. 꿈에서의 음식은 영적인 공양이라고 말씀드렸어요. 내가 발견한 상추는 나 혼자 먹을 양 이상이에요. 꿈에 등장하는 운동장에서 연습을 마치고 나면 나눠줄 것도 굉장히 많다는 점에 주목하세요. 여기 계신 분들이 각자의 상처를 치유하고 나면 주변의 여전히 상처로 고통받는 이들에게 선물할 게 많을 거예요.

조진석 그런데 끈을 자를 때 더 편한 건 칼보다는 가위예요. 가위가 아닌 칼을 선택한 데는 뭔가 다른 의미가 있지 않을까요?

고혜경 기본적으로 모든 창조 신화에는 칼이나 창, 화살 같은 도구가 등장합니다. 뭔가를 자르고 구분하는 도구이지요. 신화에서 세상은 하나의 검은 덩어리로 되어 있는데, 여기에서 빛과 어둠, 의식과 무의식, 선과 악, 해와 달 같은 것들이 잘려 나오지요. 어떤 도구를 쓰느냐에도 각각의 이유가 있겠지만, 기본적으로는 이와 같은 분리와 구분을 위해 날카로운 도구가 사용됩니다. 이런 맥락에서 칼은 구분 안 되고 뒤섞여서 혼란스러울 때 이를 예리하게 판별해내는 날카로운 지성을 의미하지요.

김광현 선생님이 꿈에서 뒤엉킨 노끈을 자르는 도구를 손에 쥐고 있다는 건, 본인에게 그만큼 날카로운 지성의 힘이 있다는 뜻일 거예요. 이 힘이 절대적으로 필요한 시점일 테고요. 흔히들 칼을 위협과 공격의 무기로 여기는데, 이 꿈 보세요. 그런 의도나 의미는 전혀 드러나지 않잖아요. 칼날 같은 지성보다 강한 힘은 없지요?

김광현 선생님의 꿈은 식당, 즉 음식을 먹는 공간에서 시작됩니다. 꿈이 어디에서 시작되고 그 배경이 어느 곳인지를 살펴볼 필요가 있어요. 이건 지금부터 영적 공양에 관한 이야기를 할 거라는 꿈의 선언 같은 거예요. 김 선생님은 이와 관련한 숙제를 할 수 있는 도구를 찾으셨고요.

황성혁 저는 김광현 선생님 꿈을 들었을 때, 5월 문제가 대두되는 것 같았어요. 이와 관련해서 어려움에 부딪쳐서 꼬여 있는 문제들이 꽤 있거든요. 몇 년째 일을 추진하면서 머리 아플 정도로 시달리고 있는데 해결하지 못한 문제들이지요. 머리카락이 노끈이 되어서 실타래처럼 길어지는 건 그런 느낌이었어요. 안 끊어지고 계속 불거져 나오니까 칼을 찾는데, 아무도 칼을 주지 않잖아요. 식당 주방에는 칼이 있을 텐데, 아무도 안 갖다주니까 집에까지 칼을 가지러 가고요. 이건 아내가 내조를 잘하고 있다는 느낌이었어요.

집에는 쉬러 간 게 아니라 칼을 가지러 간 건데, 못된 놈이 전화를 해서 타박을 하지요. 나는 그놈보다 열 배나 일을 했는데 말이에요. 운동장에는 사람들이 많이 모여 있을 텐데, 상추를 나눠준 건 여럿을 먹이겠다는 거잖아요. 회원 전체가 상추를 먹었을 거예요. 그래서 5월 문제가 금방 해결되겠다는 생각이 들었어요. (웃으면서 박수)

김광현 제가 사직공원에 자리 하나 깔아드릴게요. (웃음) 정말 좋은 해석이네요.

고혜경 저도 황성혁 선생님 투사가 가슴에 와 닿아요. 그간 얼마나 많은 일들이 꼬이고 얽히고 새로 생기고 했을까요? 30년이 넘었는데 해결되는 일은 많지 않고, 그 와중에 오간 일들이 오죽 많았겠어요.

이제 이 꿈작업을 마감할게요. 꿈작업의 종결은 인위적일 수밖에 없습니다. 이를 좀 완화하기 위해서 꿈작업 제일 마지막에는 두 가지 질문을 합니다. 함께한 사람들에게 지금까지 나오지 않은 전혀 다른 차원의 이야기가 있는지 물어요. 혹 있으세요? 없으시니 다음 질문을 드릴게요. 꿈을 나눠주신 분께 마지막 말을 할 기회를 드립니다. 오늘 다른 사람들의 이야기를 들으면서, 미처 깨닫지 못했던 부분이 부각될 수도 있고 원래 생각했던 것과 다르게 보이는 부분도 있을 수 있어요. 꿈에 대해서도 좋고 지금 심정도 좋고 뭐든 하고 싶은 말씀 부탁드립니다.

김광현 조진석 선생님 이야기는 농담으로 들었는데, 황성혁 선생님 이야기를 듣고 보니 좋은 생각이 들어요. 엉킨 실타래를 잘라서라도 해결하고 싶은 문제가 있는데, 여러 사람에게 나눠 먹이면서 권익을 찾는 일이 있으려나 하는 기대감도 생기고요.

고혜경 개인적으로는 어떠세요?

김광현 상당히 흐뭇하네요. 제 꿈을 가지고 이런저런 생각을 전혀 못 해봤는데, 황성혁 선생님 이야기를 듣고서는 흔쾌한 답을 찾았다는 생각도 들고 꿈 분석을 더 해보고 싶기도 해요.

내 마음에 내재되어 있는
불안과 초조에 대응한다는 것은

고혜경 우리가 누군가의 꿈을 가지고 작업한다는 것은, 그 사람 신발을 신고 걸어보는 거라고 할 수 있어요. 그 사람 입장이 되어보는 거지요. 우리는 대부분의 시간을 손쉽게 자기 기준으로 다른 사람을 재단하며 지냅니다. 하지만 정말 상대방의 입장이 되어보고 그 느낌, 그 아픔을 겪어보는 데서 공감이 일어나요. 지난주에 김 선생님 꿈을 연극으로 만들어보면서, 다른 선생님들이 김 선생님 입장이었더라면 가위 상태에 있는 게 정말 힘들었겠다는 말씀을 하셨잖아요. 바로 이게 꿈작업의 장점입니다. 진짜 다른 사람 입장이 되어보는 것. 자비심이 거창한 게 아니에요. '내 꿈이라면' '내가 그 입장이 되어보면', 바로 이게 자비심의 실현이에요.

이번에는 잠깐 또다른 꿈을 내 꿈으로 꾸어볼까요? 윤민석 선생님이 꿈을 찬찬히 적어오신 것 같은데요. 아직 이야기를 못 들어봤네요. 이번에는 어떤 꿈을 꾸셨나요?

윤민석 꿈이 꿔질 때부터 끝나는 순간까지 기억해서 적었어요. 그중 한 꿈에서는 한때 제가 살았던 시골 동네가 나왔는데, 남을 해코지하는 깡패 같은 조직 사람들이 여럿 있더라고요. 근데 갑자기 권총을 들이대면서 5천만 원을 내놓지 않으면 저를 비롯해 거기 있는 사람들을 다 죽이겠다는 거예요. 저한테 5천만 원이 어디 있겠어요? 거기서 제가 묘안을 생각해냈지요. 그 동네에 일흔여덟 먹은, 돈 많은 어르신이 계세요. 그분은 저를 좋게 보셨는데, 그러니 그분한테 돈을 빌려달라 하자고 권총 든 사람들한테 말했지요. 그래서 그 조직원들이랑 같이 그 어르신 집에 가기로 했어요.

길을 따라 한참을 가니 길 옆에 시내가 나오더라고요. 근데 물은 없고 돌만 있었어요. 돌 옆으로는 산이고요. 그 길을 걸어가는데 저편에서 어떤 여자분이 막 뛰어오면서 저더러 빨리 도망가라는 거예요. 조직원들 절반쯤이 그 여자분을 잡으러 뛰어갔고, 저도 시내 쪽으로 도망갔더니 나머지 조직원들이 저를 잡으러 따라왔어요. 시내로 가다가 산비탈을 막 헤집고 올라갔는데, 그날은 몸이 말을 잘 듣더라고요. 평소에는 꿈속에서 도망가려고 해도 몸이 말을 안 들었는데 말이에요. 산으로 올라가서 수풀 사이로 가니 따라오던 사람들이 절 못 찾더군요.

그렇게 산 중턱 정도에 올라가니까 넓은 평원이 나왔어요. 거기에 또다른 여자분이 고개를 숙인 채 서 계셨어요. 그래서 제가 그 옆으로 가서 멋쩍게 서 있었지요. 거기까지 올라가느라고 힘들기도 했으니 좀 쉴 요량으로요. 그런데 저쪽에서 두 사람이 나타나서는 저와 그 여자분을 번갈아가며 이상한 눈빛으로 막 쳐다봤어요. 이 여자분 남편인가 하는 생각도 잠깐 했는데, 조금 있다 보니 그런 것 같진 않더라고요. 그 사람들이 조직의 일원인가 싶어서 경계하는 마음이 들었는데, 그러다가 깨버렸어요.

이건 지난주 금요일 새벽에 깨어나서 적어둔 꿈이고요. 일요일에 또다른 꿈을 꿨어요. 나이 든 어르신들 많은 데 제가 봉사활동을 갔는데요. 여럿이 있는데, 어떤 어머님하고 딸들이 굉장히 열심히 일하더라고요. 어르신들 위해서 노래 부르고 춤추면서 위문 공연을 하고요. 저보고도 한 곡 부르라고 해서 무대에 나가 멋지게 불렀더니 앵콜이 들어와서 한 곡 더 노래를 했지요. 근데 그렇게 열심히 하다 보니 피곤이 몰려왔어요.

모두들 피곤해서 쉬러 방에 가려고 하는데, 큰방과 작은방이 있더군요. 열심히 활동한 어머님와 딸들을 큰방으로 가시라고 했고, 나머지 분들은 제가 잘 모르는 분들이었는데 함께 작은방으로 갔어요. 여자 셋, 남자 둘에 저까지 여섯 명이었어요. 근데 그 방으로 저를 아는 사람들이 한꺼번에 몰려왔어요. 사람이 많아 시끄러워지길래 여자분들에게 폐를 끼치는 것 같아서 이 세 여자분을 큰방으로 모시고 가려고 했지요.

큰방으로 가는데, 그중 한 여자분이 오른팔로 내 팔짱을 딱 끼더라고요. 꿈이니까 그렇겠지만 큰방이 바로 옆에 있었는데 한참을 가는 것 같았어요. 근데 갑자기 나보다 훨씬 젊어보이는 남자가 나타나서는 그 여자분 왼팔을 딱 끼면서 가는 거예요. 순간 이 남자가 그 여자분 남편인가 보다 싶었지요. (웃음) 제가 얼른 팔을 뺐어요. 그러고서 큰방까지 갔지요.

방에 들어갔더니 어머님이 일어나셔서는 우리를 쳐다보시더라고요. 제가 자초지종을 설명했지요. 작은방 남자들이 너무 시끄러워서 여자분들만 이리로 모시고 왔다고요. 어머님이 잘했다고 하시다가는 깜짝 놀라서 자꾸 제 뒤쪽을 쳐다보시더라고요. 돌아다보니, 오는 길에 만난 그 여자분 남편인가 싶었던 젊은 남자가 쪽쪽 담배를 피우고 있어요. 어머님이 그 남자한테 여기서 담배 피우면 되겠느냐고 하셨고, 제가 그 사람을 밖으로 끌고 나왔지요. 그 사람이 끌려 나오면서 이래요. "이 새끼, 나가면 죽여분다!"

결국 밖에 나와서 그 남자랑 시비가 붙었어요. 덩치도 큰 젊은 놈이 나를 주먹으로 치려고 하는데, 한 대 맞으면 죽겠더라고요. 달려들면 어떡하나 싶기도 했지만, 제가 그 남자를 확 밀어버렸어요. 그랬더니 그 남자가 그대로 넘어져서는 머리를 땅바닥에 찧고 피를 줄줄 흘렸어요. 죽었나 싶어서 잠깐 걱정도 됐는데, 그 남자가 금세 일어나서는 돌을 하나 들고 저한테 달려들어요. 그 돌에 맞았으면 죽었겠지요. 맞을 순 없으니까 조그만 골목으로 들입다 도망갔어요. 그러다가 뒤를 돌아봤는데, 그 남자가 술에 취해 비틀거리면서 못 쫓아오더라고요. 저는 사정없이 골목으로 도망가다가 꿈에서 깼어요.

이전까지는 제가 꿈에서 주먹이 안 올라가고 발길질도 못했어요. 가위도 많이 눌렸고요. 근데 꿈작업을 하면서부터는 이렇게 방어하는 주먹질을 할 수 있어서 신기해요. 꿈이란 게 내가 생각하기에 따라 달라질 수 있구나 하는 감이 오는 것 같아요.

고혜경 예전에는 안 떨어지던 손발을 꿈에서 쓰게 된 것, 선생님 스스로 그 변화를 인식하신 점, 특별히 반가워요.

윤민석 첫 번째 꿈에서는 산 위로 잘 도망갔고, 두 번째 꿈에서는 피가 날 정도로 상대방을 밀치기도 했고 그 남자가 돌을 들고 공격하려 할 때 도망도 잘 갔지요. 이건 분명 예전하고 달라진 거예요. 근데 현실에서 어떤 생각을 하고 자면 꿈에서 그런 일이 벌어지는 건지 궁금했어요. 이건 선생님께 물어봐야지 싶었어요.

고혜경 꿈에서 로또 번호를 봐야지 생각한다고 해서 꿈에 그게 나타나지는 않아요. 그런 차원이라기보다는, 우리에게 내재되어 있는 불안감이나 초조함, 가위눌림 같은 것들에 일방적으로 시달리지 않고 어떤 식으로든 대응해서 뭔가를 해보겠다는 마음가짐이 중요해요. 이런 고민을 함께 나누기 위해 꿈작업을 하는 것이고요.

윤민석 또 하나 여쭤보고 싶은 게 있는데요. 제가 꿈을 꾼 후 수첩에 적어뒀는데, 오늘 이렇게 이야기를 하다 보니 기록할 때 끊어져 있던 부분들이 생각나요. 이상하게도요.

고혜경 재미있고 신기하시지요?

윤민석 예. 읽으면서 얘기하다 보니 세세한 부분들이 생각나더라고요.

고혜경 수첩에 적어둔 것과 오늘 이야기한 걸 한번 비교해보세요. 의도한 건 아닌데 순서나 장면이 달라지는 경우가 있어요. 그게 어떤 지점인지를 살펴보는 것도 흥미롭지요. 꿈을 기록할 때와 꿈 이야기를 할 때는 시간 간극이 있지요. 내가 내용을 조작하려 한 게 아닌데 둘 사이에 어떤 차이가 드러나는 것은 이미 꿈이 작업되고 있기 때문입니다. 꿈을 언제나 현재형으로 기록하고 현재형으로 이야기하라고 하는데요. 이건 꿈을 언제나 살아 있는 실체로 다루라는 말이에요. 살아 있다는 건 언제나 변화한다는 말과 같은 것이고요.

내 안의 남성성과 여성성을
함께 보듬을 수 있어야 합니다

고혜경 윤민석 선생님 꿈에서 흥미로운 부분이 하나 있었어요. 선생님 꿈에서는 계속 여자가 등장하네요.

윤민석 트라우마센터에 여자분들이 많아서 그런가. 그런데서 행복을 느꼈는지도 모르지요.

고혜경 그럴 수도 있겠네요. 센터에 오면서 친절하고 따뜻하게 대해주는 여직원분들을 많이 만나니 자연히 내 안에 있는 여성성이

건드려지겠지요. '여자'라고 하면 일반적으로 다정함, 돌봄, 양육, 수용, 사랑 같은 걸 기대하지 않으시나요?

윤민석 꿈에 나타난 여자분들이 저한테 항상 친절하진 않았어요.

고혜경 봉사 열심히 하신 어머님과 딸들도 있고 팔짱을 낀 여자분도 있었잖아요.

윤민석 도망가라고 했던 여자분한테는 고맙지요. 자기가 희생하면서 저를 도망치게 해줬으니까요.

고혜경 산에 올라가니 어떤 여자분이 고개를 숙이고 있었다고 하셨는데, 어떤 자세였나요? 그리고 왜 고개를 숙이고 있었나요?

윤민석 저도 모르겠어요. 왜 그런지는 모르겠고, 고개를 숙인 채 옆도 안 봤어요. 아래만 쳐다보고 있었어요. 실제론 나이가 많지만, 꿈에서는 제가 젊었던 모양이에요. 험한 산을 기어서 엄청나게 잘 올라가더라고요.

고혜경 기분이 좋으셨을 것 같아요. 이야기하시는 데도 그 느낌이 저에게 전달될 정도니까요. 그동안 윤 선생님 꿈에서 발이 잘 안 떨어졌다면, 이번 꿈에서는 도망가는 힘을 느껴보라고 하는 것 같기도 해요. 그것도 나를 방어하는 방법이라고요. 그걸 도와주는 여자도 등장하고요.

내면의 일이든 외적인 일이든 성숙한 사람에게는 남성적인 방식과 여성적인 방식이 모두 필요합니다. 사람들을 이끄는 단호한 결단이나 빠른 판단, 강한 추진력도 필요하고요. 다른 사람의 의견과 생각을 귀담아듣고 수용하면서 전체 상황을 예민하게 파악하고 서로를 배려하는 친절하고 넓은 마음도 필요하지요. 전자만큼이나 후자도 중요해요. 남성적인 방식으로 슬픔이나 아픔 같은 감정을 다루다 보면 이걸 결 곱게 보듬어내지 못한 채 대범하게 넘어가야 한다고 무시하기도 해요. 이건 가부장 사회에 익숙하고 팽배한 방식이지요. 이 꿈은 이 두 힘 간에 균형을 찾으려는 노력 같아요.

제가 이 꿈을 꾼 사람이라면, 여성적인 성질과 남성적인 성질의 균형이 꽤 오랫동안 깨져 있는 장면이 중간에 강하게 부각되어 삽입돼 있다고 봤을 거예요. 우선 강에 물은 없고 돌만 있는 장면이 그렇게 보여요. 물은 감정처럼 부드럽게 적셔 촉촉하게 만들고 유유히 흐르잖아요. 그런데 돌만 있으면 너무 딱딱하고 메말라 보이지요. 꿈이 이런 대조적인 이미지를 여러 방식으로 보여주는 것 같아요. 꿈에서 남자는 다 깡패나 깡패급이에요. 꿈에 등장하는 나를 포함해서요. 돌을 던지고 주먹으로 치고 박고 피를 흘려요. 반면에 여자는 부드러워요. 나를 도와주기도 하고요. 특히 봉사하는 어머니와 딸은 아주 긍정적인 여성상들이에요. 내 안에서 이런 에너지가 움직이기 시작하면서 바닥 드러난 강에 다시 물이 흐르게 할 뭔가가 일어나는 것 같아요.

윤민석 아내가 20여 년 전에 외국에 나가서 안 돌아왔어요. 그 후로 제 방에까지 여자분이 들어온 건 트라우마센터 팀장님이 처음이에요. 아내에게 배신당한 후로는 여자와 같이 살아야겠다는 마음을 먹어본 적도 없어요. 그런데 트라우마센터에 오면서부터 생각이 많이 바뀌었습니다. 의지할 데는 여기밖에 없구나 싶은 마음도 있고요. 난 누구도 안 믿어요. 그런데 트라우마센

— 르네 마그리트의 1928년작 〈연인〉. 얼굴을 천으
로 가린 탓에 서로를 보지 못하는 두 남녀의 키스
장면을 담고 있다. 마그리트의 작품들은 심리학
자들에게 다양한 해석의 여지를 제공하는 것으로
알려져 있는데, 이 작품 역시 인간 내면의 남성성
과 여성성을 다룬 것으로 해석되기도 한다.

터는 왠지 믿고 의지하고 싶어요. 그래서 그런가, 여자들이 꿈에 많이 등장해요. 생전 그런 꿈을 안 꿨거든요.

고혜경 내 방으로 여자를 들인다는 말이 야릇하게 들리지만, 상징적으로 본다면 내 안에 있는 이런 소리들을 귀담아들으려고 이제는 닫아두었던 빗장을 여는 것과 같은 의미이지요. 그간 겪었던 일들을 생각해보면 아무도 안 믿는다는 말이 충분히 이해가 갑니다. 근데 그게 오랜 세월 지속된 결과 내 안에 물기가 사라진 거잖아요. 그래서 삶이 거칠고 메말라졌고요. 이런 상황이라면 너무 쓸쓸하고 외로울 것 같아요. 이별과 배신의 상처가 있었지만 그럼에도 다시 누군가를 믿는 것, 그게 용기잖아요. 용감한 사람이면 꼭 해야 할 일이고요.

윤민석 사실 저는 5·18보다도 아내와 헤어진 게 더 충격이었어요. 5·18 이후에는 그럭저럭 살았지만, 아내가 떠나고서는 반미치광이 상태로 10여 년을 살았거든요. 매일 술 마시고 때려 부수면서요. 파출소나 들락날락하고. 이후에 세상 살기 싫어서 원양어선 타고 일하다가, 광주 문제 해결하자고 그래서 다시 돌아온 거지요. 이런 생각들이 꿈에 나오는 게 아닌가 싶어요.

고혜경 아내가 떠난 게 그 정도로 큰 충격타였군요. 개인적으로 남자는 이런 존재구나 할 때가 바로 이런 순간 같아요. 세상 그 어떤 어려움도 단 한 사람의 여자가 있으면 견뎌낼 수 있고, 그 어떤 엄청난 성취를 해도 돌아올 집이나 아내 품이 없으면 아무것도 아닌 거지요. 여자들이 이해하기 쉽지 않은 지점이에요. 저는 이게 남자의 진심이라는 게 이제는 조금씩 보여요. 그런데 왜 이런 귀한 여자를 떠나게 만드는지도 아이러니예요. 부부란 평생 함께하자는 약속을 하는 사이잖아요. 언제나 함께 할 거라는 믿음이 깨졌을 때의 충격과 배신감, 분노는 어마어마한 것이지요. 세상에서 가장 힘든 일 중 하나가 이혼이라고들 하잖아요.

윤민석 그런데 꿈에 나오는 사람들이 다 모르는 사람들이에요. 고개 숙이고 있는 여자도, 작은방에 같이 간 사람들도 다 모르는 사람이었지요.

고혜경 일단 내 꿈에 등장하는 아는 사람들도 실제 그 사람은 아니라고 했어요. 아는 사람에게 투사하는 것은 모르는 사람에게 투사하는 것보다 훨씬 복잡해요. 이렇게 새로운 여자들이 한꺼번에 등장하는 걸 보면, 내 의식으로 낯선 그러나 새로운 여성적 특질이 도래하고 있는 것 같아요. 이 여성들이 대체로 나에게 협조하면서 도움을 주고 있어서 반갑고요. 아직 구체화되진 않은 것 같지만 꿈 안의 세상이 달라지고 있어요.

금요일 꿈과 일요일 꿈의 톤이 다르게 느껴지지 않으세요? 내 꿈이 펼쳐지는 자리가 깡패들이 등장하는 마을과 봉사 활동의 자리라는 게 대비가 돼요. 첫 꿈에서는 돈 많은 어른에게 도움을 구하는 걸 해결책으로 삼고, 두 번째 꿈에서는 어머님과 딸들이 있는 작은방으로 가는 해결책을 찾잖아요. 그것도 대조적이고요.

첫 꿈이 제 꿈이었다면, 어르신의 도움으로 5천만 원을 해결하려는 것 자체가 내키지 않았을 것 같아요. 그러다가 다른 일들이 연이어 벌어지기도 했고요. 지금은 여성의 힘과 지혜가 필요한 시점 같아요. 두 번째 꿈에서 작은방에서 큰방으로 여자들을 옮기는 장면이 저에게는 중심을 맞추려고 저울추를 한쪽에서 다른 쪽으로 옮기는 일종의 놀이처럼 느껴졌어요. 이제는 건강한 여성성 쪽으로 내 삶의 비중을 더 싣는다고 할까요?

이 와중에 저에게 해결이 필요한 숙제가 뒤따르는 것 같아요. 꿈속에서 나는 이 여자들에게 남편이 있는지 계속 의심을 해요. 친밀함에 대한 두려움이 그런 식으로 표현되는 것 같습니다. 그럼에도 불구하고 꿈에서는 이미 팔짱을 꼈고 큰방으로도 옮겨왔다는 사실을 기억하셔야 할 것 같고요.

꿈을 존중하고 기록하고 나눈다는 사실만으로 이런 변화가 가시화됩니다. 우리 작업이 이제 중반에 이르렀어요. 윤민석 선생님을 비롯한 여러 선생님들의 꿈에서 이렇게 톤이 달라지고 있는 게 굉장히 반갑고 감사합니다. 이제 마지막으로 오늘 꿈 작업에 대한 소감을 들어보지요.

김진규 우리는 흔히 자기가 열망하고 성취하고자 하는 걸 꿈이라고 말합니다. 하지만 지금 이야기하는 꿈은 좀 다른 것이지요. 여기 모인 분들은 공통의 숙제가 있으면서 동시에 내면을 공유할 수 있는 사람들이에요. 트라우마센터에서 이런 자리를 마련해주신 거고요. 일상적인 꿈뿐만 아니라 아파하는 꿈 이야기를 나눌 수 있어서 좋았어요.

고혜경 다음 주에는 꼭 김진규 선생님 꿈을 나눠봤으면 좋겠습니다.

윤민석 선생님이 지난번에 이런 말씀 하셨잖아요. 사람은 꿈을 꿔야지, 안 꾸면 그건 죽은 사람이나 마찬가지라고요. 이전까지는 꿈에 대해 깊이 생각해본 적이 없는데, 요즘은 꿈을 꾸면서 살아 있다는 느낌을 받습니다. 이제는 꿈에서 발이 떨어지고 잘 도망도 가고 높은 곳에도 올라가게 되었어요. 이제까지는 아내와 헤어지고서 혼자 사는 게 편하다고 생각했어요. 그래도 이제는 등 긁어줄 사람이 있으면 좋지 않을까 하는 생각도 합니다. (웃음)

황성혁 꿈작업이 재미있고요. 꿈이 많이 꿔지는데, 나쁜 꿈은 잘 잊어버리고 좋은 꿈이 잘 기억납니다. 아침에 꾸는 꿈이 더 생생하고요. 다음 주에 뵙고 또 꿈 이야기 나눠봤으면 좋겠습니다.

김광현 하도 꿈에 시달려서 꿈을 안 꾸기를 바랐고, 그러려고 술을 먹고 자기도 했습니다. 하지만 꿈작업을 하고 꿈에 대해 새로이 알게 되면서 내 안에 억눌려 있는 부분들에 대해 다시 한번 생각해보게 됩니다. 일상에서 힘이 나요. 앞으로도 여러 선생님들, 좋은 꿈 많이 꾸셨으면 좋겠습니다. 감사합니다.

마음의 상처는
끄집어낼 때
도리어 가벼워집니다

고혜경 　벌써 다섯 번째 시간이네요. 이제 꿈작업에 대한 감은 어느 정
　　　　도 잡으셨을 것 같은데요. 지난 한 주는 어떠셨나요?

윤민석 　잠자기 전에 오늘 꿈을 꾸면 이러저러하게 해봐야지, 그리고
　　　　꿈을 기억해야지 생각하고 자요. 근데 일주일 동안 꾼 꿈이 조
　　　　금도 생각나질 않아요. 꿈을 꾼 것 같긴 한데 말이에요.

고혜경 　그럴 때도 있습니다.

윤민석 　아, 그래요?

고혜경 　그럼요. 꿈에는 주기가 있고 리듬도 있어요. 잘 기억하다가 갑
　　　　자기 기억을 못하기도 하고요.

윤민석 　갑자기 그런다니까요, 희한하게.

고혜경 　조급해하지 말고 기다리시면 됩니다.

김광현 　저는 강박관념에 사로잡혀 있나 봐요. 엊그제는 이 꿈을 분명
　　　　히 기억해서 적어놔야지 하면서 일어났거든요. 근데 그 생각
　　　　자체가 꿈이에요. (웃음) 내 꿈을 기억해서 적어야겠다는 꿈을
　　　　꾼 거지요.

조진석 　김광현 선생님은 아직 1학년이네요. 앞으로 더 많이 꿈작업을

해야겠어요. 다음 주에는 좀더 기억나지 않겠어요? 연필 잡는 꿈까지 꾸든가. (웃음)

고혜경 김광현 선생님은 그만큼 꿈작업에 깊이 몰입하고 계셨던 걸 거예요. 학교 수업이었다면 A학점을 드렸을 거예요.

김광현 꿈이란 게 참 오묘해요. 예전에는 자다가 가끔 꿈을 꾼다는 정도만 생각했는데, 지금은 하룻밤에도 꿈 하나를 꿨다가 그다음 꿈을 꾸고, 그런 식으로 꿈이 계속 꿔지더라고요. 한순간 꾸는 게 아니라 자고 있는 동안 계속 꿈을 꾼다는 생각이 들고요.

고혜경 하룻밤 사이에 여러 개의 꿈을 꾼다는 사실을 기억할 만큼 열심이시라 기쁩니다. 오래 꿈작업을 하다 보면, 꿈을 기억하는 횟수에도 변화가 있지만 꿈을 기억하는 질도 달라져요. 예를 들면 처음에는 음식을 먹었다는 것 정도만 기억나다가 어느 순간부터 음식의 맛이 어떤지, 향이 어떠한지, 식감이 어떤지를 다 기억해내요. 신기하지 않으세요? 꿈과 친해지면 꿈 재미를 누릴 수 있는 깊이와 폭도 커져요. 근데 우리 모두 주목해야 할 점은, 이제 꿈에 안 시달린다는 거예요. 그렇지요?

김광현 무슨 꿈을 꿨는지는 모르겠는데, 꿈에 시달리진 않지요.

고혜경 계속 이렇게 꿈이나 잠에 시달리는 일이 없었으면 좋겠습니다. 선생님들, 요즘 가위에 눌릴 때 대처하는 연습은 하시나요?

김광현 몸 상태가 좋지 않아서 따로 연습을 하진 않아요. 잠자리에서 계속 엎치락뒤치락해서 군대 간 사람처럼 좌로 구르고 우로 구르긴 하지요. (웃음)

고혜경 구를 때 꿈에서도 이렇게 해야지 다짐을 하세요. 그리고 어떤 악몽을 꾸더라도 나를 힘들게 하려는 게 아니라 나를 도와주려는 거라는 사실을 기억하세요. 꿈에 시달리지 않도록 뭔가를 할 수 있는 게 있다는 사실도 기억하시고요.

분노도 공격성도
나를 지키는 힘이 될 수 있습니다

고혜경 황성혁 선생님은 지난주에 어떠셨나요?

황성혁 전 꿈을 많이 꿨어요. 그런데 어젯밤 꿈만 기억나네요.

고혜경 적어오진 않으셨네요?

황성혁 예. 그래도 기억나는 꿈 이야기를 해드릴게요. 제가 혼자서 산길을 따라 걸어 올라가는데, 작은 입구가 보이더라고요. 그 안은 분화구처럼 비어 있으면서 어마어마하게 넓었어요. 마른 풀들이 가득 차 있었고요. 거기에다가 불을 붙였더니 잘 타더라고요. 근데 불이 나니까 와락 겁이 나서 불을 끄려고 했어요. 작은 병에 물이 들어 있길래 들이부었는데 불이 안 꺼지더군요. 한참 동안 물을 찾다가 어떤 페트병에 물이 들어 있길래 그걸 또 갖다 부었지요. 불을 빨리 끄려고 병 중간을 눌러서 물이 콸콸 쏟아지게 했는데도 불이 안 꺼졌어요. 밖에 사람들이 있어서 물을 갖다달라고 했더니 누군가 그러더군요. 물로 끌 불이 아니라고요. 계속 불이 타오르니 안이 달아올랐고 입구는 점점 작아졌지요.

산에 올라갈 때 멧돼지가 있을 거라는 생각이 들어서 긴장했거든요. 뒤에서 멧돼지가 공격해올 것 같아서 두리번거리며 올라갔지요. 근데 만약에 멧돼지가 이 안에 있다가 정면에서 튀어나오면 제가 다치겠다는 생각이 들어서 입구 중앙에서 비켜섰어요. 불 끌 방법을 못 찾아 포기하고서 거길 들여다봤는데, 멧돼지 수십 마리가 한쪽에 기름이 번들번들한 상태로 바비큐가 되어 있더라고요. 그 옆에는 불이 마치 용암처럼 시뻘겋게 타오르고 있고요. 이걸 보고서 누군가는 지구 덩어리라고 했어요. 입구가 점점 작아지다가 막히길래 제가 입구를 표시하려고 조그만 막대기를 꽂아두었어요. 멧돼지가 건드리면 움직이겠지 생각하고서요.

그러다가 하산을 하는데, 멧돼지들끼리 싸움을 벌였나 봐요. 땅에도 싸움을 벌인 자국들이 있는데, 멧돼지 한 마리가 쓰러져 있더군요. 죽진 않았는데, 그게 깨어나서 저를 뒤에서 공격할 것 같아 제가 양동이 같은 걸로 멧돼지를 두들겨팼어요. 죽이진 못하고 완전히 기절시켰지요. 그러고서 걸어가는데 제 막내 동생이 멧돼지의 공격을 받았다가 그걸 때려눕혀놨다는 거예요. 그래서 제가 앞장서서 동생을 데리고 멧돼지를 보러 갔어요. 길가에 멧돼지가 고개를 딱 쳐들고 누워 있는데, 제가 다가가니까 죽은 척을 하더라고요. 그러다가 깼어요.

고혜경 이 꿈에 나오는 멧돼지는, 제 상상으로는 지난번 선생님 꿈에 나왔던 셰퍼드와 연결될 것 같아요. 셰퍼드도 그렇고 멧돼지도 그렇고, 둘 다 크고 힘이 세고 공격적이어서 우리가 조심해야 하는 동물이잖아요.

황성혁 제가 실제로 온순한 순종 셰퍼드도 키워봤고, 무서운 잡종 셰퍼드를 키운 적도 있어요. 초등학교 다닐 때 잡종 셰퍼드가 덤벼들어서 개를 때린 적이 있는데, 그래서였는지 제가 건드리려고만 하면 으르렁대고 저를 공격할 것처럼 굴었지요. 그 뒤론 개가 싫고 무서워졌어요.

고혜경 꿈이 그때 상황을 빌려와서 뭔가를 이야기하고 싶어하는 듯해요. 개는 굉장히 충직한 동물이기도 하지만 잘 지내는 법을 모르면 주인에게도 공격을 하는 위협적인 동물이지요.

이전 꿈에서 황성혁 선생님은 셰퍼드를 피해 나무 위로 올라가셨어요. 제 꿈이라 상상해본다면, 다급하게 도망칠 때 나무 위로 올라가는 건 좋은 전략 같아요. 제 꿈에서도 종종 이런 전략을 써요. 근데 성공적으로 보였던 이 전략이 이제 거리를 두고 생각해보니 상황을 대면하지 않고 회피하는 방식일 수도 있겠다는 생각이 듭니다. 저는 너무 버거울 땐 일단 도망치려 하거든요. 내 꿈에 등장하는 모든 요소가 나라는 걸 떠올려보면, 나는 내 안에 있는 셰퍼드를 외면하고 있어요.

꿈에서는 멧돼지와 불이 만나요. 둘은 닮았어요. 멧돼지가 욱하거나 불이 확 살아나서 나를 덮치면 감당하기 어렵잖아요. 불은 기본적으로 내 안에 있는 다루기 힘든 감정을 나타내요. 특히 휘발적인 감정이요. 흔히들 불같다는 말을 하잖아요.

윤민석 격하고 급한 성격을 보고 그렇게 말하지요.

고혜경 맞아요. 그럴 땐 어떤 반응이 나오나요?

윤민석 　바로 주먹이 나가지요. 열이 오르고 혈압이 터져버릴 것 같고요.

고혜경 　그렇지요? (웃음)

윤민석 　5·18 이후에 10여 년은 누가 살짝만 건드려도 불같았어요. 인상 쓰는 사람을 보면 확 때려버리고 싶을 정도였고요. 군인을 보면 그냥 막 어떻게 해버리고 싶었지요.

고혜경 　그 반응이 이해가 가요. 선생님들 입장에선 그럴 수밖에 없었을 거예요. 누군가는 트라우마를 엑셀을 끝까지 밟은 채 다시 브레이크를 끝까지 밟고 있는 상태라고 표현했어요. 너무나도 충격이 크고 생존의 위협을 느끼는지라 몸에서는 최대치의 생명 에너지가 나오는데, 이 순간 옴짝달싹 못하다 보니 브레이크가 걸린 것과 유사한 상태이지요. 몸 안에 엄청난 생존 에너지가 있으니 고도로 긴장하고 과도하게 방어하고 언제든 터질 것 같은 상태를 유지하는 게 트라우마를 앓는 사람들의 특질이에요. 이런 상태로 지내다 보면 살아가는 데 써야 할 생명의 에너지를 늘 몸 안에서 소진시키니 힘겨운 거지요. 이때는 작은 위험도 생존의 위기로 느껴집니다. 살짝만 건드려도 원자폭탄 뇌관을 누른듯 폭발하지요. 여러분의 몸은 세상이 이토록 위협적이라는 정보를 인식하고 있어요. 이제 꿈은 왜 이런 상태로 살아가는지 네 안의 상황을 들여다보자고 해요.

　5·18 트라우마라고 하지요. 이 두 말이 연이어 붙어 있는 게 여러분의 현재 상태예요. 여러분의 몸은 30년이 넘게 흐른 세월과 상관없이 그날 그 순간에 멈춰 있어요. 꿈이 5·18과 트라우마를 떼어내는 작업을 도와줄 거예요. 5·18은 1980년의 그

날이었고, 여러분이 겪는 트라우마는 지금 현재의 상황입니다. 트라우마는 5·18에 있는 게 아니라 여러분 각자의 신경계에 있어요. 우리는 여기서 트라우마를 다뤄 나갈 텐데, 저는 황 선생님의 꿈을 들으면서 이 작업을 해낼 수 있겠다는 확신이 생깁니다. 다룰 수 없는 꿈은 애초에 기억해내지 못한다고 했어요.

꿈 이미지를 봅시다. 먼저 산길에서 시작해요. 도심도 아니고 인적도 없고 자연과 만나는 곳인데, 구멍이 등장해요. 저는 꿈에서 '들여다본다'는 표현이 너무 좋아요. 그냥 지나칠 수도 있는데 안을 자세히 그리고 깊이 들여다보는 이미지가 꿈작업과도 맞아떨어져요. 제 꿈이라 상상해볼 때, 저는 이 자리를 '불의 동굴'이라 부를 거예요. 처음에는 몰랐는데 살짝 건드리자 화기로 가득한 곳이라는 걸 인식해요. 동굴은 불길이 일어나려는 만반의 준비를 하고 기다리고 있었던 것 같아요. 나는 그 성질에 취해서 슬쩍 한번 건드려보는데 이게 걷잡을 수가 없어요. 마치 어릴 때 셰퍼드를 장난 삼아 건드려봤는데 이게 너무 센 놈이라 그때부터는 경계하고 내가 피해 다녀야 하는 상황과 유사해요. 그런 면에서 나는 참 호기심이 많은 사람 같아요.

물도 있고 뭔가를 해볼 수도 있어서 완전한 무방비 상태가 아닌 게 기뻐요. 바깥 사람들에게 도움을 청한 건 더 반갑고요. 도와달라 말하는 건 정말 용기 있는 행동이잖아요. 특히 내가 한국의 남자 입장이 되어보면, 이는 결코 쉬운 행동이 아니에요. 시간이 지나면서 점차 내가 이 불의 성질을 알아가는 것 같아요. 물로 끄는 불이 아니라는 사실을요. 좀더 세밀히 살펴보면, 불이 나서 안이 달아오르고 입구가 점차 좁아지는 건 분노나 화염성 감정의 특질 아닌가요? 입구를 한자어 '口'로 보면, 안에서 열이 날수록 입으로 방출하는 표현이 더 어려워요. 조금 화가 났을 땐 "나 화났어"라고 말할 수 있는데, 크게 화가 나면 폭발하게 되지요. 지금 다루고 있는 건 물로 끄는 불이 아니라 내면의 불인 분노나 공격성인 듯합니다.

그걸 알고 나자 멧돼지 바비큐 장면이 보여요. 저는 이 지점이 놀라워요. 이 불은 두렵고 피해야 할 파괴적인 것만이 아니라 양식을 만들 수 있는 에너지이기도 해요. 불의 양가성이에요. 어린 시절에 키웠던 셰퍼드는 무서운 존재였지만, 내 안에 있는 셰퍼드는 어떤 위협이 닥쳐오더라도 나를 지킬 수 있는 힘이에요. 이건 자신의 상황과 꿈을 자세히 들여다봤기 때문에 알 수 있는 사실일 겁니다.

이런 맥락에서 셰퍼드와 멧돼지는 연결되어 있어요. 예전 꿈에서 나는 도망을 다녔는데, 꿈작업을 시작하면서 대면을 하게 되고 그러니 제대로 속성을 발견하는 일이 진행되고 있어요. 저라면 이 꿈을 기억한 나 자신이 자랑스러울 거예요.

여러분은 너무나도 큰 폭력을 경험했기에 이런 에너지를 두려워하지요. 그렇지만 그 파괴적인 힘이 동시에 나를 지키는 힘이고 내 삶을 추진할 원동력이고 세상을 더 나은 곳으로 만들어갈 힘이기도 합니다. 불로 익혀낸 멧돼지 바비큐는 사람들에게 좋은 양식이 될 거예요.

여러분 모두 어마어마한 사건을 겪은 분들이에요. 엄청나게 억울하고 화도 나지요. 나를 이렇게 만든 사람들을 혼내주고 싶고요. 근데 이걸로 또다른 뭔가를 할 수 있다는 점도 기억하라고 꿈이 말해주는 듯해요. 이제 돼지 한 마리를 바비큐로 만들었으니, 앞으로는 길바닥에 누워 있는 큰 놈도 요리하라고 꿈이 말해주는 것 같아요. 아마 다른 꿈에 또 등장할 거예요.

투사가 아니라 제 의견을 말씀드리자면, 이 꿈은 트라우마를 겪는 사람들뿐 아니라 이 땅에 사는 모두를 위해 소중한 꿈 같습니다. 요즈음 우리 사회를 보면 걸어 다니는 폭약 같은 사람들이 많이 있잖아요. 내 안의 불을 자세히 들여다보지 않으니 무의식적으로 불을 뿜고 다니지요. 이런 불은 대단히 파괴적입니다. 이걸 잘 다뤄내는 작업이 필요하지요.

연금술이란 말 들어보셨어요? 이게 바로 연금술이에요. 자연 상태로 날것인 위험한 불을 잘 다스려서 유용한 불로 만들어내는 것이지요. 불은 화마로 덮쳐와서 모든 걸 잿더미로 만들어 버리기도 하지만, 아궁이 속 불이나 등잔의 불은 세상을 밝혀주잖아요. 이런 꿈을 기억하시는 분은 연금술사가 될 수 있는 적격의 후보자예요. 내 안의 멧돼지를 제대로 제압하거나 친구로 만드는 것은 대단히 영웅적인 행동이에요. 아직 멧돼지가 살아 있기는 하지만요.

김광현 다른 사람 주려고 불질러 멧돼지를 잡은 것도 아니고, 누군가에게 멧돼지 바비큐를 갖다주려는 생각을 안 했는데도요?

윤민석 불이 나서 내 목숨이 위태로운데 무슨 생각이 나겠어요. 얼른
도망가야지.

황성혁 제가 아침에 일어나서 나름대로 꿈을 해석해봤어요. 그 안에
멧돼지 수십 마리가 바비큐되어 있었는데, 그 바로 옆에는 용
암이었거든요. 문득 화산 안이라서 용암이 분출될 수도 있었겠
다는 생각이 들었어요.

고혜경 맞아요. 용암이나 혹은 내 안에 끓어오르는 그 감정이 분출하
면 굉장히 파괴적일 수 있어요. 그런데 또 하나 기억하실 게 있
습니다. 제주도나 하와이는 화산섬이지요. 용암이 분출해서 만
들어낸 땅이에요. 지구의 내부에도 용암과 같은 불덩어리가 가
득 있고요. 용암처럼 내 내면에 부글거리는 그 힘은 억누르거
나 부인해야 하는 힘이 아니라 새 땅을 만들고 신세계를 창조
하는 원동력일 수 있어요. 이 힘 자체가 창조력이냐 파괴력이
냐는 어떤 방식으로 표현되느냐에 달린 거예요. 이 공간이 열
리고 닫히는 곳에 막대기로 표시를 해뒀다는 건, 다시 돌아올
때 정확한 지점을 찾기 위한 표식 같아요.

모두가 분노나 공격성이란 감정을 불편해하지만, 분노하지 않
는 사람은 세상을 바꿀 수 없습니다. 우리는 모두 분노했기 때
문에 뭔가를 하려고 끊임없이 애쓰는 거예요. 분노란 없애려고
해도 사라지지 않는다는 걸 다 경험해보셨지요. 의로운 분노를
하고 이걸 제대로 쓸 자리를 찾는 것이 성숙한 사람이 할 일이
에요. 이렇게 주요한 이슈를 탐색할 기회를 주신 황성혁 선생
님께 감사드립니다.

178

이번에는 김진규 선생님의 꿈이 궁금한데요. 지난주 꿈도 전혀 기억 안 나시나요?

김진규 예. 그렇지만 그냥 앉아 있을 순 없으니 오늘은 예전에 꿨던 꿈 이야기를 들려드릴게요. 하나는 수염을 하얗게 길렀고 눈썹도 하얀데 몸체 없이 목 윗부분만 보이는 노인이 나오는 꿈이에요. 이 노인은 꿈에 나타나서는 그저 빙긋이 웃고 있고요. 나머지 하나는 제가 굉장히 힘들었을 때 자주 꾼 꿈인데요. 역시 몸은 없고 목 윗부분만 보이는데, 고개를 푹 숙인 채 혀를 쭉 늘이고 입가에서 빨간 피를 흘리는 사람이 나타나는 꿈이에요. 근데 이런 꿈을 꿀 때 주변 사람들 말로는 제가 주먹으로 벽을 치거나 손바닥으로 땅을 치기도 한대요.

고혜경 저는 되풀이되는 악몽을 그룹에서 우선적으로 다뤄야 할 꿈으로 간주해요. 다른 선생님들 이야기를 좀더 들은 후에 이 꿈으로 작업을 해보면 좋겠어요.

김진규 무슨 작업이요? 자꾸 뭘 시키려고 하지 마세요! (웃음)

고혜경 김진규 선생님이 직접 안 하셔도 돼요. 지난번에 김광현 선생님이 하신 것처럼 다른 사람들을 배우로 뽑아 감독만 할 수도 있습니다.

김진규 쑥스러우니까 그런 거 시키지 마세요.

고혜경 그럼 말로만 하는 건 어때요?

김진규 말로만 합시다, 말로만.

고혜경 예. 그런데 주먹으로 치면 손에 상처도 생기나요?

김진규 예. 물론 지금은 안 그러지만요. 언젠가는 술 한잔 먹고 찜질방

에서 친구들이랑 자다가 기물을 때려부숴서 쫓겨나기도 했어
요. 아주 힘들 때 그랬고, 작년까지도 그런 적이 있어요.

고혜경 많은 사람들이 자는 동안 움직이는 건 나쁜 꿈을 꿨겠지 하고
가볍고 넘기곤 해요. 그런데 이런 행위를 가볍게 흘리지 말고
눈여겨보면 많은 도움이 됩니다. 무의식이 하는 자발적인 연극
이 무슨 소리를 하는지 귀담아들으려는 태도가 중요합니다.

김진규 연극이라면 의도가 있다는 거네요?

고혜경 그렇습니다. 보통 잘 때 조금씩 들썩이긴 하지만 구체적인 행
동을 하진 않잖아요. 근데 잠꼬대를 비롯해서 심하면 몽유병까
지, 그런 행동을 한다는 건 주변 사람들에게 제발 나 좀 봐달라
고 호소하는 거예요. 깨어 있을 때는 어떤 이유로든 간에 이를
제대로 표현하지 못하기에 그런 거지요.
김진규 선생님은 실제로 어떨 때 주먹을 내리치세요?

김진규 급박한 상황에서 억울하거나 억눌린 감정이 복합적으로 터져
나올 때 그러는 것 같은데요.

고혜경 맞아요. 우리가 땅을 친다는 말을 하잖아요. 내가 얼마나 억울
하고 답답한지 아무도 몰라줄 때 하는 말이지요. 자는 동안에
나타나는 이런 행동들도 적극적인 의사 표시예요. '나의 이 억
울함 좀 봐줘. 통탄할 일이야.' 이게 무의식의 의도겠지요. 이
답답한 심정이 어떤 건지 느껴지시지요? 이후에 김진규 선생
님 꿈으로 좀더 본격적으로 작업을 해보도록 하지요.

가슴속 응어리를
밖으로 끄집어내야 할까요

고혜경　조진석 선생님은 오늘 좀 힘드신가 봐요?

조진석　처음에는 꿈 분석을 한다고 해서 기대를 많이 했어요. 근데 시간이 지나면서 실망했다기보다는 답이 없는 게 아닌가 싶었어요. 벌써 다섯 번째 시간인데, 생각 같아서는 제 꿈을 탁 내어놓고 답을 얻어야 하는데 꿈도 기억이 잘 안 나고요. 선생님 이야기 중에서 이해가 안 되는 말도 있어요. 꿈은 에너지라거나 의식은 빙산의 일각이라는 말 같은 건 잘 모르겠어요.
그렇다고 특별히 예전처럼 악몽을 꾼다거나 밤중에 일어나서 돌아다닌다거나 하진 않아요. 그렇게 보면 제가 꿈을 기억하진 못해도 이 시간에 했던 게 뭔가 머릿속에 남아 있긴 한가 봐요. 그런 게 자제되는 걸 보면요. 이런 생각들을 하면 제가 무슨 전문가가 되어가는 것 같기도 하네요. (웃음)

고혜경　꿈이 에너지라는 말에 대해서는 다시 한번 설명드릴게요. 매주 여러분을 만나면서 이 자리에 참석한 우리 사이에 깊이 공유하는 지점이 있다는 생각이 들었어요. 특히 김광현 선생님의 가위눌림을 연극으로 만들었을 때는 더더욱이요. 함께 사투를 벌이고 살아남은 전우애 같은 거겠지요. 그런데 그런 가운데서도 어떤 분은 쿨쿨 주무셨고요. (웃음) 왜 그랬을까요? 한편으론 자신을 지키는 방어기제였을 거예요. 이미 너무 힘드니까 다른 압도적인 에너지가 들어올 여지가 없는 거지요. 또다른 이유는 그 에너지에 압도당해서 그냥 곯아떨어져버리는 거예요. 꿈에 연루된 에너지의 강도가 너무 세기 때문이지요. 실제로 꿈을 이야기하는 순간 누구든 꿈 에너지의 영향을 받게 되는데, 이를 달리 표현하자면 꿈의 주술에 빠져버리는 거예요.

조진석 제가 아프다고 하면 사람들은 저더러 약을 먹으라고 해요. 제가 아프다고 하는 건, 약을 받기 위해서가 아니라 그 정도로 내 마음이 심란하니 나를 붙잡아달라는 거거든요. 꿈작업도 그래서 하는 건데, 꿈이 기억 안 나니 답답해요. 그러니 저를 유도해서 답을 좀 알려주세요. 커닝 좀 시켜달라고 말씀드리는 거예요. (웃음)

고혜경 엄살 떠셨구나. 약이 아니라 '호' 해달라시는 거지요? 제가 남도 유머를 몰라서 고지식하게 굴었네요. 남도식으로 말씀드릴게요. 책가방 들고 왔다갔다만 해도 졸업은 하잖아요. 꿈 학교도 그래요. 놀러오세요. 트라우마센터가 준비해주는 맛있는 간식 드시러 와도 좋고요. 선생님들 반기는 센터분들 얼굴 보러 오셔도 좋고요. 너무 열심히 하려고 하지 마세요. 이 작업에서는 꿈이 무슨 뜻인지 아는 것보다는 꿈이라는 신기한 현상이 어떻게 작동하는지 체험해보는 게 훨씬 중요해요.

조진석 기억을 못하니까 체험이 안 되잖아요.

고혜경 체험은 꼭 본인 꿈만이 아니라 다른 사람의 꿈으로도 가능합니다. 같이 8주를 놀다 보면, 그사이에 절로 뭔가가 일어나요. 인내심을 갖고 조금만 기다려주세요. 그래도 악몽에 시달리지는 않으시니 이미 뭔가 일어나고 있지 않나요?

조진석 그 부분은 선생님이 잘해주시니까, 알게 모르게 생활에 녹아들어가서 어느 정도 해결되고 있는 것 같아요. 그러니 이제 다른 것도 더 쉽게 빨리 할 수 있게 가르쳐달라는 거예요.

고혜경 특별 과외를 해야겠네요. (웃음)

김광현 저는 꿈작업을 시작하고서 2~3주간 굉장히 힘들었어요. 중간에 그만둬야 하나 망설였을 정도로요. 내면에 있는 걸 꺼내고 싶지 않은데 꺼내야 하고, 그럼 다시 그 생각이 나서 힘들었지요. 근데 3주를 넘어서면서부터는 좀 편해지더라고요.

고혜경 꿈작업이 이런저런 꿈 이야기나 주고받는 것처럼 보이기도 하지만 사실 힘이 많이 드는 일이에요. 몸도 불편한 여러분이 이렇게 세 시간씩 앉아 계신다는 것 자체가 얼마나 고통스러울지 저는 짐작만 할 따름입니다. 매주 이렇게 안 빠지고 나와주시는 것 자체가 저한테는 기적 같아요. 이 자리에 계신 한 분 한 분께 진심으로 감사드립니다.

꿈을 이야기한다는 건 결코 간단한 일이 아니에요. 여러분이 오랫동안 뚜껑을 닫아 꼭꼭 눌러놓았던 봉인을 해제하는 일입니다. 미처 말로 다하지 못했던 아픔, 그리고 깊고 내밀한 자기 자신을 세상에 드러내는 일인데, 이는 용기 없이는 절대 할 수 없어요. 여러분 각자가 보듬고 신음해온 이야기들은 한 사람이 감당하기에 너무 무겁고 컸어요. 우리는 지금 이 이야기들이 내는 에너지의 파장 안에 있고 이를 감당해내고 있는 겁니다. 당연히 힘드시지요. 오래 이 작업을 해온 저로서도 이렇게 무겁고 큰 에너지 장은 처음입니다.

이 자리에서 세상 밖으로 나오는 이야기들은 이 땅에 사는 모두가 덮고 잊고 부인하고 싶어하는 것들이에요. 그런데 인간 내면을 깊이 탐색하는 사람들은 공통적으로 지적합니다. 이런 것들이 부인하면 없어지고 잊으려 하면 망각되는 게 아니라는 거지요. 대다수는 덮고 가는 편리한 길을 택하지만 여러분은 그럴 수가 없어요. 상처에서 계속 피가 흐르기 때문이에요. 여러분을 앓게 만드는 상처 자체가 5·18의 증거입니다. 이 상처는 나보다 커요. 내가 앓고 있는 게 광주라는 집단의 상처예요. 어떻게 힘들지 않을 수 있겠어요?

어디선가 몸살이 '몸-살'이란 말을 들은 적이 있어요. 몸을 살려내는 과정이라는 거예요. 살아나느라 아프고 괴로워요. 우리가 지금 앓고 있는 꿈 몸살은 결국 우리를 살려내는 과정이라고 믿고 있습니다.

김광현 1980년 직후에는 한동안 심하게 악몽에 시달렸는데 어느 순간 이게 좀 줄어들었어요. 광주 문제로 싸워가면서 폭도라는 오명도 벗고 명예 회복이 된 게 영향을 미쳤겠지요. 그럼에도 여기 계신 분들은 다들 5월이 되면 무슨 증후군처럼 예전 일이 떠오를 거예요. 계속 되풀이되었지요. 벌써 30년도 넘은 일이니 이제는 그런 걸 떨쳐내고 숙연하게 5월을 보냈으면 좋겠는데, 실제로는 행사 준비를 하면서 마음이 굉장히 복잡해져요. 죽을 때까지 이래야 하는 건지 모르겠어요.

고혜경 저도 여기 와서 배운 건데, 5·18 이후 20년 되던 해가 커다란 전환의 시점 같았어요. 이 시점을 지나면서 심각한 악몽이 달라지거나 잠잠해졌다는 이야기를 몇몇 분들이 하셨거든요. 그래서 트라우마센터에 여쭤봤더니 1999년과 2000년 즈음 외부에서 광주 문제를 새로이 바라보는 분위기가 형성되었다고 하더군요. 그런 상황은 분명 무의식에 반영됩니다. 눈에 보이거나 잡히지 않는 이런 변화가 인간의 심층에 깊이 영향을 미친다는 건 사람들과 꿈을 나누며 사는 저에게는 점차 확실하게 다가와요.

해마다 5월이 되면 힘드시지요? 무의식은 특정한 날, 특정한 시기를 절대 잊지 않아요. 생일이면 생일 꿈을 꾸고, 가족 중에 누가 먼저 가면 그날이 꿈에 반영되고, 주요한 사건사고가 있었으면 '해마다 이맘때면'이라는 식으로 꿈에 등장합니다. 그렇다고 해서 반드시 내가 알아차릴 수 있는 방식으로 나타나는 건 아니에요. 심지어는 기억 못하는 조상들에게 일어났던 사건들조차 꿈에 반영이 된다고 합니다.

북미 원주민들은 꿈을 조상에 대한 이야기라고 하는데, 저도 처음 꿈공부를 할 땐 이게 무슨 소리인지 감이 안 잡혔어요. 아직도 누군가의 꿈을 들으면서 조상 이슈라는 걸 알아차리는 빈도는 낮아요. 그렇지만 제 꿈을 오래 관찰하다 보니 우리 집안 선조들 이슈가 등장하더라고요. 다른 사람 꿈에도 이런 층위가 있다는 사실은 믿어 의심치 않습니다.

세월이 흐르면서 그 색채가 달라질지언정 광주 사람들에게 5월은 죽을 때까지 특별한 달일 거예요. 저는 무의식이 토양 같다는 생각을 해요. 이 땅에 뿌려진 피는 세월이 지나면 빛바래고

풍화되겠지만 그 자국을 완전히 지울 순 없어요. 5·18은 빛고을 광주의 집단 무의식에 깊이 박혀 있는 사건입니다. 이 상처를 치료하고 한을 풀지 않으면 이 무거운 짐은 다음 세대로 전가됩니다.

제가 아무 근거 없이 이런 말씀을 드리는 게 아니에요. 꿈에는 개인의 무의식, 가족의 무의식, 집단의 무의식이라는 층위가 있어요. 첫날 보신 빙산 이미지 기억하시지요? 빙산의 뿌리로 내려가면 나의 지극히 개별적인 역사뿐 아니라 가족의 역사, 집단의 역사가 하나로 연결돼요. 그런 차원에서 보면, 제가 광주 출신은 아니지만 광주와 무관한 사람도 아닙니다. 조금만 깊이 보면 우리는 섬 같이 떨어져 있는 존재가 아니에요. 제가 집단의 상처를 다뤄야 한다고 생각하게 된 실례를 하나 소개해 드릴게요.

저와 함께 꿈 공부를 하는 분 중에 제 또래 학교 선생님이 계세요. 이분 꿈에 피로 샤워를 하는 장면이 있었는데, 제 꿈 선생님이 이 꿈을 듣자마자 한국전쟁 이야기를 꺼내셨어요. 전쟁을 경험한 사람의 꿈이라고요. 그런데 저희 세대는 한국전쟁 때 태어나지도 않았잖아요. 알고 보니 이 선생님 아버지가 한국전쟁 때 영화 〈실미도〉에 나오는 그런 유의 부대원이셨나 봐요. 전쟁 후에 그 무게를 감당하지 못하고 알코올중독에 자살 기도까지 하면서 살다 가셨어요. 전쟁의 상처를 고스란히 지니고 사신 아버지의 꿈이 자녀들 꿈에 반영된다는 사실이 당시에는 놀라웠습니다.

상처는 치유하고 한은 풀고 한 세대 숙제는 그 세대가 책임져야 해요. 선생님들이 지신 짐이 무겁지만, 이걸 다뤄낼 때 그 혜택이 선생님들 개인을 넘어서는 영역까지 미칠 겁니다. 세상 아무도 이에 대한 상은 주지는 않겠지만요. 그 귀한 일은 내 아픔을 끄집어내는 솔직함과 용기로부터 시작됩니다. 가슴속에 웅어리를 더는 눌러두지 말고 풀어내요.

풀 때는 안전한 자리가 필요해요. 이렇게 함께 눈과 귀가 되어주는 곳에서는 각자의 과중한 이야기를 안전하게 꺼낼 수 있어요. 바깥에 내놓으면서 내 이야기를 객관화할 수도 있고요. 그러니 나를 드러내는 이 일을 자랑스럽게 여기세요. 충분히 그럴 자격이 있으세요.

김광현 근데 저는 그게 잘 안 되던데요.

고혜경 너무 아프니까 그렇지요. 사안을 덮고 잊으려는 나름의 노력이기도 하고요. 그렇지만 그건 안에서 마그마가 끓어오르는데 그 위에 시멘트를 발라놓는 거나 다름없어요. 지금 당장은 괜찮은 것 같지만 마그마가 끓다가 언젠가는 터지게 되고, 그땐 폭발력이 엄청날 겁니다. 한 사람이 감당하기에는 너무 큰 이야기예요. 그 짐을 혼자 지는 게 아니라 여러 사람이 눈과 귀가 되어주는 안전한 자리에 내놓으면 가벼워집니다. 그러자면 몸살을 견뎌야지요.

이제까지 5·18에 대해서는 가해자와 피해자의 문제, 그리고 폭력에 대한 적절한 보상 여부 같은 정치적·사회적 이슈에 초점이 맞춰 있었지요. 나름의 성과도 있었고요. 그럼에도 불구하고 선생님들이 계속 이 문제에 시달리고 있다는 건, 뭔가 다른 방식의 접근도 필요하기 때문 아닐까요?

우리가 지금 하고 있는 작업은, 우리 마음속에 박혀 있는 상처의 파편들을 끄집어내고 이 때문에 혼란스러운 마음을 청소하는 일입니다. 이 작업을 잘 해낼 때 비로소 창의적이고 건강한 삶을 살 수 있을 거예요. 상처를 덮자는 말, 많이 하지요. 그런데 덮는 전략은 지불할 대가가 없을 것 같으세요? 덮고 부인하는 데도 엄청난 에너지를 써야 해요. 이건 생산적으로 에너지를 쓰는 방식이 아닙니다. 용만 쓰지 달라지는 건 없어요. 그러니 어차피 힘들 바에야 에너지를 효과적으로 쓰는 게 장기적으로 득이 되지 않겠어요? 한번 제대로 하면 그 뒤는 훨씬 순리대로 살 수 있어요. 쉬워서 이 일을 하자는 게 아닙니다. 쉬우면 누구든 다 할 수 있게요. 비록 이 작업이 힘들겠지만, 그렇더라도 우리 보람 있게 힘듭시다.

김광현 트라우마센터에서는 그런 식으로 상처를 어루만져줄 수 있겠지요. 하지만 밖에 나가면 달라요. 심지어 광주조차도 우리의 아픔이 무언지, 그걸 어떻게 달래줘야 하는지에 대해 생각하지 않는 것 같거든요. 30년 넘게 트라우마를 겪으며 산다는 건 정말 힘든 일이에요. 제대로 직장 생활도 못하고, 형편이 어려워져서 자살하는 사람도 나오고, 보상 역시 한계가 있고요. 그런 걸 이야기하면 아직도 5·18을 우려먹느냐는 말이나 듣지요. 1980년이 아니라 그 이후에, 심지어는 보상을 받는 과정에서까지도 이해받지 못하는 아픔이 있어요. 계엄군한테 당한 것도 아프지만, 주변 사람들의 말 한 마디 한 마디도 큰 상처로 남은 거지요.

물론 이런 작업도 좋지만, 다른 사람들이 우리를 이해할 수 있다면, 그래서 광주에서만이라도 우리에게 "그동안 고생 많으셨는데 요즘 살기는 어떠세요?"라고 말이라도 따스하게 건네준다면, 굉장히 따뜻한 치유가 될 거예요. 근데 그게 안 되는 거지요.

고혜경 따뜻한 말 한마디가 그리우시지요? 함께 겪었고 내 아픔도 가장 잘 알 만한 광주 사람들에게 더 이해받고 싶으시지요? 5·18의 상처만큼이나 그 후 사람들의 외면이나 무관심이 5·18과 유사한 비중의 상처였으리라 짐작만 해봅니다. 실제로 5·18로 인한 트라우마를 다루는 일보다 그 뒤에 일어난 지속적인 감정적 상처를 다루는 게 더 어렵다고 하는 분들이 있어요. 분리해서 생각할 수 없는 일이긴 하지만요. 30년이 넘게 지났지만 여전히 찢어진 상처에서 피가 흐르고 있다는 걸 사람들은 알지 못해요. 이런 공부 안 했더라면 저도 그랬을 거예요. 이 문제는 비단 5·18뿐 아니라 이 사회에서 일어난 모든 집단 트라우마에도 해당되는 이야기일 겁니다.

누구나 자기 안의 아프고 힘들고 불편하고 열등한 걸 안 보려 해요. 그런 것들은 다른 사람에게 투사를 하지요. 내 상처를 안 본 채 다른 사람의 상처라고 주장하는데, 누군가 그런 상처를 그대로 노출하면 자기 상처가 자극되지요. 부인하는 전략이 위협받으니 그런 모습을 보이는 사람들을 부인해요. "아직까지 왜 저래? 이제 그만 좀 하지." 보기 싫은 거예요, 자기 상처가. 여기 계신 분들을 포함해서 우리 모두 이렇게 취약해요.

제가 들은 일화를 하나 말씀드릴게요. 4~5년 전 뉴욕에서 공부할 때였어요. 앤 율라노프^{Ann Ulanov}라는 선생님이 수업 시간에 자기 집 일을 도와주는 아주머니 이야기를 해주셨는데, 남편이 베트남전 참전 군인이었어요. 남편은 해마다 어떤 시기가 되면 증발해버렸대요. 말도 없이 사라졌다가 아무 일 없었다는 듯 돌아오는데, 40년 이상 매해 이런 일이 벌어졌다더군요. 앤이 심리학자이니 아주머니가 조언을 구하려고 이 이야기를 털어놓으신 거예요. 앤은 베트남전 참전 군인에 관한 논문 한 편을 아주머니에게 주면서 남편 눈에 띄는 자리에 두라고 조언했어요. 그해부터는 남편이 집을 나가지 않았다더군요. 그 논문에는 베트남에서 군인들이 겪은 사건의 증언들이 기록되어 있었어요. 수업을 듣던 학생들도 그 논문을 읽었는데 제가 기억하는 이야기 하나는 이러해요.

정글에 갓난아이가 옷도 없이 버려져 있대요. 뱀이나 해충이 우글거리는 곳인데. 그 장면을 보면 반사적으로 아이를 안아 올린대요. 그런데 아이 몸에는 지뢰가 연결되어 있고, 아이를 구하려던 인간적 행동이 전우들의 목숨을 앗아가거나 팔다리가 떨어져나가게 만든 거지요. 이런 극한의 모순을 겪으면서 정신이 붕괴되지 않을 사람이 있을까요?

제가 하고 싶은 이야기는 여기서부터예요. 그 남편은 이런 유의 일들을 겪었어요. 이런 상황을 어떻게 이야기하며 누가 알아듣겠어요? 이 세상 그 누구도 내가 뭘 겪었는지 모른다 생각하며 살았는데, 이런 이야기들을 읽으면서 누군가 내 이야기, 내 심정을 아는 사람이 있다는 걸 알고 더 이상 집을 나가지 않은 거예요.

기적은 이렇게 일어나요. 큰 걸 하자는 게 아니고 정말 마음으로 듣고 가슴으로 만나요. 이게 모든 걸 바꿀 거예요.

5월의 이야기들,
마음으로 듣고 가슴으로 만나요

고혜경 자, 이제 김진규 선생님의 꿈 이야기를 가슴으로 들어볼까요?

김진규 저를 시험대 위에 올려놓으시려고요?

고혜경 아무것도 안 시킬게요. 그냥 앉아서 꿈 이야기만 해주시면 돼요. 우리는 선생님 꿈을 내 꿈으로 연상하며 마음으로 만나고 싶어요. 자면서 벽과 바닥을 친다는 게 어떤 건지도 경험해봐서 그 느낌 알아요. 그런데 어쩌면 김진규 선생님은 본인 꿈의 압도적인 이미지 때문에 뭔가를 느껴볼 새도 없이 깨어나셨을 수도 있어요. 그러니 우리가 다 같이 이 꿈을 상상해보면 꿈에서 미처 듣지 못했던 소리를 들을 수 있을지 모르잖아요.

김진규 그냥 안 넘어가시는군요. 그럼 빨리 끝냅시다.

고혜경 예. (웃음) 김진규 선생님은 앞서 말씀하셨던 꿈을 다시 한 번 이야기해주세요. 꿈을 이 자리로 초대해주세요.

김진규　우선 몸이 없이 목 윗부분만 보이고요.

고혜경　말로 설명하기 어려우시면 그림을 그려 설명해주셔도 됩니다.

김진규　제가 그림 솜씨가 영 아니에요.

고혜경　피카소의 걸작을 요구하는 게 아니에요. 유치원 아이들처럼 그려주셔도 괜찮아요. 목 윗부분만요.

조진석　그림 그리고서 그 위에 '진규 그림'이라고 써두세요. (웃음)

김진규　(그림을 그린다.) 이런 상태로 고개를 좀 들고 있고, 혀를 낼름거리면서 피도 흘려요.

고혜경　혀가 처음부터 나와 있나요?

김진규　예.

윤민석　피도요?

김진규　혀가 나와 있는 상태에서 피를 흘려요.

고혜경　그걸 보는 순간 어떤 느낌이 드나요? 수시로 꿈에 나타난다고 하셨으니, 꿈에 등장하면 '아, 또 나왔구나' 하는 생각이 드세요?

김진규　그렇지요. 나타나면 오싹하고요.

고혜경　여자인가요, 남자인가요?

김진규　여자예요. 나이는 잘 모르겠고요.

조진석　여잔데 그림엔 머리카락이 없어요.

김진규　제가 여자를 그려봤어야 말이지요. 그릴 줄 몰라서 못 그렸어요. 생머리고, 외모는 그리 예쁘지도 밉지도 않아요. 눈매는 선하고요.

김광현　도망간 마누라인가 보네요. (웃음)

김진규　도망간 마누라는 유도가 2단이네요. (모두 웃음)

— 김진규가 꿈작업을 하면서 자신의 꿈에 등장한
인물을 표현한 그림. 동그란 얼굴에 눈은 의기소
침해보인다. 혀가 길게 빠져 있고, 입가 양 옆으로
는 피가 흐르는 게 묘사되어 있다.

고혜경   잠시만요. 이 꿈을 내가 꾼다고 상상해보세요. 꿈속에서 한 번
도 아니고 수시로 이 이미지가 나타나 나를 오싹하게 만들고
있어요. 누군가에게는 이게 도망간 마누라로 보일 수도 있을
거예요. 사람마다 달리 느끼겠지요. 우리는 이 꿈이 내 꿈이라
면 어떨지 연상해보는 거예요. 내 꿈이 되어보니 어떠세요?

조진석   내 꿈이라고 생각하려면 담력이 좀 필요하겠는데요.

김광현   무언가가 나한테 원한이 있거나 아니면 무슨 메시지를 주고 싶
거나. 이런 꿈 꿀 때 많이들 그렇게 생각하지 않나요?

고혜경   다른 사람들이 이렇다더라 하지 마시고요. 나한테 원한이 있는
것 같다, 아니면 나한테 뭔가 메시지를 주는 것 같다, 이렇게
표현하는 것 기억하시고요.

김광현   제가 저런 꿈을 꿨다면 그렇게 생각하겠지요.

고혜경   그렇지요. 내가 그 입장이 되어본다는 건 그런 거예요. 근데 피
는 어느 정도 흘리나요? 줄줄 흘리는지 아니면 똑똑 떨어지는
지요?

김진규   줄줄줄 흘리다가 딱 끊어져요. 조금 지나면 또 흘리고요.

고혜경   윤민석 선생님은 이런 악몽을 꾼다면 어떨 것 같으세요?

윤민석   전 〈전설의 고향〉 같은 데서 귀신 나오면 쳐다보기도 싫더라고
요. 이런 꿈은 꿔본 적이 없는데, 무섭겠지요. 여자들이 머리
풀고 나오는 꿈은 진짜 무서울 거예요.

조진석   피가 나오는 꿈은 꿔봤지만, 이렇게 여자가 산발한 채로 피 흘
리는 꿈은 저도 안 꿔봤는데요. 이게 제 꿈이었다면, 〈월하의
공동묘지〉 같은 데서 봤던 장면이겠지 할 것 같아요. 그런 여

자가 나오더라도 나하고 같이 부대끼거나 싸우거나 어떤 접촉이 있었더라면 느낌이 달라질 것 같고요.

윤민석 더군다나 몸이 없다잖아요. 이건 상상도 하기 싫은 꿈이에요.

고혜경 언제부터 이런 꿈을 꾸셨는지는 생각나세요?

김진규 기억이 안 나요. 하지만 5·18 이전에는 안 꿨던 건 분명해요. 5·18 때는 제가 스물한 살이었는데, 패기만만하고 무서울 것 없는 나이에 꿨던 꿈은 아니에요. 그 후에 꾼 꿈이어서 이상하지요.

고혜경 꿈에서 여자의 시선은 어디를 향하고 있어요?

김진규 고개를 조금 위로 들고 있어요.

고혜경 아, 아래로 숙인 게 아니군요. 머리카락도 생머리고. 황성혁 선생님이 상상하는 버전은 어떠세요?

황성혁 놀랐겠지요. 꿈에서 깨려고 발버둥쳤을 거예요. 드라마에서 소복 입고 피 흘리는 귀신만 봐도 소름 끼치는데, 꿈에서 저런 게 나타났다면 기겁했겠지요. 다시는 그런 꿈 안 꾸고 싶을 것 같고요. 해몽을 해본다면, 혹시 나한테 원한 있는 여자가 없나 한번 생각해봤을 것 같아요. 그러니까 저렇게 꿈에 나타나지요.

김광현 그러게 평소에 여자들한테 잘하시지요. (웃음)

고혜경 꿈에 등장하는 모든 사람이 나예요. 이 여자도 나 자신으로 상상해보세요.

김진규 제가 보통은 4월 중순부터 시작해서 6월 초까지가 굉장히 힘들었어요. 꿈꾸면 식은땀도 많이 흘렸고요. 한창 힘들 때는 밥도 안 먹고 술만 먹고 살았어요. 악몽도 자주 꾸고 진짜 정신

나간 놈이 되는 거지요.

고혜경 저는 그 여자의 표정과 얼굴 각도가 굉장히 인상적이에요. 앞서 간략하게 꿈을 이야기할 때는 고개를 숙이고 있다고 하셨는데, 나중에는 고개를 들고 있다고 하셨어요. 그림을 보니 눈은 대단히 의기소침해 보이고 좌절감이 느껴져요. 입 쪽은 화가 많아요. 전체적으로는 아주 슬퍼요. 그런데 저 그림을 고개를 조금 젖히고 위를 쳐다보는 이미지로 상상해보니 느낌이 전혀 다르게 다가왔어요. 눈동자가 허공을 보고 있어요. 동공이 열린 이미지예요. 그 와중에 혀가 길게 빠져 있어요. 일반적으로 이렇게 혀가 거의 목까지 빠지는 경우는 제가 아는 한 둘 중 하나예요. 하나는 마오리 전사들이 춤출 때 혀를 길게 내밀어요. 인도의 여신 칼리도 그렇고요. 상대방을 위협하고 겁주기 위한 표현이에요. 다른 경우는, 목매달거나 교수형으로 죽었을 때 목 근육이 부러지면 턱이 빠져나온다고 들었어요.

제가 꿈에 등장하는 이 여인이 되어보면, 저는 목을 매어 억울함을 호소하거나 결백을 주장하는데 이는 피를 토할 일이에요. 혀가 빠진 걸 보면 저는 이미 죽었어요. 그런데 죽음으로도 끝나지 않는 뭔가가 남았어요. 피를 흘린다는 건 살아 있다는 표식이잖아요. 나의 큰 부분은 이미 죽었는데 아직 뭔가 죽지 못했어요. 피가 흐르는 각도가 한자의 '팔八' 자예요. 저는 팔자소관이라는 말이 떠올라요. 운명과 관련된 일 같아요. 앞서 조상이 꿈에 나온다는 말씀을 드렸는데, 왜 그런지 저는 이 꿈 역시 조상과 연관된 것 같아요. 여러분이 꿈을 연상하면서 즉각 〈전설의 고향〉이나 〈월하의 공동묘지〉에 등장하는 귀신을 떠올렸는데 저한테도 귀신 같았어요. 가면 같기도 했고요. 이게 제 꿈이라면 살아 있는 제가 귀신인 저하고 같이 사는 것 같아요.

제가 이 꿈을 꾸었다면 두려움에 휩싸여 미처 몰랐겠지만, 김진규 선생님의 꿈을 제 꿈으로 상상하다보니 꿈을 들여다볼 여지가 생기는 것 같아요. 우선 이 꿈 이야기를 하는 동안에 변화가 일어난다는 점이 눈에 들어왔어요. 꿈이 점차 달라지고 있지요. 처음에 꿈을 묘사하실 때는 고개를 숙이고 혀가 나와 있고 피를 흘린다고 하셨는데, 일반적으로 목을 맨 상태라면 그러리라 짐작돼요. 그런데 이 이미지가 변해요. 그림에서는 축 처진 눈을 슬프게 뜨고 있어요. 나중에 묘사하실 때는 고개를 조금 쳐들고 위를 바라보고 있다고 하셨어요. 머리카락도 길게 늘어뜨리고요. 제가 상상해본 버전에서 그 여인은 눈을 퀭하니 뜬 채 허공을 응시해요. 우리가 같이 들여다보자 이 무서운 꿈 장면이 조금씩 더 설명을 해주는 듯해요. 저한테는 고개를 든 이 여인의 눈이 처절하게 절망적으로 느껴져요. 마치 줌렌즈로 당겨보는 것처럼 그 여인의 눈이 크게 확대된 듯 눈에 들어오는데, 엄청난 공포를 마주한 채 얼어붙어 있는 눈이에요.

이런 눈동자를 저는 〈절규〉라는 그림에서 봤어요. 에드바르 뭉크Edvard Munch라는 노르웨이 화가가 그린 그림인데, 화가의 이야기를 들으면 그 그림이 어떻게 탄생했는지 이해가 되요. 뭉크는 다섯 살 때 결핵으로 어머니를 잃었고, 그 뒤로는 누이와 남동생도 세상을 떠나요. 아버지도 우울증으로 죽었고, 본인은

— 에드바르 뭉크의 작품 중에서 가장 널리 알려진
1893년작 〈절규〉. 양손을 얼굴에 대고 있는 해골
같은 얼굴의 한 사람이 묘사되어 있다. 뒤에 보이
는 평범해보이는 사람들과 대비되어 그의 공포에
찬 절규가 더욱 생생하게 느껴진다.

공황장애를 앓던 사람이지요. 세상이 온통 죽음의 공포 그 자체였을 거예요. 5·18 때 겪은 두려움과 공포는 뭉크가 묘사했던, 또 이 꿈이 표현하는 그런 두려움과 공포 아닐까요?

혹시 선생님들 중에서 피 꿈 꿔본 분 계신가요?

윤민석 예전에 꿈에서 코피가 터졌는데, 아침에 일어나서 진짜로 코피가 난 적이 있어요.

조진석 여자가 나타나서 피 흘리는 꿈을 꾼 적이 있어요.

황성혁 세세히 기억은 안 나지만, 서로 싸우다가 엉터터져서 피가 나는 꿈을 꾼 적이 있고, 낚시하러 가서 민어를 낚았는데 피를 빼려고 칼로 민어 목을 따는 꿈도 꿨지요.

고혜경 김광현 선생님은 그런 꿈 꿔보셨어요?

김광현 그리 물어보시니까 오래전에 꾼 거짓말 같은 꿈이 생각나네요. 어떤 우물에서 물이 넘치는데 그게 핏물인 거예요. 사람들이 물을 다 퍼낸 후 우물 안의 구멍을 막아야 한다고 해서 그렇게 했는데, 막아도 막아도 계속 다른 자리에서 핏물이 나오는 꿈을 꿨어요.

고혜경 제 꿈이라 생각하니 그 애쓰는 모습이 느껴져요. 막으려고 안간힘을 쓰는데 내 노력은 허사가 될 것만 같지요. 왜 하필이면 우물일까요? 물은 생명의 원천이고 인간의 젖줄이에요. 이 우물이 피로 오염됐어요. 마을 공동 우물이라 이 오염은 개인적인 문제를 넘어서서 모두의 생명을 위협해요. 저는 어마어마하게 애쓰는 내 모습과 내 노력이 허사가 될지도 모른다는 좌절감이 밀려들어요. 이 꿈이 마치 '트라우마란 이런 거야'라고 가르쳐주는 것 같아요.

좀 전에 광주 사람들이 이런 나를 이해해주었으면 좋겠다고 말씀하셨잖아요. 여러분은 그동안 이 사회에서 거칠게 반응하고 화를 폭발하고 일반적으로 잘 납득 가지 않는 행동들을 했을 거예요. 그게 전부라고 내비칠지도 모르지만, 온몸으로 이렇게 애를 쓴다는 걸 꿈이 말해줘요. 꿈은 절대 거짓말 안 해요. 김광현 선생님의 꿈 이미지를 제가 상상해보면, 지금 상황은 혼자 감당할 단계가 아니에요. 사투를 벌이다가 온몸의 에너지가 다 고갈되기 전에 주변 사람들이 도와줬으면 좋겠어요. 우리 모두 단물을 마시려면 다 같이 나서서 핏구멍을 막아야 해요. 덮고 가거나 모른 척할 단계가 아니에요. 몸에서 이 정도 피가 나온다면 이건 실핏줄이 아니라 동맥이 끊어진 거예요. 분명 어려운 상황이지만, 이 꿈을 기억했다는 건 우리가 충분히 상상력을 발휘해서 이 문제를 다룰 수 있다는 거예요.

술이 제 마음의 답답함을
덜어줄 수 있을까요

김진규 제가 1999년에 힘들다면서 오늘 말한 꿈 이야기를 들려줬더니 후배가 그랬어요. "형은 술은 끊지 마요. 다른 사람 같았으면 술 끊으라고 하겠는데, 형은 술을 안 마시면 하루도 못 살겠네요."

고혜경 그 말에 동의하세요?

김진규   맞는 것 같아요. 앞으로도 술은 안 끊을 거예요.

고혜경   인간이 보지 말아야 할 비극의 민낯을 보아버린 그 공포를 안
고 살아가는 게 얼마나 힘드실까요? 온몸이 다 아픈 것도 당
연해보여요. 세상 누구도 그 심정을 이해한다 말 못할 거예요.
그 상황은 이해가 됩니다. 그렇지만 술이 뭔지는 한번 생각해
봐요.

술의 신 디오니소스는 두 번 태어난 신이에요. 그의 어머니는
아들을 임신한 채 타 죽어요. 아버지는 그 화염 속에서 살아남
은 태아를 자기 허벅지에 집어넣었고, 그걸 두 번째 자궁 삼아
디오니소스가 태어납니다. 그는 발기발기 찢겨지고 화염에 태
워지는 죽음의 공포가 무엇인지 운명적으로 알고 있지요.

술은 이처럼 인간의 비극이 무언지 내재적으로 알고 있는 디오
니스소스가 발명한 거예요. 서양인들은 술을 '스피릿spirit'이라
부르는데 영이라는 뜻이지요. 이 술이라는 마법은 긴장을 풀어
주고 위계를 없애주고 엑스터시의 비밀을 간직하고 있지만 잘
못 다루면 중독이라는 위험에 빠지게 돼요. 세상의 모든 중독
은 영성의 실패라고 하지요. 내 영혼이 궁극적으로 갈망하는
것이 술에 취해 아픔과 세상을 잊는 것인지, 이 비극적인 상황
에도 불구하고 더 큰 가치를 찾아내고 내 삶의 의미를 발견하
는 것인지 질문해보실 필요가 있습니다.

제가 상담했던 분 중에서 음주 문제가 심각해서 이 때문에 애
인과 헤어지기까지 한 분이 있어요. 근데 요즘은 술 마시면 싫
어하는 사람이 없는데도 술을 안 드세요. 왜 술을 안 마시는지

여쭤봤어요. 그랬더니 예전에는 술을 마셔야 내 안의 답답함을 표현할 수 있었는데, 이제는 그걸 표출할 다른 통로를 찾아서 술 마실 필요가 없어졌대요. 술 말고도 마음에 쌓인 것들을 풀어낼 수 있는 길을 찾은 거지요. 꿈을 계속 살펴보는 것 역시 그런 길 중 하나일 겁니다.

어렵고 힘든 가운데서도 자신의 꿈을 기억해 나눠주신 김진규 선생님께 마지막 말씀 부탁드릴게요. 꿈작업 하는 동안 든 생각도 좋고, 그 외에 하고 싶은 이야기를 해주셔도 좋아요.

김진규 제 꿈이 5·18과 연결되어 있을 수도 있고, 앞으로 살아가면서 다시 이런 꿈을 꿀지도 모르지요. 제발 저런 악몽은 안 꿨으면 좋겠어요.

고혜경 꿈 이야기를 하는 동안에도 꿈이 미세하게 달라지는 경험을 하셨어요. 꿈을 기억해서 말하는 것만으로도 내 안에 말 못했던 뭔가가 표현되면서 내면에서 나름의 작업이 진행돼요. 김 선생님 꿈은 그간 느껴왔던 막연한 두려움과 공포가 무엇인지를 말해주는 것 같은데, 그런 꿈을 기억하는 데는 엄청난 용기가 필요합니다. 예술가들이나 이런 깊은 감정을 모두가 보고 들을 수 있게 표현해주지요. 저에게는 김 선생님 꿈이 뭉크의 그림만큼이나 힘들면서도 강렬하고 뭉클하게 다가왔습니다. 이런 꿈을 기억해주셔서 감사하고요.

우리는 아무리 힘들더라도 대상이 있어야 그 힘듦의 정체를 알수 있어요. 이번에 기억해내주신 이미지가 그러한 대상이겠지요. 대상을 알게 되었으니 이제는 그걸 다룰 수도 있을 겁니다.

더 이상 이런 꿈을 안 꾸었으면 좋겠다고 하셨는데, 제가 확신할 순 없지만 분명 어떤 변화가 있을 거예요.

다른 분들도 마지막으로 하고 싶은 이야기 있으신가요?

윤민석 저는 꿈 이야기를 들을 때 정말 졸린데 참으려고 엄청나게 노력해요. 제가 5·18 때 합동수사본부로 끌려갔는데, 그때 사흘간 저를 안 재우더라고요. 그땐 정말 맞아도 졸립더군요. 다른 어떤 고문보다도 셌어요. 선생님께는 죄송하지만, 그때 생각이 나네요. 잠자리가 바뀌면 절대 잠을 못 자는데, 여기만 오면 왜 이렇게 졸린지 모르겠어요. 지금도 잠 좀 깨려고 말을 하는 거예요.

고혜경 꿈 이야기를 들으면 꿈 주술에 걸린다고 말씀드렸지요. 꿈이 벌이는 일이에요. 고문받던 상황보다 꿈의 강도가 더 센가요? 여러분이 센 분들이라 이런 꿈도 기억하시고, 이런 꿈들이 나와도 버티며 앉아 계시는 거예요. 트라우마를 앓지 않는 분들도 이런 꿈이 나오면 절반은 잠들곤 합니다. 그러니 편히 주무세요. 조는 게 아니라 꿈이 나를 그렇게 만드는 겁니다.

김광현 5주째 접어들면서 꿈이 가벼워졌다는 생각은 들어요. 이전에는 잠자리가 가벼운 적이 없었고 일어나서도 몸이 무겁고 개운치 않았는데, 지금도 몸은 개운치 않지만 마음은 가벼워요. 근데 꿈이 기억 안 나는 건 답답해요. 할 수만 있다면 캠코더로 꿈을 촬영이라도 하고 싶을 정도로요. 내 내면에서 어떤 일이 일어나고 있는지 정말 궁금한데, 꿈이 기억나질 않으니 답답합니다.

고혜경 궁금하다고 말씀해주셔서 신나요. 꿈이 얼마나 오묘한지 맛을 알아가시니 저랑 꿈 친구가 되신 거예요. 수첩을 꼭 머리맡에 두고, 술 드시지 말고 주무세요.

김진규 술을 먹지 말라는 건, 우리더러 죽으라는 말이에요. (웃음)

고혜경 죽지는 마시고 삶이 편하고 가뿐해지도록 조금 참아보자는 얘기예요. 술보다 꿈이 더 맛있다는 걸 여러분도 알게 하고 싶어요. '옴'으로 오늘 작업 매듭지을게요. 수고 많으셨어요.

마음의 소리를 듣는 귀가
열렸으면 좋겠습니다

고혜경 한 주 동안 안녕하셨지요? 다시 뵙게 돼서 반갑습니다. 지난 주에는 모두들 잘 주무셨는지? 꿈 세계는 어떻게 말을 걸어왔 나요?

윤민석 오늘은 제 꿈을 먼저 말씀드릴게요. 생전 안 꾸는 꿈을 꿔서 하 나 적어왔거든요.

고혜경 적극적으로 이야기 꺼내주시니 바로 작업 들어가도록 하겠습 니다. 모두들 윤민석 선생님이 꾼 꿈을 통해 자기 작업을 한다 생각하고 잘 들어주세요.

윤민석 좀 긴 꿈이에요. 이상한 꿈이어서 새벽에 깬 후 잠도 안 자고 적었습니다. 제가 택시 운전을 하다가 식사를 하러 가려고 집 에 전화를 했어요. 저는 지금 혼자 사는데, 꿈에서는 결혼을 했 는지 아내가 있고 전화를 받더라고요. 아내 얼굴은 전혀 안 나 왔고요. 아내가 지금 자기는 집에 없으니 밖에서 밥을 사먹으 라고 하더군요. 가만히 생각해보니 우리 집 옆의 작은집으로 가면 되겠더라고요. 해남의 작은집이 빵 공장을 하셨는데, 그 게 꿈에 나온 것 같아요.

작은집은 공장과 함께 산 높은 데 있어서 그리로 갔어요. 숙모님이 저를 부르시더니, 제 아내가 부실해서 밥도 잘 못 먹는다며 반찬들을 골고루 싸주셨어요. 차 안에 반찬을 두면 냄새 난다며 비닐로 싸고 또 싸서 트렁크에 넣었지요. 제 차는 길가에 잘 주차해두었는데, 공장 물건들을 싣는 탑차가 제 차 옆에 바짝 붙여 주차를 해두고서 공장으로 가더라고요. 저는 공장 사람들과 이야기를 하고 있었지요. 근데 그 탑차 운전사가 일을 보고 나와서는 차에 올라타서 후진을 하는데, 제 차와 부딪치는 바람에 제 차가 언덕 위로 끌려 올라가더라고요. 깜짝 놀라 달려가서는 제 차 뒷부분을 잡았는데 범퍼는 떨어진 채 탑차에 계속 제 차가 끌려갔어요. 탑차 운전사는 무슨 일이 벌어진지도 모른 채 핸들을 꺾고 그냥 가버렸고요. 제 차는 공장 빵 저장고에 뻥 구멍을 내고 돌진해서는 어떤 구멍에 쑥 빠져버렸어요. 택시 회사에 뭐라고 얘기해야 하나, 큰일 났다 싶었지요.
구멍으로 들어갔는데, 차가 안 보여서 한참을 달려갔어요. 그랬더니 천 년 이상은 묵어보이는 큰 고목이 한 그루 서 있고 마을이 보이더군요. 아이들은 평화롭게 놀고 있고, 노인들도 보이고, 아저씨 두 분이 그 고목 아래에서 장기인지 바둑인지를 두고 계셨고요. 차가 굴러 내려왔으면 엄청나게 시끄러웠을 테고 난리가 났어야 하는데, 여긴 왜 이리 조용한가 싶었지요. 그래서 아저씨들께 여쭤봤는데, 제 차를 못 봤다는 거예요. 저쪽에서 무슨 소리가 난 것 같길래, 제가 이곳 지리를 모르니 안내를 해달라고 부탁해서 함께 그리로 갔어요.

한참을 따라가다 보니 계곡이 나오고 옆에 절이 하나 있었어요. 절 입구에 스님 한 분이 서 계시길래, 저를 안내해준 분이 스님한테 "여기 자동차 한 대 굴러오지 않았나요?" 하고 물으셨지요. 스님이 손가락으로 계곡 쪽을 가리키셔서 봤더니, 차가 다 찌그러진 채 반쯤 잠겨 있었어요. 그걸 보고서 혼자 생각했지요. '이 차는 폐차를 해야 되겠구나. 숙모님이 담가준 김치는 물속에 잠겼겠구나. 근데 범인을 알아내야 회사에 보고를 할 텐데.' 그러다가 깼어요.

고혜경 한 편의 드라마 같지 않아요? 긴 꿈이어서 투사하실 때 전체를 한눈에 보려고 하면 감정이입이 어려울 수 있어요. 이중에서 특별히 인상적인 대목에 집중을 해서 그 부분만 이야기해주셔도 돼요. 나한테 일어난 일이라면 내 심정이나 느낌이 어땠을지 생각해보세요. 그 전에 꿈에 대해 질문을 할 수도 있고요.

세상에는 변하는 것과
변하지 않는 것이 있어요

윤민석 제가 교회를 좀 다녔기 때문에 꿈에서는 절 같은 게 잘 안 나오는데, 절도 보고 스님도 봤어요. 쉽게 보기 어려운 큰 나무도 꿈에 나왔고요. 또 하나, 제 꿈에는 언덕이나 산 같은 게 많이 나오는 것 같아요. 여기 와서 말씀드린 꿈에서 모두 높은 데 올라가고 내려가고 하는 이야기가 나오더라고요.

고혜경 꿈에 절이 나온다고 불자가 될 필요는 없습니다. 꿈 세계에서는 기독교인이라고 해서 영적인 자양분을 교회에서만 얻는 게 아니에요. 꿈은 우리의 의식보다 훨씬 상상력이 뛰어나요. 그러니 절이나 스님이 꿈에 나왔다고 해서 스트레스 받을 필요는 없습니다.

우리 선조들은 언덕이나 산 같은 높은 곳을 신령하게 여겼습니다. 하늘과 더 가까워지는 자리이기 때문이지요. 엘리베이터처럼 수직으로 오르내리거나 가파른 경사가 많이 등장하는 꿈은 영적인 이슈를 다룬다고 간주하셔도 좋습니다.

윤 선생님은 이 꿈에서 어떤 부분이 가장 인상적이셨어요?

윤민석 스님이 손가락으로 차를 가리키던 모습과 마을 사람들이 평화롭게 있는 모습이요. 차가 마을에 굴러왔는데도 정자 나무 아래서 사람들이 놀고 있는 게 너무 좋아보였어요. 그 나무는 진짜 오래된 나무 같더라고요. 천 년은 됐겠지 싶은.

고혜경 가지가 굉장히 우거져 있었나 봐요?

윤민석 가지가 벌집처럼 우거져 있었고 밑둥도 컸는데, 마치 노인 얼굴의 곰보 딱지 같은 게 나무에도 있더라고요. 고목이라서 그랬나 봐요. 그 아래에서 사람들이 장기도 두고 아이들이 뛰어놀기도 했고요.

고혜경 조진석 선생님은 이게 본인 꿈이었다면 어떤 느낌이셨을 것 같으세요?

조진석 내용을 보면 윤민석 선생님과 딱 맞아떨어지는 것 같아요. 선생님이 지금 혼자 지내시는데, 짝이 생길 거라는 기대감이 표

210

현된 것 아닐까요? 실제로 제가 옆에서 부추기기도 했고요.
(웃음)

고혜경 잠시만요. 저희는 분석가로서 이 꿈에 접근하는 게 아니에요. 우리가 하는 꿈작업 방식을 기억해주세요. 상대방 꿈에 대해 이야기할 때는 언제나 "내가 혼자 사는 입장이라면 이 꿈이 나한테 이런 이야기를 해주는 것 같아요"라고 일인칭으로 말하는 게 그룹투사 꿈작업에서 꼭 지켜야 하는 원칙이에요.

조진석 그런 뜻으로 말하는 거예요. 주변에서 자꾸 부추기며 여자들을 소개해주면, 나도 이제 여자를 만날 수 있겠다는 기대감이 생길 거 아니에요? 저라면 이런 마음이 '집에 가면 상을 차려놨겠지' 하는 식으로 표현되었겠지요. 근데 아내가 집에 없으니 밖에서 밥을 먹으라는 건 현실과 똑같은 거거든요. 나는 아내가 차려주는 따뜻한 밥상을 받았으면 하는 기대가 있는데, 실제로는 아직 혼자인 거지요.

이 꿈에 나오는 작은집은 트라우마센터 같아요. 여기 오면서 윤민석 선생님 마음이 편안해졌다고 들었거든요. 집에 가도 사람이 없지만 여기 오면 밥 먹고 쉴 수 있다는 느낌이 들었던 거겠지요. 나는 여기에 와서 평화도 얻고 짝꿍도 만나고 싶은데, 탑차가 나타나서 차를 끌고 가는 걸 보면 자꾸 누군가가 방해를 하는 것 같아요. 산도 나오고 차도 물에 빠지고 하는 걸 보면 현실적으로 가정을 꾸리는 데는 난관이 있겠지 싶고요. 이 꿈을 제 꿈으로 생각해보면, 혼자 사는 것도 같이 사는 것도 마음대로 안 되고 해서 그 잠재된 생각들이 꿈으로 나온 것 같아요.

고혜경 꿈에 대한 투사는 실제로 꿈을 꾼 사람과 관련되지 않을 수도 있어요. 오히려 투사를 한 나의 어떤 진실을 말해줄 때가 있지요. 작은집이 트라우마센터 같다는 말은 조 선생님이 트라우마센터를 어떻게 생각하는지 짐작할 수 있게 해주는데요.

윤민석 하긴 센터에서 반찬을 싸다주긴 하셨어요. (모두 웃음)

조진석 고혜경 선생님이 저한테 이렇게 물으신 적이 있어요. "조진석 선생님은 까칠하게 굴면서도 왜 여기에 오십니까?" 제가 어디 가서 제 속엣말을 마구 할 순 없잖아요. 그러면 또라이 취급을 받지요. 근데 트라우마센터에 오면 다른 사람 이야기도 들을 수 있고 제 이야기도 할 수 있어요. 또라이 소리도 안 듣고요. 모두들 귀담아서 제 이야기를 들어주니 여기 오는 거예요. 마찬가지로 윤민석 선생님도 여기 오면 마음이 편해지고 하니 그런 생각을 하시는 게 아닐까요? 꿈은 무의식이고 에너지라고 하셨잖아요.

고혜경 감사합니다. 속엣말 할 수 있는 자리라 마음 열어주셔서. 이제 다시 꿈으로 들어가봐요. 마지막에 스님이 손가락으로 가리킨 곳을 보니 차가 다 깨져 있었잖아요. 그때 심정은 어떠셨나요?

윤민석 아이고, 폐차를 해야겠구나, 그리고 숙모님이 담가주신 김치를 다 버렸겠구나 싶었지요. 범인을 잡아야 되니 형님한테 그 사람이 누군지 알아보려고 공장에 가려다가 깬 거예요.

고혜경 윤 선생님께 작은집은 어떤 곳인가요?

윤민석 제가 어렸을 때 상당히 부잡스러웠는데, 중학교 2학년 때 아버지가 교육 좀 받고 오라고 저를 작은집에 보내셨어요. 할머니가 숟가락을 들기 전에 누가 숟가락을 들었다 하면 바로 그 자리에서 회초리를 맞는 엄격한 집이었지요. 거기서 1년쯤 있었고요.

고혜경 지금 돌이켜본다면 윤 선생님께 그 시절은 어땠나요?

윤민석 거기선 그야말로 서당에서처럼 교육을 받았지요. 제가 그 시절에는 덩치가 컸어요. 인상도 우락부락했고요. 도회지에서 왔다면서 광내고 다녔지요. 당시에 읍내 양복점에서 옷을 한 벌 맞춰 입고 나오는데, 동네 깡패들이 저한테 시비를 걸었어요. 촌놈들이 까분다 하면서 맞받아쳤는데, 10여 명이 한꺼번에 저한테 달려들어서 3개월간 병원에 입원했던 기억이 나네요. 저는 그렇게 천둥벌거숭이 같았지만 작은집은 굉장히 모범적이었어요. 그때 계셨던 형님과 숙모님은 지금 모두 돌아가셨지만요.

고혜경 기본적으로 차가 등장하는 꿈은 관계에 대한 이슈를 다룬다고 했어요. 차는 한곳에서 다른 곳으로 이동할 때 반드시 필요한 수단이에요. 내가 타고 다니지만 내가 차는 아니고, 그런데도 함께 다녀요. 제가 최근에 배우는 게 있는데, 모든 관계에서 제일 중요한 건 나와의 관계, 그다음이 주변 사람과의 관계, 그다음이 일과의 관계래요. 우리는 대부분 에너지 투자를 역순으로 하고 살잖아요. 이게 제 꿈이라면 일차적으로 이런 관계의 순서를 살펴볼 것 같아요. 혹시 윤민석 선생님은 예전에 탑차나 그와 유사한 큰 차를 몰아보신 적이 있나요?

윤민석 예. 시골에서 오리를 키울 때 탑차를 몰아봤지요. 오리를 키운 후 작업해서 배달까지 했거든요.

고혜경 오리 사업은 어떠셨어요?

윤민석 망했지요. (웃음) 조류독감 때문에 농협에 빚만 지고 쫄딱 망했어요.

황성혁 계곡물에 차가 빠져 있었는데, 차보다 김치가 더 아깝던가요?

윤민석 그걸 보는 순간, 김치 생각이 팍 들더라고요.

황성혁 나무 아래서 바둑인가 장기인가를 두고 계신 분은 인상착의가 어땠나요?

윤민석 선하게 생기셨어요. 제가 차에 대해 정중하게 물었을 때 깍듯하게 저보고 따라오라고 하셨지요. 계곡까지 갔는데, 절에 계신 스님이랑도 잘 아는 사이셨던 것 같아요. 스님이 가리키신 계곡은 물이 맑아서 차가 절반쯤 잠겨 있었지만 차체가 찌그러진 것도 보이고 계곡 밑바닥의 돌까지 다 보였어요. 그 맑은 물도 인상적이었지요.

삶은 과거를 떠나보내는
용기를 필요로 합니다

고혜경 이 꿈이 제가 꾼 꿈이라면, 내가 여성들과 맺고 있는 관계를 돌아보도록 해주는 것 같아요. 여기에서 여성이란 아내나 숙모처럼 내 삶에서 어머니 같은 느낌을 주는 이들을 가리킬 수도 있겠지만, 그보다는 내 내면의 여성성과 관련된 것 같아요. 심리적으로 볼 때 인간은 여성이든 남성이든 누구에게나 음적인 부분도 있고 양적인 부분도 있습니다. 이 둘이 조화를 이루는 사람이 건강하고 성숙한 사람이지요. 음의 성질, 즉 여성성의 특질을 보면, 온화하고 수용적이고 애매함을 잘 견뎌내고 감정과 정서를 소중하게 여기면서 현재에 충실해요. 저에게는 이 꿈이 내가 나를 수용하고 돌봐주며 정서적으로 충분히 친밀하게 여기는지를 질문하고 있는 것 같아요. 이는 내 영적인 발전을 위해서도 절대적으로 주요한 요소입니다.

실제로 집에는 아내가 없는데 내가 전화를 하니 바로 연결이 되었잖아요. 꿈에서 저는 아내 얼굴도 몰라요. 이 여인은 내 아내라기보다는 일반적인 아내라고 여겨져요. 내가 상정한 아내의 이미지 같은 거지요. 꿈작업이 나에게 위안을 주고 영적인 공양을 차려주고 나를 기다려주는 이런 내면의 여성성과 다시 만나는 계기가 되지 않았나 싶어요. 그런 면에서 내가 전화를 한 집은 내 가슴에 있는 집이고 여기에 살고 있는 여인과 연결을 시도하는 것 같고요. 이 부분은 꿈작업을 하는 저로서는 신나고 감사해요.

꿈에서 나는 아내와 대화를 나눈 후 바로 작은집으로 가요. 마치 지금은 여기를 가야 한다는 듯. 작은집 숙모님은 엄마를 대신하는 인물 같아요. 김치하고 반찬도 싸주시고 나를 염려해주시고 내 편을 들어주는 사람이에요. 이걸 받아 차에 싣고 집으로 돌아와서 꿈이 끝났더라도 좋았을 텐데, 여기서부터 극적인 드라마가 펼쳐져요.

차에 반찬 냄새가 밸까봐 걱정하듯 반찬들을 꽁꽁 싸서 트렁크에 넣어요. 저는 외국에 음식을 보낼 때 이렇게 포장을 해요. 그렇게 미루어본다면 숙모는 내가 먼 길을 떠난다는 걸 알고 미리 채비를 해주는 것 같아요. 내 안의 여성을 만나 좋은 관계를 확립하는 일은 지난한 작업이니 마음 준비 단단히 하라고 말해주는 듯해요. 동시에 저는 과보호한다는 생각도 들어요. 제가 제 아이한테 음식 보낼 때의 마음이 이렇거든요. 알아서 잘 해먹는데도 괜히 바리바리 싸서 보내고 싶은 유혹이 늘 들어요.

왜 지난한 여정인지는 탑차의 등장으로 알게 되는 것 같아요. 일상에서 탑차는 꽤 사고가 많이 나는 차로 알고 있어요. 운전자에게 차 높이가 잘 가늠되지 않아서 높이 제한이 있는 곳을 그냥 들어가거나 길가에 있는 가로수 가지들을 치어서 사고가 나더라고요. 후진할 때 뒤가 잘 안 보이는 것 또한 탑차의 위험 요소이지요. 마치 이 꿈에 나오는 이미지처럼요. 탑차가 내 차 뒤에 바짝 붙여 주차를 하는 장면은 뭔가 심상찮은 일이 일어날 거라는 긴장감을 조성해요. 이때 왜 나는 쫓아가서 차 좀 빼달라는 이야기를 안 했을까요? 저라면 그랬을 텐데. 아니면 제 차를 미리 빼든지요.

이 작업 초반에 말씀드렸는데 기억하시려나? 접촉 사고 꿈을 설명하면서, 트라우마를 겪는 사람들은 공통적으로 인간관계에서 안전거리를 잘 지키지 못한다고 했어요. 자꾸 곤란한 다툼을 벌이기도 하고, 사람 사이의 거리를 너무 가까이하거나 멀리해서 도리어 외로워지곤 해요. 타인과 성숙한 관계를 맺으려면 나를 보호하면서도 타인과 가깝게 지내는 최적 거리를 유지할 수 있어야 해요. 탑차가 주차된 장면에서는 그 차가 위험할 정도로 내 차와 가까이 있는 데 주목하라고 말해주는 것 같아요. 그런데 저는 다른 걸 하고 있지요. 그래서 역시나 사고가 나고요. 나는 다급해서 범퍼를 잡아보지만 범퍼는 그냥 떨어져버려요. 이미 제 기능을 못하게 되어버렸지요. 이전에 이미 충돌 사고가 많았기 때문인 듯도 해요.

그렇다면 꿈은 왜 나를 작은집으로 데려갈까요? 어쩌면 내가 어렸을 때 천둥벌거숭이라 엄격한 훈육을 위해 작은집에 보내졌던 것처럼, 꿈속의 여성성이 이제 작은집으로 가서 훈련을 받을 때라고 나에게 말해주는 게 아닐까 해요. 탑차가 내 차를 뒤로 밀어붙여요. 나를 밀어붙이는 이미지가 참 꿈다워요. 마치 놀이공원 미끄럼틀 같기도 한데, 이 차는 거꾸로 거슬러 가라고 나를 밀어붙여요. 낮은 데서 떨어뜨리면 충격이 덜할 텐데 높이 밀어 올렸다가 거기서 떨어뜨려요. 꿈이 저한테 스파르타식 훈련을 시키는 것 같아요. 높은 데서 떨어뜨려 살아남은 자만 용사로 키우려는지.

이런 추락은 내 삶에서 여러 번 겪었을 것 같아요. 의도치 않게 끌려들어가서 파산을 겪는 일들요. 오리 농장 운영도 그렇고, 5·18도 이런 유의 사건이 아닌가 해요. 여하튼 이런 방식으로 꿈이 나를 데려가는 자리가 절묘해요. 구멍 속으로 길게 들어가는데 이걸 탄생 이미지라고 해야 할지? 아무튼 근원적인 고향으로 가게 되요.

도착하니 천 년 고목이 있는 평화로운 마을이 펼쳐집니다. 나무 아래에서는 사람들이 바둑이나 장기를 두면서 신선놀음을 해요. 이 마을은 어떤 사건사고가 일어나도 전혀 동요를 안 해요. 그건 고목 때문인 것 같아요. 고목에 박힌 수많은 검은 점들이 눈에 들어오는데, 만일 내가 이 땅에 천 년을 산 나무라고 상상해보면 천 년간 이 땅에서 일어난 수많은 환란과 영광을 다 목격했을 거예요. 역사적 고난의 순간마다 내 둥치에 흔적이 남아서 그 자리가 검은 점이 된 게 아닌가 싶어요. 제가 사는 집 부근에 400살 넘은 나무가 있는데, 저는 그 나무를 볼때마다 네가 바로 역사의 산증인이구나 싶어요. 고목의 풍모를 보면 참 묵묵하고 장엄하지 않아요? 저는 이 마을의 이 나무가 그런 존재로 생각돼요.

그렇게 이 마을 사람의 안내를 받아서 찌그러진 내 차를 발견했을 땐 좀 다른 관점이 생길 것 같아요. '택시 회사에 어떻게 말하지? 범인을 잡아야 할 텐데'라는 현실적 불안은 여전하지만, 그래도 이 마을에서 저는 이 마을 사람들이나 이 나무의 풍모를 알면서 찌그러진 현실을 마주해요. 그래서 폐차를 해야겠다는 판단이 서는 것 같아요.

무릉도원 같은 이상적인 마을에서 비로소 나는 현실을 대면하는 것 같아요. 이 방식이 아니면 용기가 나지 않을 현실일 듯해요. 현 상황은 차를 고쳐 쓰거나 건질 단계가 아니라 폐차를 시켜야 해요. 그런데 차가 땅에 떨어질 수도 있고 바위에 부딪칠수도 있는데 굳이 강물에 빠져 있는 상황을 연상해보면, 내가 찌그러진 채 눈물의 강에 빠져 있었구나 싶어요. 아픈 현실이

— 김기창의 〈장기 두는 노인〉. 나무 아래에서 노인
들이 모여 장기를 두고 있고, 다른 한쪽에서는 소
년이 불을 지펴 물을 끓이고 있다. 나무 너머로 아
스라이 보이는 산들은 이 모든 광경을 따스하게
감싸고 있는 듯하다.

지만 내 상황을 바로 보면 이제 뭔지를 알 수 있더라고요. 제 경우에는 내가 어디 있는지, 왜 이렇게 힘든지 모르고 헤맬 때와는 많이 달랐어요. 내가 부여잡고 있는 과거, 좋았던 어린 시절, 이상화된 어머니조차도 모두 과거의 일이고 옛 관계예요. 지금 나에게는 없는 어머니, 아내, 숙모가 아니라 내 스스로가 나를 챙겨주고 먹여주고 위로해주는 좋은 엄마 노릇을 해야 해요.

이 마을이 내 가슴에 살아 있기에 나는 과거와 현재를 구분할 수 있어요. 마치 내 삶을 탑차 시절, 택시 시절, 이제 또다른 신차 시절로 구획하는 것처럼요. 내가 이 꿈을 기억할 만큼 용감한 사람이니 이 전환도 할 수 있을 거예요.

윤민석 선생님 말씀을 듣고 보니 대충 맞네요. 그동안 제가 걸어온 길을 보여주면서 앞으로는 어떻게 할지를 생각하게 해주는 꿈이에요. 과거에 살아왔던 방식 대신 새로운 길을 모색하면서 살아가라는 뜻이 담겨 있는 것 같아요. 항상 머릿속으로만 이런 생각들이 맴돌면서 갈팡질팡하고 있었는데 그게 꿈에 나타났나 봐요.

고혜경 꿈은 삶에서 지금 이 순간 가장 중요한 정보나 힘을 주고, 해야 할 과제도 분명하게 말해줍니다. 저는 그 마을에 대한 느낌이 묘해요. 잔영이 남아 내내 마음을 떠나지 않을 것 같은데, 내 깊은 곳에 이 험한 세월 내가 깨지고 좌절하고 슬퍼하는 걸 다 지켜본, 그래도 흔들림 없이 평화로운 자리가 있다는 건 놀라운 일이지요. 근데 왜 우리 현실은 이다지도 대조적이지요?

윤민석 저는 지금 시골에 내려가서 전원생활을 하는 걸 갈망하고 있어요. 제가 동물을 키우는 걸 굉장히 좋아해요. 시골에 내려가면 편히 동물도 키울 수 있겠지요. 오리 농장을 운영했을 때, 다른 사람들은 오리 알을 85퍼센트까지밖에 부화 못 시켰는데 저는 98퍼센트까지 부화시켰어요. 사람들이 다 놀랄 정도였어요. 그만큼 애지중지하며 오리들을 시시때때로 점검하면서 신경썼지요.

제가 겉보기엔 우락부락한 상남자 같지만, 실제로는 굉장히 섬세해요. 여자들이 잘하는 설거지도 깔끔하게 하고, 옷가지를 개켜 서랍에 넣더라도 반듯하게 각을 잡아 정리하거든요. 군대에서도 요리하면서 칼질 좀 했고, 음식도 한식, 중식, 분식 모두 다 해봤고요. 제가 여자로 태어났더라면 살림 하나는 똑 부러지게 했을 거예요.

고혜경 혹시 이 꿈에 대해 좀 다르게 접근해보고 싶거나 미흡하게 여겨지는 지점이 있거나 충분히 못한 얘기가 있는 분은 말씀해주세요.

황성혁 이게 제 꿈이었다면, 아내가 밖에서 밥을 사먹고 오라는 얘기는 장가가야 한다는 뜻 같아요. 최근에 윤민석 선생님이 소개팅을 하시기도 했고요. 계곡물에 빠져 있는 차를 보고 하찮은 김치 생각을 먼저 하신 것도 식사와 연관되는데, 아내가 있어야 식사를 하지요.

고혜경 윤민석 선생님은 해남에 가서 깡패한테 얻어터지는 일도 겪으셨고, 5·18처럼 엄청난 고난도 지나오셨어요. 거듭 깨지고 부서졌지만, 마음속에는 평화롭고 이상적인 마음의 고향 같은 부분을 간직하고 계세요. 그래서 살아낼 수 있을까요? 삶이 좀 서럽지 않나요? 우리는 이런 식으로 배워야만 할까요? 그럼에도 이 의연한 나무가 있는 평화로운 마을이 얼마나 힘이 되는지, 이 자리를 잊지 말고 좀더 자주 여기를 방문해야 할까 봐요.

윤민석 꿈에서 스님이 딱 이렇게 한마디 하셨어요. "차가 저렇게 굴러떨어졌는데 사람이 안 다쳐서 정말 다행이다."

고혜경 이 마지막 문장을 기억해내주셔서 정말 감사해요. 꿈이 완결되는 느낌입니다. "너 지금 여기 살아 있어. 이 긴 꿈에서 정말로 중요한 지점은 이거야"라고 방점을 찍어주는 것 같아요. "귀한 숙모 김치도, 차도 못쓰게 망가졌지만 너는 이렇게 건재해."

황성혁 윤민석 선생님은 택시 운전 대신 다른 일을 해보고 싶어하세요. 꿈속에서 차가 망가진 걸 보면 그런 고민과도 관련된 것 같아요.

윤민석 이렇게 선명하게 기억되는 꿈은 처음이에요. 어제는 꿈을 꿨는데도 아침에 일어나서 적으려고 하니 전혀 생각이 안 났거든요. 반면에 이 꿈은 공책에 모두 적지 않았는데도 생생하게 기억되었고요. 원래 이 꿈은 더 길었는데, 중간중간에 기억 안 나는 부분이 있긴 하지만, 이렇게 처음부터 끝까지 기억나는 꿈은 처음이에요. 여기서 꿈작업을 해서 그런가 봐요.

요즘은 주변 사람들과도 꿈에 대해 이런저런 이야기를 나눠요. 선생님께 들은 설명도 말해주고요. 나쁜 꿈, 좋은 꿈이 있는 게 아니라 꿈꾸는 것 자체가 건강하고 좋은 거라고 이야기해주지요.

마음을 나누고,
아픔을 나누고, 꿈을 나누고

고혜경 오늘은 꿈을 기억 못해서 특별 과외가 필요하다고 하셨던 조진
석 선생님이 무의식의 바다에서 꿈을 건져오셨습니다. 미리 오
셔서 트라우마센터분들한테 자랑하셨다는 풍문이 들렸어요.
귀하게 태동한 조 선생님 꿈 이야기를 들어보지요. 오래 기다
리셨습니다.

조진석 새벽에 기분이 좋았어요. 그간 꿈을 기억해야 한다는 게 큰 짐
으로 느껴졌는데, 새벽에 꿈이 기억나니 '오늘 한 건 했구나!'
싶더라고요. 꿈속에 낯익은 사람들이 많이 나왔어요. 트라우마
센터 사람들과 5·18 관련 활동을 하는 사람들, 그리고 가족들
이 있었는데, 모두 웃고 있었어요. 조그만 빨간 소쿠리가 있었
는데, 제가 그걸 만지다가 깨뜨렸어요. 깨진 걸 교체해준다길
래 바꾸다가 잠에서 깼지요. 일어나보니 강아지가 저를 핥고
있던데, 딱 이것만 기억났어요. 그래도 기분이 엄청 좋았어요.
평소에는 면도를 하면 항상 베는데, 오늘은 뻑뻑 물질렀는데도
깨끗하게 면도를 했고요.

고혜경 소쿠리는 어떤 거였나요? 그리고 어느 부분이 깨졌나요?

조진석 구멍이 촘촘히 있어서 물이 빠지는 소쿠리였고요. 바닥이나 옆
이 아니라 굽어 있는 손잡이 쪽이 깨졌어요.

김광현 뻥 뚫린 건가요, 깨진 건가요?

조진석 깨진 거예요.

고혜경 　빨간색이 보였다니 분명 컬러로 꾼 꿈이네요. 그런데 소쿠리만 빨간색이었나요, 손잡이도 빨간색이었나요?

조진석 　소쿠리만 빨간색이었어요.

고혜경 　댁에서 소쿠리는 어떨 때 쓰세요?

조진석 　시골에서 떡을 하면서 쌀을 씻을 때 쓰지요. 배추 같은 걸 씻어 놓기에는 좀 작은 크기였고요. 시골에서 아버지가 배를 타셨는데, 배가 바다로 나가기 전에 큰 깃발을 꽂고 풍어제를 지내요. 그때 쌀을 소쿠리에 씻어 담아놓곤 했지요.

고혜경 　장소는 기억이 나시나요?

조진석 　아니요. 어디였는지 떠올려보려고 해도 잘 모르겠어요.

고혜경 　자기 꿈을 들여다볼 때의 맹점이 많아요. 꿈은 무의식의 언어를 쓰는데 자기 꿈을 보다 보면 의식의 차원에서 꿈의 메시지를 읽는 경우가 종종 생기지요. 하지만 꿈을 함께 나누면 여럿이 서로 다른 눈으로 한 꿈을 보게 되니 다른 시각, 다른 경험, 다른 통찰과 만나게 되고, 이게 꿈꾼 사람에게 도움을 줍니다. 조진석 선생님 꿈을 제가 꾼 꿈으로 상상해보니, 우선 내 주위에서 낯익은 사람들이 웃고 있는 모습이 눈에 들어와요. 트라우마센터분들, 5·18 단체 사람들, 가족들, 이들 모두 현재 나와 가장 가까이 있으면서 함께하는 사람들이라 이들이 한자리에 모여 웃고 있다면 잔치를 벌이거나 뭔가를 크게 축하하는 자리 같아요.

꿈에 등장하는 바구니가 빨간색인 것은 상당히 인상적이에요. 꿈이 하이라이트처럼 바구니로 눈길을 집중하게 해줘요. 빨간

색은 피의 색, 생명의 색, 열정의 색이잖아요. 저는 이 바구니가 생명이자 가능성이며 희망을 나타내는 것 같아요. 특히 이 바구니가 예전에 떡 만들 때 쌀을 씻어 물기를 빼던 바구니잖아요. 풍어제를 할 때 고기를 풍성하게 낚고 무사히 바다에 나갔다 돌아오기를 기원하면서 사람들과 떡을 나누는 장면을 그려보게 돼요. 이 바구니는 그런 풍요로움과 연결되어 있어요. 그래서 꿈의 배경이 잔치인가 봐요. 다시 내 삶을 빨간 열정으로 채색하고 나눌 것이 많은 삶으로 만드는 데 필요한 용기예요.

조진석 사람이란 내 주머니가 빵빵했을 때 나눌 수 있지, 내 주머니가 비면 남의 것을 빼앗아 먹게 되어 있어요. 여유가 있고 마음이 넓은 사람들은 뭔가를 다른 사람과 나눌 줄 안다는데, 저는 그렇지 못하고 늘 조급해요. 황성혁 선생님처럼 유유자적 살아야 마음이 편안한데 말이에요. 저는 어떻게 하면 살을 뺄까 하는 소리 좀 해보고 살았으면 좋겠어요. 죽었다 깨어나도 몸에 살이 안 붙고 설사나 하는 체질이거든요. 저처럼 삐쩍 마른 사람은 성격도 까다롭지요. 이게 제 운명인가 봐요. 저보고 화약고 같다고들 하더라고요. 실실 웃다가도 언제 그랬느냐는 듯 돌변하거든요. 그렇게 보면 저는 평생 못 나누고 살 것 같아요. 제 마음 주머니가 항상 비어 있으니까.

김광현 물질적인 걸 나눠야만 뭔가를 나누는 건 아니지요.

조진석 요즘은 물질 나누는 게 최고예요.

김광현 마음을 나누는 게 더 큰 거예요. 내 아픔을 나눌 수 있는 사람이 좋은 친구이고요. 조진석 선생님은 말은 그렇게 하시지만,

어렵게 일해서 주변 사람들한테 담배 사주고 밥도 사주고 하시지요. 그런 건 마음 없인 못하는 일이에요.

고혜경 조진석 선생님이 저한테는 담배도 밥도 안 사주셨지만 가장 많이 나눠주신 건 웃음이에요. 이 팍팍한 세상에 웃음을 나누는 것만큼 좋은 게 없지요. 웃으면 복이 온다는데 복을 나눠주셨어요, 매번. 저도 과거와 상처의 보따리를 풀어내는 이 자리에 가뿐하게 앉아 있을 내공이 못 됩니다. 무겁고 힘들지만 버티고 있는데, 그럼에도 불구하고 여기 오면 자주 웃어요. 이렇게 소박하게 웃을 수 있는 자리도 많지 않아요. 저에게 이 순간 빨간 소쿠리는 웃음입니다. 웃음, 잔치, 풍요는 신화 공부하는 사람들이 늘 같은 바구니에 담는 잘 어우러지는 조합이지요. 그간 이 소쿠리가 깨져 있어서 제 기능을 못했다는 사실을 발견하는 것도 반가운데 꿈에서 교체까지 이뤄졌어요. 이는 놀라운 순간입니다. 아마 무의식 안에서 이 일을 해내느라 그간 에너지가 필요했을 것이고, 그 변화가 무엇인지 인지될 정도로 의식에 가깝지 않아서 꿈 기억을 못했나 봅니다. 내 삶을 잔치로 만드는 그릇이 깨져 있는 동안에는 풍요로움이 있더라도 내 그릇에 담지 못했을 것이고, 삶이 잔치라는 느낌도 당연히 안 들었을 거예요. 이제 바구니를 고쳤으니 정상적으로 쓸 수 있을 테고, 이 변화는 삶에서도 곧 느끼실 수 있을 겁니다.

김광현 어쨌든 그릇에서는 풍요로움이 느껴져요. 무얼 담는 거니까요. 제 꿈이었다면 기분이 좋을 수밖에 없을 것 같아요. 많은 주변 사람들이 축하해주고 있고, 소쿠리를 교체한다는 건 유공자 등급이 교체되는 걸로 읽히고요.

조진석 감사하모니다. (웃음)

김광현 등급 상향 되면 약 사세요!

조진석 당연히 약 사야지요. 비타민으로요. (모두 웃음)

고혜경 이 꿈에서 다른 게 느껴지는 분 계세요?

윤민석 김광현 선생님 해석이 딱 눈에 들어오네요.

조진석 제가 5·18 당사자잖아요. 근데 김진규 선생님과 저는 등급이 없어요. 기타 희생자 중 연행구금자로 분류되어 있긴 한데 등급을 못 받았지요. 병원에서 검사도 받고 계속 재심 신청을 했는데도 받아들여지질 않았어요. 근데 등급이 교체된다면 반가운 일이지요. 모두들 고맙습니다.

고혜경 저도 그렇게 되기를 기원합니다. 그런데 꿈은 절대로 한 가지만을 이야기하지 않아요. 여러 차원의 것을 동시에 다루지요. 뭔가 힌트를 주기도 하고요. 소쿠리란 게 뭔가를 거르고 받치고 특히 물을 빼는 용도로 사용하는 것이라 신체 기관 중 신장이 연상되기도 해요.

조진석 신장을 말씀하시니까 생각나는 게, 제가 아침에 일어나서 화장실을 얼른 못 가요. 아이들이 화장실을 써요.

고혜경 한 번쯤 검진해보시는 것도 나쁘지 않을 것 같아요. 근데 교체를 했다는 건 좋은 소식이에요. 심각하지는 않을 듯하고요. 오랜만에 조진석 선생님이 낚시질 성공하신 것 축하드립니다. 꿈 내용이 내면에서 엄청난 일을 해내셨다고 확인시켜줘서 더더욱 축하드립니다. 마무리를 위해서 조진석 선생님 말씀을 한번 들어보지요.

조진석 확실히 뭔가를 거를 수 있도록 소쿠리를 교체했다는 게 좋아
요. 5·18 기타 희생자들은 실질적으로 혜택을 못 봤는데, 그게
해결되는 문제랑 접목되는 꿈이었으면 정말 좋겠어요. 그렇게
된다면야 비타민만 살 게 아니지요.

내 안의 소리를 듣는 귀가 열렸으면
그 끈을 놓지 않았으면

황성혁 이 시간 끝나기 전에 제 꿈 이야기 좀 할게요. 지난번에는 멧돼
지 꿈을 꿨는데, 오늘은 흑돼지 꿈을 꿨어요. 처음에는 굵은 돼
지 열한 마리가 산에서 내려왔는데, 그다음에는 최근에 태어
난 새끼 돼지 다섯 마리가 내려왔어요. 굵은 돼지들은 전부 산
으로 다시 올라가버렸고요. 근데 살펴보니까 새끼 돼지가 여섯
마리가 되어 있더라고요. 어미가 새끼 한 마리를 또 낳았나 보
다 했지요. 제가 예전에 양돈을 했어요. 그래서 돼지에 대해서
는 잘 알지요. 새끼 낳는 것도 많이 봤고요.
근데 어미 돼지가 다가와서는 새끼 돼지를 덜컥 삼키더라고요.
씹어 먹는 게 아니라 통째로 삼켜서 자기 배에 담는 거예요. 또
다른 새끼 돼지 한 마리가 얼쩡얼쩡 어미 입 주위에서 놀고 있
는데, 이걸 어미 돼지가 삼켜버릴까봐 불안하더군요. 그래서 막
대기로 어미 돼지의 머리와 목을 쳤어요. 근데 도망을 안 가길

래 다시 나무 망치로 때렸어요. 펑 소리가 날 정도로요. 어미 돼
지가 놀라서 저를 쳐다보는데, 저에게 달려들 것 같더군요. 제
가 시선을 떼니까 막 저에게 달려왔어요. 그래서 도망갔지요.

윤민석 도망은 가지던가요?

황성혁 잘 도망갔어요. 돼지가 흙먼지를 날리면서 시골 돌담을 끼고
달려오더라고요. 저는 길로 막 뛰어가다가 이웃집 대문을 열고
들어가서 그때까지 돼지가 쫓아오면 나무에 올라가려고 마음
먹고 있었어요. 돼지는 나무를 못 타니까요. 그런데 돼지가 안
따라오더군요. 그러고서 꿈에서 깼어요.

고혜경 안 따라오니 싱겁지 않으셨어요?

김광현 돼지가 오면 "오냐!" 하고 보듬고서 뽀뽀를 하고, 그러고서 복
권을 사야지요! (웃음)

고혜경 도인의 경지에 이른 사람이나 꿈에서 돼지한테 뽀뽀를 할 수
있을 거예요. 황성혁 선생님 꿈을 이전 꿈과 비교해보면, 멧돼
지에서 집돼지로 바뀐 게 먼저 눈에 들어오네요. 꿈들이 연속
적으로 이어지는 돼지 시리즈예요. 이럴 때 꿈이 어떻게 진화
하는지 관찰할 수 있어요. 그러니 꿈의 변화에 주목해봐요.
예전 꿈에 나왔던 셰퍼드나 멧돼지에 비해 집돼지는 내가 감당
하기 훨씬 수월한 짐승이에요. 내가 양돈을 해본 사람이라면 더
욱 그렇겠지요. 돼지는 옛날 옛적에 자연에 살던 짐승이었어요.
서서히 인간이 길을 들여서 집에서 사육이 가능해졌지요. 이 꿈
이 재미있는 대목이 바로 이 지점인데, 인류 역사에서 이루어낸
일을 개인의 꿈에서 되풀이하고 있어요. 내면 작업을 통해 인간

— 북유럽 신화에 등장하는 프레이르는 신의 손에조
차 길들여질 것 같지 않은 멧돼지를 거느리고 다
닌다. 이 멧돼지의 이름은 굴린부르스티로, 황금
갈기를 휘날리며 하늘과 물속을 날아다닌다.

의 야성적 본능을 다룰 때도 이와 유사한 방식으로 진행됩니다. 야생 그대로일 때의 엄청난 파괴력을 마주하고 싸울 힘을 기르면서 점차 이를 감당해내는 법을 배워가요. 이 변화가 양측에서 동시에 이루어지는데, 돼지에게서는 점차 야성이 빠져나가는 반면 나는 돼지를 상대할 줄 아는 점점 강한 사람이 되어가요. 제 꿈이라 생각할 때, 꿈이 시작되는 장면부터 재미있어요. 지난번에는 산으로 올라가서 돼지를 만났는데, 이번에는 돼지가 산에서 내려와요. 이미 에너지의 흐름이 바뀌었어요.

이 변화를 이번 꿈 안에서 또 보여줘요. 먼저 큰 놈들이 내려왔다가 뚱뚱한 놈들은 산으로 올라가버리고 작은 놈들만 남겨져요. 마치 에너지가 새끼를 치는 것 같은데, 이번에는 내가 다룰 수 있는 크기예요. 이 와중에 꿈이 시연까지 해줘요. 어미가 새끼를 삼키는 장면이에요. 우리 본능도 이렇지 않나요? 본능 에너지가 강하면 나를 통째로 삼켜버리잖아요. 그러면 짐승하고 똑같은 사람이 되는 거지요. 옛이야기 영웅들은 한결같이 이 힘을 길들여요. 본능과 잘 지내는 방법을 터득해요. 좀 전에 김광현 선생님이 농담으로 돼지와 뽀뽀하라고 하셨는데 사실 그건 꿈속에서 해냈다면 대단히 영웅적인 행동이지요.

꿈속에서 나는 약자를 보호하기 위해 큰 놈한테 덤벼요. 옛이야기에 나오는 전형적인 영웅의 모습이 이런 거잖아요. 이 과정에서 차츰 내 힘의 크기를 알아갈 것 같아요. 내 손안에 들어오는 무기도 점차 정교해져요. 도망가지 않고 용기를 내기 때문에 이런 일이 가능해 보입니다. 처음에는 막대기를 들고 대적하는데, 이게 나무 망치로 바뀌고 마침내 큰소리가 나게 때리기까지 해요. 돼지 몸 중에서 특히 머리와 목을 가격하는데, 그러려면 정면에서 맞서 싸워야 가능할 듯해요.

저는 주먹 싸움을 해본 적이 별로 없어서 이와 유사한 경험을 빗대어 말씀드리자면, 길거리에서 하는 두더지 게임이 이렇더라고요. 구멍에서 튀어나오는 두더지 머리를 마구 때리는, 우아하진 않지만 재미있는 게임 있잖아요. 내 공격적인 힘을 안전하게 표현하면서 내 순발력이 얼마나 뛰어난지 시험하고, 무엇보다도 내가 꽤 센 놈이라는 힘자랑을 하는 게임이지요. 그런데 꿈만 할 수 있는 묘미가 바로 다음에 등장해요. 내가 한순간 '아차!' 하고 겁을 먹어요. 순간 돼지한테서 눈을 떼는데 이놈이 나에게 달려들어요. 그리고 나는 도망을 치지요. 어릴 때 내가 셰퍼드와 대적했던 장면을 되풀이하는 것 같지 않으세요? 저라면 내가 아주 센 놈을 만났을 때 이런 패턴을 반복하지 않나 생각해볼 거예요.

제가 여자이지만 전형적인 남자 꿈인 이 꿈을 내 꿈으로 만들어볼 때, 이 꿈은 "네가 두렵기 때문에 용기가 필요한 거야"라는 교훈을 말해주는 것 같아요. 저는 센 게 닥치면 우선 도망치려 하거든요. 이 나이가 되어서야 도망가는 게 좋은 전략이 아니라는 걸 알게 되어서 죽기 아니면 까무러치기로 이 악물고 한번 덤벼보자 생각해요. 그러다 보면 나도 꽤 센 사람이라는 걸 알게 되더라고요.

황성혁 그런데 돼지는 다산을 뜻하지 않나요?

고혜경 다산, 지혜, 풍요 같은 것들은 모두 돼지와 연관됩니다. 그런데 이런 건 주로 암돼지를 통해 나타나지요. 황 선생님 꿈에 등장하는 돼지는 수돼지 같아요.

모든 꿈이 언제나 그렇기는 하지만, 오늘 꿈은 특히 힘과 지혜를 주는 꿈 같아요. 작업이 진행되는 과정에 점차 더 힘든 꿈들이 나오지 않을까 염려했는데 다행이고 반가워요. 저도 힘을 많이 받아요. 마무리하기 전에 하고 싶은 이야기가 있으신 분은 말씀해주세요.

김광현 윤민석 선생님처럼 꿈이 좀 생생하게 기억났으면 좋겠어요. 꿈을 꾼 것 같긴 한데 기억이 안 나니 찜찜해요. 며칠 전에는 꿈에서 조진석 선생님을 봤다가 헤어졌던 것 같은데, 잠에서 깨어나서는 어떻게 본 건지 기억이 안 나요. 그래도 다행인 건 지금은 꿈에 시달리지 않는다는 거예요. 내면에 있는 걸 끄집어내는 게 쉬운 일이 아닌데, 이 작업을 하면서 마음이 열리고 좀 밝아진 기분도 들고요. 여기 오길 잘했다는 생각이 들어요. 내 경험을 그대로 이야기하면서 나누는 것도 좋고요.

고혜경 꿈에서 조진석 선생님을 보셨다고 했는데, 그런 아주 짧은 꿈의 파편이라도 기록을 해보세요. 작은 파편으로도 길게는 몇 시간씩 작업이 가능합니다.

조진석 저도 시간이 지날수록 여기 참여하길 잘했다는 생각이 들어요. 고혜경 선생님 이야기에 대해서 가끔 이해가 안 된다고 말하면서도 표현 못하겠는 뭔가를 느끼긴 하거든요. 내 경험을 여기에서는 편히 이야기할 수 있어요. 이런 게 계속되어서 트라우마센터가 앞으로도 잘 자리 잡았으면 좋겠어요.

윤민석 전에는 주로 안 좋은 꿈을 많이 꿨어요. 고문을 당하거나 교도
소에 있거나 하는 꿈이지요. 그런 꿈을 꾼 날은 기분이 굉장히
나빠요. 일상을 조심하게 되면서 생활에 지장이 많았지요. 근
데 꿈작업을 하면서는 나쁜 꿈을 안 꾸고 묘한 꿈이 꿔져요. 생
전 안 꾸던 꿈이에요. 일어나서 꿈을 공책에 적기도 하고요. 꿈
도 나에게 굉장히 중요한 이슈가 되겠다는 생각이 들었어요.
앞으로 꿈 때문에 불안해하는 사람들에게 이 작업을 보급하고
싶습니다. (모두 웃음)

고혜경 여러분 모두 내 안의 소리를 듣는 귀가 열렸으면, 그리고 그 끈
을 놓치 않았으면 합니다. 오늘 꿈에 등장한 작은집이 트라우
마센터 같다고 하셨던 말씀 참 감동적이었어요. 이런 꿈 판이
펼쳐질 수 있도록 장을 만들어주신 트라우마센터분들께 감사
드리고, 이 판을 풍요로운 꿈으로 채워주신 여러분께도 감사드
려요. 매번 호락호락하지는 않지만 마칠 때는 뭉클한 감동 가
득 품고 갑니다. '옴'으로 특별한 장 마감하겠습니다.

인간은 강한 존재가 아니지만

함께할 때

견딜 수 있습니다

고혜경 지난주에 나눈 윤민석 선생님과 조진석 선생님의 꿈은 우리 모두에게 큰 힘을 실어주었습니다. 첫 주에 이 작업은 우리가 한 배를 타고 함께하는 여정이라고 말씀드렸던 것 기억하시나요? 매주 우리는 한 사람 한 사람의 꿈이 달라지는 과정을 목격하고 있습니다. 이 변화는 이 자리를 함께하는 여러분의 에너지가 서로 어우러져서 가능했다는 점을 기억하시기 바라요.

여기 계신 여러분은 5·18이라는 공통의 상처를 가지고 있습니다. 하지만 그 상처가 표출되는 양식은 저마다 다르지요. 각자의 꿈이 다르듯 상처의 모양새나 삶에 대한 고뇌와 염원도 다르지만, 그럼에도 불구하고 서로 연결된 지점이 있어요. 저는 그게 상처의 깊이가 아닐까 싶습니다. 첫날 보신 빙산 이미지를 떠올려보세요. 아래로 깊이 들어갈수록 우리는 하나로 이어져 있습니다. 그렇지만 삶에서 이런 차원의 깊은 연결을 느낄 수 있는 체험은 드물어요. 그래서 이 자리도 귀하고 여러분도 소중합니다.

김진규 선생님, 지난 한 주 꿈 세계는 어떻게 말을 걸어왔나요?

김진규 저는 잠을 안 자니까 꿈을 꿀 여유가 없습니다. 새벽 1시부터 4시까지 프리미엄리그 축구를 봐요. 해외 축구를 보려면 잠을 못 자요. 요즘 축구와 야구에 미쳐서 보이는 게 없습니다. (웃음)

고혜경 미치도록 재미있는 게 있으시다니 부러워요. 머리만 나온 채 여자가 피 흘리는 꿈은 더 안 꾸셨어요?

김진규 굉장히 힘들 때나 그 꿈을 꿔요. 보통 4월에 시작되어서 7~8월 까지 그런 꿈을 꾸지요.

고혜경 5월이 가까워져요. 무의식이 기념일을 잊지 않는다는 사실을 상기하면 꿈 세계에 어떤 식이든 5월이 표현되리라 예측됩니 다. 그런데 지금 현재가 중요하다는 점을 반드시 기억해주세 요. 더 이상 꿈에 시달리진 않잖아요. 이런 자리가 만들어졌으 니 올 5월의 꿈은 어떨지 저도 궁금합니다. 나는 이때가 되면 응당 이런 꿈을 꾼다는 예측도 이젠 달라져야 하지 않을까요?

김진규 그렇지는 않은 것 같은데요.

고혜경 꿈을 예측하는 건 별 도움이 안 돼요. 지금의 문제도 산적해 있 는데 일어나지 않은 일까지 생각해서 미리 머리 아플 필요는 없어요. 끔찍한 꿈을 꾸면 작업을 하면 되고, 예전 같은 무서운 꿈을 안 꾸면 안 시달리니 좋고. 이제 우리는 자는 동안 벌어지 는 모든 일들에 대해 무방비 상태가 아니에요. 어떻게 다루는 지 좀 아니까 이제는 닥치더라도 다시 작업하면 된다, 이런 태 도가 든든하지 않으세요?

처음 우리가 꿈작업을 시작했을 때는 악몽에 시달려서 자는 걸 무서워했어요. 근데 지금은 아무도 그 상태는 아니에요. 꿈 자체가 스트레스는 아니잖아요? 그게 바로 오늘의 현실입니다. 저는 5월이 다가오는 만큼 이 작업을 8주 만에 종결할 게 아니라 좀더 연장해야 하지 않을까 고민을 했어요. 그런데 지난주 작업을 하면서 안심도 되었고 계획대로 진행해도 되겠다 싶었습니다. 이런 말 미리 하면 안 되는데……. 갑자기 뒷꼭지가 근질근질한데요. 아무튼 그렇습니다.

상처를 치유하는 힘도 내 안에 있어요
내 꿈을 믿으세요

고혜경 지난번에 꿈을 나눠주신 조진석 선생님은 이후에 어떠셨어요?

조진석 꿈에 너무 신경을 써서 그런지 꿈이란 놈이 숨어버린 것 같아요. 오늘도 꿈이 생각나면 써두려고 했는데, 생각이 안 나니까 답답하고 속상해서 수첩이랑 볼펜도 치워버렸어요.

고혜경 그래도 꿈 친구 하실 거지요? 조 선생님 수사법에 저도 익숙해져가요.

조진석 분명히 꿈을 꾸긴 해요. 전 같으면 보이지 않는 뭔가가 숨막히게 나를 짓누르거나 무서워서 악을 쓰면 소리가 안 나온다거나 했겠지요. 지금은 짓눌리고 아프다는 느낌은 드는데 발버둥을 치거나 악을 쓰진 않아요. 꿈작업이 일단은 좋게 와 닿았다는 생각이 들어요.

개인적으론 요즘 컨디션이 좋지 않아요. 마음이 산만하고 우울하기도 해요. 제 나름대로 평가해보면, 트라우마센터에 오면서 부터 감정이 들끓는 건 많이 줄었어요. 근데 꿈작업을 하다 보면 옛 기억들을 끄집어내게 되고, 그러다 보면 이게 꿈인지 현실인지 모를 정도로 거기에 빠져들어서 생각을 하게 됩니다.

예를 하나 들어볼게요. 제가 초등학교 다닐 때 교회에 정말 열심히 다녔어요. 열혈 신자였지요. 신약 성서를 다 외울 정도로요. 신약을 외운 후에 구약으로 넘어갔는데, 신약의 마태복음에서 나온 이야기와 구약의 창세기에 나온 이야기가 서로 배치되는 거예요. 그 어린 나이에 그런 생각을 한 것도 신기하지요? 전도사님께 여쭤봤더니, 믿음이 없으니까 의문이 생긴다고 하시더군요. 시간이 좀 지나서도 계속 의문이 안 풀려서 목사님께 여쭤봤더니, 내 안에 악마가 있으니까 그렇다며 하나님 말씀을 무조건 믿어야지 왜 그걸 다르게 보느냐고 하셨어요. 어긋나는 이야기들을 인정하며 설명해주길 바랐는데, 그게 안 되더라고요. 세월이 좀 흘러서 5·18 이후에도 교회에 다녔는데, 그 교회 목사님께 여쭤봐도 답을 못하셨어요. 이상한 이야기나 하시고 내가 알고 싶은 답은 못 주시는 거예요. 그래서 교회를 그만 다니게 됐지요.

그때 집에 불교 책이 있어서 좀 살펴보기도 했는데, 좋은 이야기가 많았어요. 근데 그 책을 교인들이 보고서는 찢어버렸어요. 다른 종교와 관련된 책이라도 그러면 안 될 텐데 말이에요. 제가 절에 다닌 것도 아니고 그저 책 좀 본 건데. 그러면서 종교나 신앙에 대한 신뢰를 잃게 됐지요.

트라우마센터에서 작업을 하다 보면 이런 옛날 일들이 자꾸 떠올라요. 그럼에도 불구하고 센터에 와서 제가 변하긴 했어요. 욱하는 성질이 수그러들었고, 전 같으면 딴지나 걸었을 텐데 지금은 믿어야 하지 않을까 하는 마음이 생기기도 하고요. 조금이나마 긍정적으로 돌아섰다고 할까요. 그런 면에서 트라우마센터는 저 죽을 때까지 있어야 해요.

고혜경 이런 자리는 광주에 있는 모든 사람이 트라우마에서 벗어날 때까지 있어야지요. 저도 거기에 동의합니다. 옛 생각들 많이 나시지요? 제가 상담 일을 하다 보니 사람들에게 늘 듣는 불평이에요. 뚜껑 닫고 살 땐 그나마 편한 게 있었는데, 열고 보니 안 보고 싶었던 것, 기억도 못하던 것이 다 올라와서 마음 복잡하다고요. 덮어놓고 사는 게 좋지 않다는 걸 30년 이상 겪으셨잖아요. 여러분이 산증인이에요. 그게 잘사는 방법이면 그러고 살지요. 그런데 쉽지 않는 삶이란 말이에요. 이런 작업 힘드시지요? 그래도 내 안에 눌리고 둔감해지고 죽어 있던 것들을 살려내려고 나타나는 현상이라 생각하면서 견뎌달라는 부탁밖에 못 드립니다.

조진석 선생님이 종교 생활에서 그런 일들을 겪으셨다니, 어린 아이가 성서를 읽으면서 온갖 의문을 제기한다는 건 그런 세계에 관심을 가지고 진지하게 고민하고 있다는 말인데, 교육적으로 바람직하지 못한 경험을 하셨네요. 호기심에 찬물을 끼얹는 행위는 나쁜 거예요. 신앙 문제를 포함해서요. 저는 좋은 종교와 나쁜 종교를 가늠할 능력은 안 되지만, 종교를 믿는 태도에

는 바른 자세가 있다고 생각합니다. 좋은 종교라 하더라도 미
신처럼 믿는 신앙인들이 많더라고요. 믿으면서 점점 더 편협해
진다면 그건 바른 신앙 생활이 아닐 거예요.

여기 계신 분들은 종교에 대한 갈망이 누구보다 크시지 않을까
싶어요. 인간의 한계상황을 온몸으로 겪은 분들이니까요. 그에
대한 가장 근원적인 질문이 종교에 담겨 있지 않나요? 조 선생
님이 고민하는 지점도 이 영역이 아닐까 짐작해봅니다. 그렇다
보니 예전 상처가 딸려 올라왔을 것 같아요. 트라우마는 종교나
영성과는 뗄 수 없는 관계에 있다고 생각합니다. 궁극적인 의미
나 가치 같은 것들은 종교가 다뤄왔던 영역인데, 쉽게 말하자면
트라우마는 신과의 관계에 커다란 장애물이 생긴 것입니다. 조
선생님 말씀이 우리에게 이런 화두를 던져주는 듯해요.

5·18과 트라우마를 분리하자고 했어요. 그렇지 않으면 여전히
과거가 전체 삶을 지배할 거예요. 5·18은 역사적 비극입니다.
지나간 역사는 바꿀 수 없어요. 역사가 내 현재와 미래를 담보
잡도록 놔둘 수 없기에 5·18은 두고 내 트라우마를 다루자는
거예요. 그렇지만 여전히 세상이 원망스러우시지요?

홀로코스트가 왜 일어났지? 신이 있다면 어떻게 이런 일이 있
을 수 있을까? 나이 들면서 배우는 건데, 삶에서 왜라는 질문
에는 답이 없을 때가 더 많더라고요. 분명한 것은 답이 안 찾
아져도 살아야 한다는 사실뿐이었어요. 트라우마를 갖고 30년
넘게 산다는 것은 정말 가혹해요. 불안하고 미칠 것 같고 무섭
고 우울한 삶입니다. 여러분을 만나면서, 상처는 개개인을 넘

어서는 역사적인 크기인데 치료는 이루어지지 않으니 각자 겪는 고통의 깊이가 어느 정도일까 생각하게 돼요. 이를 방치하는 우리 사회는 잔인합니다.

상처를 빨리 다루고 싶으시지요? 한 방에 해결하는 비법이 세상에 존재할지 모르겠어요. 상처가 아물더라도 각자 안고 가야 하는 부분이 있을 거예요. 지금 이 짐은 혼자 질 수 없는 무게라는 걸 인정하는 것, 그게 제일 중요해요. 내가 허덕이는 게 내 잘못만은 아니야. 이런 걸 여기 계신 분들은 설명 안 해도 공감하시잖아요. 같은 무게의 상처가 있는 사람들이 서로를 봐주고 서로의 이야기를 들어주다 보면 뭔가가 일어나지 않겠어요?

제가 엄청난 일을 할 수 있는 사람은 아니에요. 다만 제가 말씀 드릴 수 있는 건, 내 깊은 속내, 꿈 거울에 비친 모습을 같이 보자는 정도예요. 잘 보면 꿈이 전해주고 싶어하는 실마리를 찾을 수 있을지 모르잖아요. 상처를 비추어 객관적으로 바라보면서 그 안에 이런 세월 견뎌내게 해준 엄청난 힘이 있다는 걸 알아차려서 내가 힘이 있는 존재라는 걸 알아갔으면 좋겠어요. 개인의 무게가 아니니 같이 보고 같이 찾자는 거예요.

조진석 선생님 말씀을 듣다 보면 제가 극심한 고통을 겪어오긴 했지만 그럼에도 불구하고 스스로를 잘 다스려야 한다는 생각이 들어요. 사실 그래야 한다는 걸 알고는 있지요. 그게 잘 안 되고 인정을 못하는 게 문제이지만요. 감정적으로 확 폭발할 때도 있지만, 그렇다고 내 스스로를 다스리는 걸 그리 못해오진 않았어요. 근데 자기자신을 잘 다스려야 한다고 생각하니까, 괜스

레 불안해지고 도리어 그 방법을 잘 모르겠을 때가 있어요. 사람이 숨쉬는 건 누구한테 배우지 않아도 다 알잖아요. 근데 이러저러한 방식으로 숨을 쉬어야 좋다고 하면 도리어 헤맬 수 있지요. 그런 느낌이에요. 좋게좋게 생각해야 하는데 제가 워낙 변덕스러운 것도 문제고요. (웃음)

고혜경 다들 절박한 만큼 기대치도 높으시지요? 가시적인 변화가 피부로 느껴지면 좋을 텐데 그렇지는 않고요? 뭔가 달라지긴 했을 텐데 말이에요.

조진석 맞아요.

고혜경 제가 여러분에게 제시할 지름길을 알고 있었으면 좋겠어요. 그런데 제가 알기론 그런 길은 없어요. 저는 보조자나 안내자 역할을 할 따름이고, 진정한 힘이나 치유의 비밀은 여러분 안에 있다는 사실을 기억하도록 도와줄 뿐입니다. 제가 좋은 조력자라면 외부의 도움을 받지 않아도 되게 여러분을 도와줄 수 있어야 해요. 저를 믿지 말고 여러분 꿈을 믿으세요.

윤민석 선생님은 한 주 동안 꿈 많이 꾸셨는지 궁금하네요.

윤민석 요즘은 조금 힘들게 일을 해서 그런지 꿈이 잘 안 꿔져요. 이전에 꿨던 꿈을 하나 말씀드릴게요. 배를 타고 가는데, 평소에는 잠잠하던 바다에서 집채만 한 파도가 배 위로 몰아쳐오더라고요. 그렇게 파도가 들이치면 배가 가라앉아버릴 것처럼 휘청이다가 파도가 지나가면 다시 배가 붕 떠올랐어요. 파도가 얼마나 거센지 사람들이 이리저리 흔들리고 비명 소리가 나고 난리가 났지요. 모두들 큰 식당에 모여 있었는데 선실 밖으로 나가서 바다를 살펴보며 걱정을 했고, 저도 구명조끼를 챙겨 입고서 불안해하고 있었어요.

근데 기관장 밑에서 일하는 조기장이 와서는 요리사더러 사람들에게 밥을 해주라고 하더군요. 요리사는 배가 이렇게 흔들리는 상태에서는 밥을 차릴 수 없으니 파도가 잠잠해지면 밥을 먹자고 했고요. 그랬더니 조기장이 요리사를 막 두들겨 팼어요. 피가 나도록 맞는데, 상관이라서 그런지 요리사는 가만히 맞고 있었고요. 보다 못해 도저히 안 되겠어서 제가 조기장을 제지했어요. 예전에는 꿈속에서 이럴 때 손발이 말을 안 들었는데, 이번에는 되더라고요. 조기장을 탁 잡고서 때리지 말라고 훈계했지요. 그러고는 폼나게 조기장을 처버렸어요. 그러다가 파도가 쳐서 둘이 식당에서 뒹굴었고요.

파도가 너무 많이 치길래 아무래도 안 되겠어서 저는 밖으로 나갔어요. 배에서 뛰어내려볼 생각이었지요. 사람들 몇몇이 저를 따라왔고요. 그러다가 파도에 휩쓸려서 제가 바다로 빠져버렸어요. 식당에 있을걸, 괜히 나와서 바다에 떨어졌지요. 그러고서 꿈에서 깨버렸어요.

고혜경 윤 선생님이 안고 뒹굴던 조기장은 어떻게 됐어요?

윤민석 어디로 갔는지 모르겠어요. 제가 바로 식당에서 나왔으니까요.

고혜경 배는 뒤집어졌나요?

윤민석 안 뒤집어졌어요. 그냥 밖에 나온 사람들만 파도에 휩쓸려간 거지요.

고혜경 이게 제 꿈이라면, 나는 엄청난 격랑 속에 있어요. 다급하고 불안해요. 지금은 냉철하게 판단하고 구조를 위해 매진할 때입니다. 제가 이 꿈을 꾸었으면 이 혼란을 감당하느라 여지가 없어서 들어오지 않았을 내용인데, 내 꿈이라고 상상해볼 여지가 있으니 선명하게 부각되는 게 있어요. 이 배에 선장이 없다는 사실이에요. 리더십 부재가 두드러지지요. 그러면 배만 우왕좌왕하는 게 아니라 나도 흔들리고 불안정해져요. 식당에 왔다 갑판에 갔다 하지만 아무런 도움의 손길이 없어요.

이 꿈이 보여준 장면들은 하루 아침에 일어난 상황은 아닐 거예요. 언제부터 이런 느낌이었을까 질문하자, 내 어린 시절의 선장인 아버지는 어떤 사람이었을지 의문이 생겨요. 심리적으로 아버지가 부재하면 나는 난파선을 타고 세상에 나가는 느낌일 것 같아요. 질서나 규율이 작동 안 하고 나를 지켜주는 사람도 없어요. 내 아버지든 이 사회의 아버지든 내가 경험한 남성 리더십이 이런 거구나 싶어요.

이런 상황에서 밥하라는 조기장은 제가 만난 전형적인 남성 리더의 모습 같아요. 참 뜬금없어요. 자기 주장만 중요해요. 시간표에 따르면 밥 먹을 시간일지도 모르겠네요. 아무것도 안 보이는 근시안에다가 대단히 편집증적이에요. 제가 5·18 당사자의 입장이 되어볼 때, 그간 이 사회의 리더라는 사람들이 이랬을 것 같아요. 그런데 지금 중요한 것은 내 안에도 조기장이 살고 있다는 점이에요. 사회의 조기장들이 나를 외롭고 억울하고 미치게 만들었듯이 내가 나한테 이러고 있어요. 조기장으로서의 나는 주변이나 전체와 완전히 단절되어 있습니다. 규칙만

신봉해요. 이게 도전을 받자 광적인 반응이 나와요. 요리사에게 폭력을 쓰는데, 저는 이 요리사가 나의 또다른 모습 같아요. 과하게 수동적이고 폭력 앞에서 무기력해요.

이 지점에 분노하고 상황에 개입하는 내가 있어서 다행이에요. 조기장을 제지하고 밀쳐버리는데 속이 다 시원해요. 이 순간 예전에는 손발이 안 움직였는데, 이번에는 손발이 움직이고 폭력을 제지할 수도 있어요. 분명 상황이 달라졌어요. 발이 안 떨어지고 주먹이 안 나가던 예전의 나였다면 멋있게 행동하는 사나이가 되고자 속으로만 되뇌었을 것 같아요. 그런 의미에서도 나는 요리사였어요.

이 꿈은 전형적인 남성 꿈이에요. 힘이 지배하는 사회에 사는 남성의 애환을 청사진처럼 보여줘요. 지난번에 음적인 특질을 이야기했지요. 여성성이 건강하게 작동하지 않는 사회의 남성은 이런 모습이에요. 감정 조절이 불가능하니 끝없이 가라앉았다가 갑자기 위로 떠올라 요동치는 배가 내 감정의 상태예요. 그러니 어디서 평화를 찾겠습니까?

새로운 공동체를 만들기 위해
첫 삽을 떠요

박민태 저는 어젯밤에 뱀과 무덤, 바다가 나오는 꿈을 꿨어요. 커다란 무덤이 있었어요. 왕릉만큼 크진 않았지만, 끗발 있는 사람 무

덤으로 보였지요. 묏등에 잔디는 없이 흙만 있었고요. 아는 사
람들 여럿이 그 무덤을 파헤쳤는데, 제가 삽을 들고 무덤을 찌
르니까 이상한 게 하나 딱 걸리더라고요. 송장인가 싶어서 살
펴봤는데, 넓직한 돌이 있고 한가운데 금이 가 있었고 그 금 속
으로 제가 삽을 푹 넣었어요. 콱 찍었지요. 그랬더니 꺼먼 발이
하나 나와서 꿈틀대더라고요. 양말을 신고 있는 발이었어요.
송장일 텐데 안 죽은 건가 싶었지요. 살아 있다는 느낌이 들었
는데, 하긴 꿈이니까 이런 일도 벌어지겠네요. (웃음)

고혜경 꿈 이야기가 계속 이어질 것 같은데요. 오늘은 이 꿈으로 함께
작업을 해보면 좋겠네요. 내가 이 꿈을 꾸었다면 어떨지 생각
하면서 들어주세요.

박민태 그러다가 놔두고 내려와서 땅을 팠는데, 꺼먼 뱀들이 있더라고
요. 근데 제가 다시 보니 빨간 뱀이 보여요. 머리랑 꼬리는 안
보이고 몸통만 보였어요.

황성혁 능담이었나 보네요.

박민태 예. 능담이 뱀의 왕이잖아요. 남의 꼬리는 다 잘라버리는 뱀이
지요. 옆에 있던, 검은 모자를 쓴 분이 주변을 파니까 새끼가
같이 나오더라고요. 근데 그분이 뱀 새끼가 진짜 몸에 좋다면
서 후루룩 먹어버리더군요. 이건 태몽일까요? (웃음) 여튼 뱀
새끼를 먹다니, 몹쓸 사람이지요. 산 채로 먹었으니 저게 다시
꾸물꾸물 속에서 올라올 텐데 싶었어요.
그러고서 해남 매형 집에 있는 바다가 나왔어요. 바닷가에 큰
배도 있고 작은 배도 있는데, 바닷일을 나가려고 사람들이 조

그만 플라스틱 배에 엄청나게 많이 타고 있었어요. 그래서 배가 고장났지요. 배를 고치려면 모래사장으로 끌고 와야 하는데, 낑낑대고 끌고 오다가 더 이상 못 올리겠다 싶어졌을 때 누군가가 뒤에서 노를 가지고 쭉 밀었더니 모래 위까지 배가 올라오더라고요. 그러고서 깼어요.

고혜경 오랜만에 박민태 선생님 꿈 이야기를 듣게 돼서 정말 반갑습니다. 이제 우리 모두 꿈에 대해 질문하고 내 꿈으로 상상해볼게요. 우선 저부터 질문하겠습니다. 능담이 다른 뱀의 꼬리를 자른다고 하셨는데, 실제로 그런가요?

박민태 능담이 여러 뱀들을 모이라고 해서는 자기보다 큰 뱀이 있으면 꼬리를 잘라 먹었대요. 그런 옛이야기가 있어요.

고혜경 아, 그렇군요. 하나 더 여쭤볼게요. 아는 사람들과 무덤을 함께 팠다고 하셨는데, 왜 무덤을 판 건가요? 그리고 그 사람들이 누구였는지 구체적으로 생각나세요?

박민태 분명 아는 사람인데, 누군지는 모르겠어요. 송장을 꺼내려고 무덤을 파헤쳤는데, 송장이 살아 있으니까 중단해버린 거고요

고혜경 이장하려고 한 건가요?

박민태 그건 잘 모르겠어요.

조진석 도굴하려고 그랬나 보네요.

윤민석 5·18 때 돌아가신 분들이 거기 묻혀 있었나 보네요.

고혜경 윤민석 선생님 꿈이었다면, 무덤에 묻힌 시체들이 5·18 때 묻힌 분들 같다는 느낌이 드는 거지요?

윤민석 예. 그렇지요.

고혜경　매형은 어떤 분이세요?

박민태　바닷일을 해요. 뚱뚱하지만 일을 잘하셨지요.

고혜경　모래 위로 배를 밀어올린 사람은 누군지 보셨나요?

박민태　누군지는 모르겠는 남자가 올라타서 배를 밀더라고요. 그랬더니 배가 쫙 올라갔어요. 배에 탄 사람들은 다들 행사 끝나고 조용해지듯 사라져버렸고요.

고혜경　저는 박민태 선생님 꿈 이야기를 들으면서, 우선 돌을 눌러서 꼭꼭 덮고 그 위에 흙까지 덮어두었던 것을 다시 파고 있는 현장에 눈길이 가요. 왕릉은 아니라 쳐도 꽤 권위 있는 사람의 무덤 같은데, 꿈이 전체적으로 고고학 발굴 현장처럼 보여요. 저는 종종 내면 작업이 은유적으로 말하면 고고학 발굴 같다는 생각을 해요. 역사에 묻혔든 마음속에 묻혔든 오래 묻혀 있던 보물을 찾는 일이잖아요. 그 보물이 금관이든 삶의 흔적이든 이야기든 간에 모두 지하 세계에서 찾아내서 세상에 드러나게 하는 일인데, 이런 발굴 작업에 내가 적극적으로 참여하는 게 기뻐요.

일단 이 무덤이 엄청나게 큰 데 위에 잔디가 없는 걸 보면 임시 무덤이거나 최근에 만든 것 같아요. 땅을 파니 돌이 나오고 돌 사이에 금이 가 있다는 점에서 임시 무덤일 확률이 더 클 것 같고요. 이 일을 하는 데 있어서 나는 아주 숙련된 사람이에요. 꿈의 세부 사항도 자세히 기억해내요. 내 손에 적절한 도구도 있고 나는 정확하게 어디를 파고 어떻게 찔러야 하는지 잘 알고 있어요. 꽉 찍었다는 대목에서는 엄청난 힘이 느껴져요. 그러자 검은 양말을 신은 발이 나와서 꿈틀대는데, 이 모든 일이 검은 발을 찾으려던 것이었나 봐요. 아직 살아 있는데 묻어두었던 걸 꺼내나 봐요. 저는 움직이는 발 이미지가 그다음 장면에 나오는 검은 뱀 이미지와도 유사하게 느껴져요.

박민태 제 삽은 좋은 삽이 아니었어요. 녹슨 삽이었지요. 다만 삽자루가 엄청 길더라고요. 근데 돌을 찍었는데도 삽이 안 부러졌어요. 낡았지만 튼튼한 삽이었나 봐요.

고혜경 저는 그 삽도 굉장히 인상적이었어요. 그리스 신화에 보면 삽자루가 긴 오래된 삽이 나와요. 성서에 노아의 홍수 이야기가 있지요. 그리스에도 대홍수로 세상이 멸망하는 신화가 있는데, 이때 노아처럼 유일하게 살아남은 인간이 듀칼리온과 피라예요. 이 둘이 다시 세상을 창조하지요. 피라가 삽자루가 긴 삽을 들고 있는데, 이는 공동체를 재건한다는 의미예요. 삽으로 돌을 찍어내렸을 때 기분이 어떠셨어요?

박민태 그리 나쁘지 않았어요. 삽은 네모 삽이었지요.

고혜경 피라의 삽도 네모 삽이에요. 우리가 대형 공사를 시작할 때 첫 삽을 뜬다는 표현을 하잖아요. 이런 표현의 배경에는 신화적 의미가 내포되어 있을 거예요. 우리가 알든 모르든.

박민태 일반 무덤에 비해 무덤이 엄청나게 컸던 게 인상적이었어요.

고혜경 꿈에서는 무언가를 일반적인 크기보다 엄청나게 과장할 때가 있어요. 삽자루가 긴 삽에다가 일반 무덤보다 엄청 큰 무덤이에요. 이는 개인적인 차원 이상의 일이 진행된다는 의미이고, 공동체와 관련된 삽질이라는 걸 강조하는 듯해요.

— 그리스 신화에 등장하는 듀칼리온과 피라 부부는
참혹한 대홍수 가운데서 살아남은 뒤 제우스에게
제를 올린다. 제우스는 세상을 재건하기 위한 사
람을 달라는 듀칼리온의 소원을 들어주는데, 듀
칼리온이 던진 돌은 남자가 되고 피라가 던진 돌
은 여자가 되었다. 그림은 1589년 폴란드에서 출
간된 오비디우스의 『변신 이야기』에 수록된 관련
판화.

이전까지 들여다보지 못했던 걸
다뤄낼 힘이 생깁니다

고혜경　그런데 빨간 뱀이 보이기 전에 나타났던 까만 뱀은 어떻게 됐나요?

박민태　그 뱀은 어디론가 사라졌어요. 그다음에 나타난 빨간 뱀의 조그만 새끼를 어떤 사람이 먹어버린 거고요.

고혜경　새끼는 몇 마리였나요?

박민태　한 마리 있더라고요.

고혜경　한 마리밖에 없는데, 그걸 먹었어요? 아깝게. (웃음)

박민태　꿈이니까 그렇겠지만, 참 신기하지요? 새끼가 살아 있으면 입으로 나와버릴 텐데 말이에요.

고혜경　뱀 이야기부터 할게요. 뱀이라고 하면 창세기에 나오는 뱀 이미지가 먼저 떠오르시지요. 기독교에서의 뱀은 지나치게 부정적인 이미지예요. 그런데 여러분이 실제로 시골에서 살면서 뱀을 봤을 때 악하거나 유혹적으로 보이던가요? 성서와 실제의 뱀 이미지 사이에는 엄청난 괴리감이 있어요. 시골에서는 집을 지키는 집 지킴이도 뱀이고, 창고를 지키는 것도 뱀 신이고, 논의 신도 뱀 신이었어요. 우리 조상들에게는 풍요나 다산의 의미가 강했고 언제나 사람들 가까이 있었지요. 호락호락하지 않아서 조심은 했지만요.

저는 이 꿈 이미지에서 제일 먼저 떠오른 말이 겨울잠이에요. 무덤을 파는 행위는 잠들었던 에너지를 깨어나게 하려는 의도 같아요. 그런데 구체적으로 어떤 에너지일까? 이게 어떻게 쓰일까? 그렇게 물어보니 해남에서 일어나는 일이 실마리가 돼요. 약한 플라스틱 배에 여러 사람이 타고 뱃일을 나간다면 대단히 위험하지요. 취약한 공동체예요. 바다에서 전복되지 않았으니 고장이 오히려 반갑네요. 탈이 난 배를 긴급 수리해야 하는데 배를 해안에서 끌어올리는 일이 역부족이에요. 이때 뒤에서 나타나 노로 쑥 미는 엄청난 힘, 저는 이게 바로 무덤에서 무언가를 깨워낸 에너지 같아요. 이런 맥락에서 뱀은 생명의 에너지예요.

그동안 이 힘이 동면 상태였으니 공동체가 제대로 기능했을 리 없고, 위태위태한 상태가 플라스틱 배에 수많은 사람들이 타고 있는 취약한 모습으로 묘사돼요. 불안한 상태이지요. 그런 의미에서 자루 긴 삽과 특별한 노와 빨간 능사는 유사점이 있어요. 작동하지 않던 공동체를 재건하는 데 쓰는 힘이고 도구이고 열정일 거예요.

황성혁 저는 무서운 뱀 꿈을 많이 꿔요. 꿈에 뱀이 나타나면 제가 놀라서 뱀을 죽이기도 하고요. 어떤 때는 발자국을 뗄 때마다 여기저기에서 뱀이 나오는 꿈도 꾸지요. 그럴 땐 걷잡을 수 없이 불안해져요.

고혜경 꿈에서 뱀한테 물린 적은 없으세요?

황성혁 그런 적은 없어요. 최근에 뱀이 나오는 꿈을 꾼 적이 있는데요. 커다란 뱀이 참새를 잡아먹으려고 새 둥지까지 올라갔어요. 수백 마리 새들이 놀라서 화드득 날아가는데, 뱀이 굉장히 빠르잖아요. 참새 두 마리를 탁 낚아채 입으로 물어오더라고요. 그래서 제가 작대기로 뱀을 두들겨팼지요. 뱀 대가리가 깨져버렸는데, 그런 와중에도 뱀이 저한테 달려들어 물려고 하더라고요. 그래서 뱀 대가리를 작대기로 꾹 누르고 있었는데, 이 뱀이 그만 지나가던 사람의 발뒤꿈치를 물었어요. 뱀을 피해가면 될 텐데 하필이면 이쪽으로 와서 물린 거예요. 작대기를 떼면 저도 뱀에게 물릴 것 같아 할 수 없이 그러고 계속 있다가 잠에서 깼어요.

고혜경 뱀이 지나가던 사람 뒤꿈치를 물었을 때 피는 안 났지요?

황성혁 예.

고혜경 꿈에서 뱀에 물린 적 없느냐고 물었을 때 아니라고 하셨는데, 전형적으로 뱀한테 물리는 꿈이네요. 꿈에 등장하는 나도 나고, 지나가는 사람도 나고, 막대기도 나고, 그 뱀도 나예요. 꿈에서 뱀은 아무나 안 물어요. 물면 그 힘이 물린 사람에게 주입돼요. 어느 날 짐승한테 물렸는데 그때부터 특별한 힘이 생겼다는 옛이야기들 있잖아요. 꿈에서 인간을 무는 동물들은 뱀이 흔하고 호랑이, 돼지, 벌, 고양이, 개 등 다양해요. 이들 모두 영계靈界의 동맹자들이지요.

황성혁 저는 산에 다니면서 독사가 보이면 무조건 죽여요. 독사는 딴 사람을 물 수도 있으니까요. 멧돼지 같은 짐승은 만나더라도 피하거나 쫓아내면 되는데, 뱀은 풀숲에 숨어 있으니 그럴 수도 없어서 굉장히 무서워요.

고혜경 뱀이 자연에 있으면 안 될 것 같으세요? 뱀은 인간이 왜 자기

사는데 자꾸 침범하는지 불만일 거예요. 뱀한테 물려 죽는 사람 수는 교통사고가 나서 죽는 확률과는 비교도 안 될 정도로 적어요. 뱀에 대한 공포는 과장된 면이 있습니다. 예전부터 뱀을 숭배하든 뱀을 싫어하든 엄청난 경외심 아니면 엄청난 혐오감이라는 양극단적인 반응을 보여왔어요. 뱀만큼 우리를 흔들어놓는 동물도 흔치 않을 거예요.

다시 원래의 박민태 선생님 꿈 이야기로 돌아가볼까요. 이 꿈에 대해 좀더 말씀해주실 분 이야기해주세요.

황성혁 박민태 선생님은 5월이 다가오면서 이런 꿈을 꾸신 것 같아요. 왕릉처럼 큰 무덤이 나오고, 뱀 중의 왕이라는 능사도 등장했고요. 큰 무덤은 5·18 묘역처럼 보여요. 삽으로 무덤을 파헤쳤는데, 시체가 살아 있지요. 발이 꿈틀거렸고요. 사람이 죽으면 땅에 묻히고 자연으로 다시 돌아가잖아요. 근데 그 무덤에는 산디도 없어요. 고이 묻혀서 흙으로 돌아갔더라면 기름 좋은 땅이 되면서 잔디가 났을 텐데, 그러지 못한 거지요. 5·18 묘역에 묻혀 있는 사람들은 제 운명을 다하고 저세상에 간 게 아니에요. 억울하게 꽃다운 나이에 죽은 거지요. 그렇게 맺힌 한 때문에 아직 못 죽고 있는 거예요.

고혜경 저한테도 상당히 와 닿는 말씀이네요. 제가 5·18 묘역에 갔을 때 제일 충격적이었던 건 사망자의 상당수가 제 또래라는 사실이었어요. 저는 살아서 그 무덤을 보고 있고 그 시절 내 또래 얼굴들은 거기서 삶이 멈춰졌고. 삶과 죽음이 큰 크레바스처럼 첨예하게 갈라진 현장에 서 있는 심정은 복잡다단했어요. 그런 현장에 있는 것만으로도 절망과 무력감이 생겼고요.

그런 의미에서 무덤을 다시 파는 꿈 이미지는, 무덤 속에서 중단되어버린 삶의 이야기를 계속 더 파고들어달라는 것 같아요. 못다 한 이야기는 썩지 않는 시체처럼 곰삭지 않아서 지혜의 밥이 되지 못하더라고요.

박민태 사실 저는 뱀을 싫어해요. 많이 죽이기도 했지요. 근데 선생님들 이야기를 들으니 그리 기분 나쁘진 않네요.

윤민석 저는 예전에 난을 캐러 산에 많이 다녔어요. 뱀을 발견하면 일단 살펴보지요. 비싼 뱀 같으면 잡아서 망태기에 넣어와서 팔면 돈이 꽤 되거든요. 그런 경험 때문인지, 만약 박민태 선생님 꿈이 제 꿈이었다면, 그리고 그 능사가 돈 되는 뱀이었다면, 잡아왔을 것 같아요. 비싸게 팔려고요.

고혜경 모두들 뱀 이야기를 하니까 신나하시네요. 뱀에는 분명 그런 에너지가 있나 봐요. 마지막으로 박민태 선생님 이야기를 들어볼게요.

박민태 들려주신 이야기들이 모두 그럴싸해요. 그런데 제가 내일 5·18 관련한 행사를 앞두고 있거든요. 발표를 해야 하는데, 마음이 편치만은 않아요. 이런저런 옛날 이야기들을 다시 끄집어내야 하니까요. 그래서 이런 꿈도 꾼 것 같아요.

고혜경 선생님 말씀을 들고 보니 꿈이 다르게 와 닿는 것 같아요. 기나긴 시간 동안 묻어두었던 걸 파헤치고 드러내야 하는 상황일 수 있으니까요. 망설여지고 자신이 없다 생각하시지만 꿈은 정확하게 내가 어디를 찍어야 하는지도 알고 도구도 있고 충분히 준비된 사람이라고 말해주는 듯해요.

박민태 20분간 발표를 해야 하는데, 길게 볼 수도 있겠지만 저한테는 굉장히 짧은 시간으로 느껴져요. 뭔가를 더하지도 빼지도 않고 그대로 말할 생각인데, 사실 이와 관련한 이야기보따리를 일단 풀면 엄청나게 많거든요. 중요한 말만 하다 보면 소소한 디테일을 살릴 수가 없을 테고, 소소한 것까지 말하기에는 시간이 부족할 것 같아 걱정이에요.

조진석 내일 발표가 굉장히 부담스러우실 거예요. 그렇지만 여기서 이야기하시듯 그리 편하게 이야기해주시면 될 거예요.

윤민석 5·18 때 겪은 이야기를 책으로 쓰라면 수십 권도 쓸 수 있을 거예요. 우리가 군인들한테 맞아서 얻어터지고 병원에 실려가고 죽고 한 것들을 모두 현장에서 두 눈으로 경험하고 목격했으니까요. 자기 나라 국민을 잔혹하게 난도질한 우리의 역사를 가르치고 반성해야지요.

고혜경 5·18 때 어떤 고통을 받았는지, 그리고 이후에 켜켜이 쌓인 고통을 치유하기 위해 어떤 작업들을 해왔는지에 대한 경험을 묶어낼 수 있다면, 광주뿐만 아니라 집단 트라우마를 겪고 있는 대한민국의 수많은 사람들에게 큰 도움이 될 거예요. 집단 트라우마를 바라보는 시각이나 치유 작업이라는 측면에서 우리는 겨우 걸음마를 떼려는 단계예요. 여러분의 작업이 트라우마에 대한 이해의 폭을 넓혀줄 거예요. 무관심하던 사람들도 다시 생각하게 될 거고, 앞으로 좀더 현명하게 대처할 수 있도록 여러 사람에게 영감을 줄 거예요. 이 작업이 여러분 삶을 획기적으로 바꾸진 못할지라도 이 사회에 일으킬 파장은 어느 누구도 가늠하기 어려울 겁니다.

꿈 읽기,
내면의 소리를 재발견해가는 작업

고혜경 벌써 일곱 번째 시간이고, 다음 주면 일단 우리의 꿈작업이 끝나는데요. 마치기 전에 한 마디씩 하고 싶은 이야기가 있으면 해주세요.

박민태 마지막 시간이 다가온다니, 속 시원하네요. 얼른 지나가버렸으면 좋겠어요. (웃음)

조진석 너무 빨리 끝나는 것 같아 아쉬워요. 일주일에 딱 하루 트라우마센터에 들르는데, 여기서 이런저런 이야기를 하고 나면 마음이 많이 풀려요. 언제든 내 이야기를 할 수 있는 곳이 있으니 감사하지요.

고혜경 이번 작업은 다음 주에 마무리하지만, 저는 좀 쉬었다가 다시 올 거예요.

조진석 선생님 오실 때마다 저도 올게요.

윤민석 처음 트라우마센터에 왔을 땐 별 흥미도 없고 재미도 없었어요. 근데 이곳에 드나들다 보니 매력적이더라고요. 예전에는 잘 때 악몽을 꿀까봐 불안했고, 나쁜 꿈을 꾸면 속상해서 하루를 심란하게 보냈거든요. 근데 꿈작업을 하면서는 자기 전부터 꿈을 한번 적어봐야지 하는 생각이 먼저 들고 아침에 일어나서도 무슨 꿈을 꿨는지 생각해보게 돼요. 뭔가를 적어봐야겠다는 기대를 품고 잠드니까 편안히 자게 되고, 실제로 일어나서도 상쾌하지요. 마음이 편안해졌고요. 나쁜 꿈은 없고, 귀신 꿈을 꾸더라도 내가 귀신과 싸워서 이겨버리면 된다고 생각하게 됐어요. 실제로 꿈에서 몸도 활발하게 움직여지고 발차기도 돼고 상대방 멱살을 잡아서 눕혀버리기도 하고요.

사실 광주에서 5·18을 겪은 이들 중에서는 우리 같은 불안 증세를 안 느껴본 사람이 없을 거예요. 지금도 5월이 되면 활동사진처럼 당시 일들이 쫙 머릿속을 스쳐 지나가거든요. 망월동에 친구들과 후배들이 모두 잠들어 있으니 지나가면서도 자주 생각이 나고요. 게다가 군부독재 때 승승장구했던 사람들이 여전히 활동하고 있으니, 그런 걸 생각하면 아직도 분노가 치솟고 화가 나요. 그런 와중에 안정적으로 이야기 나눌 수 있고 친구처럼 지낼 수 있는 공간이 생겼지요. 우리 마음에 용기도 생기기 시작했고요. 저는 감정이 풍부해선지 가끔 5·18 이야기를 하다 보면 최근까지도 눈물이 비오듯 흘렀어요. 근데 트라우마센터에 오면서부터는 웬만큼 이야기를 해도 눈물을 잘 안 흘려요. 이게 바로 치유가 아닌가 싶어요.

김진규 전 마음이 따뜻한 삶을 살고 싶었어요. 그러려면 가슴으로 생각하고 배려해야 하는데, 내 자신이 너무 메말라 있다 보니 눈물도 감정도 말라버렸지요. 살아 있지만 사는 게 아니었어요. 트라우마센터에 와서는 따뜻한 마음을 되찾고 싶었지요.

저는 5월만 되면 죽은 친구들 생각이 스쳐 지나가요. 쫓기고 피 흘리는 꿈도 계속 꿨고요. 근데 제가 놀랐던 건, 꿈작업을 시작하면서부터 도망가지 말고 정면으로 부딪쳐야겠다는 생각을 한다는 거예요. 지금까지 너무 내 내면의 소리를 무시해왔던 것 같은데, 그걸 요즘 발견해가고 있는 것 같아요. 꿈작업이 그 기회가 되었고요.

황성혁 일주일에 한 번 트라우마센터에 오는 날은 어떤 약속이 생겨도 미루고 여기에 왔어요. 근데 다음 주면 마지막이라니, 아쉽습니다. 그래도 좀 쉬었다가 다시 오신다는 말씀 들으니 마음이 놓이기도 하고요.

박민태 마지막으로 제가 이야기하지요. 우리 어머니가 고씨세요. 그래선지 고혜경 선생님 보면 문득문득 우리 어머니가 떠올랐어요. 그리고 예전에는 꿈에서 여자를 보면 재수가 없다고들 했거든요. 근데 제가 벗은 여자가 나오는 꿈을 꾸기도 해요. 선생님, 꿈 이야기 하는 거니 오해하지 마세요! (웃음)

고혜경 예.

박민태 홀딱 벗고 저한테 여자가 오는 꿈을 꾸고 나면 아침에 찝찝했어요. 여자 꿈이니까. 그런 날은 엄청 조심하면서 지냈지요. 근데 선생님 말씀 들어보니 그런 건 아니더군요.

윤민석 그렇지 않지요. 꿈은 다 좋은 것이지요.

박민태 예전에 꿈은 별 의미가 없는 거였어요. 근데 여기 와서 이야기 들어보니 꿈은 참 좋은 것 같아요. 다음 주면 작별해야 한다니 저도 좀 아쉽네요.

고혜경 오늘 이렇게 와주셔서 정말 다행이네요. 그렇지요?

박민태 예. 오늘 수고 많이 하셨습니다.

고혜경 감사합니다. '옴'으로 마치겠습니다.

자신의 아픔을 다뤄낸 사람이

타인을 치유할 수 있습니다

고혜경 벌써 마지막 시간이네요. 한 주 동안 잘 지내셨는지요?

조진석 지난주부터는 좀 우울했어요. 그간 우리 모임에 대해 크게 의식하지 않았는데, 지난주부터는 앞으로 모임이 지속되지 않을까봐 두려운 마음이 들었어요. 수시로 상담해주신다고 하시긴 했지만 불안했고요. 우리 다음 기수로 또다른 모임을 준비한다는 소식도 들었는데, 그런 바쁜 틈을 비집고 들어가서 우리 이야기를 들어달라고 하려면 미안할 것 같아요. 답답한 마음이 들 때 트라우마센터에 오면 이야기 들어주시니 좋았는데 말이에요.

집에서는 강아지 데려다놓고 이런저런 이야기를 해요. 그럼 아내나 아이들이 말 못하는 짐승한테 이야기하지 말고 자기들한테 이야기하라고 해요. 근데 그러기는 쑥스럽고, 내가 이야기하면 웃어버릴 것 같아요. 그래도 강아지는 절 보면 좋다고 막꼬리를 치니까 강아지 보고 이야기를 하는 거지요. 오늘이 마지막 시간이라고 생각하면, 그나마 지금 나아지고 있는데 앞으로 2~3주 지나면 예전 상태로 돌아오지 않을까 걱정이 돼요.

고혜경 강아지가 선생님의 특별한 대화 상대군요. 많은 사람들이 애완견과의 관계에서 '무조건 수용'을 경험해요. 이런 친구가 있으시다니 부럽네요. 8주 전을 돌아보게 돼요. 저는 여러분의 꿈을 잘 다룰 수 있을지 걱정이 앞섰습니다. 여러분 상처를 덧나게 할까 두렵기도 했고요. 과연 여러분이 저를 믿고 꿈 이야기를 해주실지 알 수 없었지요. 온갖 생각이 다 들었는데, 어느새 여기까지 왔네요.

기억하실지 모르겠는데, 처음 작업을 시작했을 때는 선생님들이 3시간 동안 계속 눈을 뜨고 있질 못하셨어요. 수시로 잠에 빠지셨지요. 꿈 에너지가 워낙 강력하니까 모두 그 파장 속으로 휩싸여 들어가버린 거예요. 근데 최근에는 여러분이 모두들 이 시간을 잘 버텨내시네요. 예전보다는 숙면을 취하시니 그럴 수도 있고, 알게 모르게 에너지를 견디는 힘도 커졌을 거예요. 반가운 일입니다. 여기 오기 전에는 선생님들이 어려운 일들을 겪으신 만큼 고집이나 방어벽이 강할 거라고 생각했는데 제 기우였습니다. 훨씬 열려 있으셨어요. 지금은 다른 식으로 셈 분들이라는 것도 알게 되었고요. 정말 강인한 생명력의 표본들 같으세요. 여러분과 이런 작업을 하게 되어서 저로서도 영광입니다. 평생 잊지 못할 경험이에요.

아쉽지만 오늘 1차적인 꿈 모임은 마감을 합시다. 이어지는 프로그램이나 꿈작업이 필요하리라 생각합니다. 센터와 의논해서 여러분끼리의 자조 모임이 가능할 때까지 후속 프로그램을 고민하겠습니다. 아직 막연한 생각이지만, 다음에는 여러분이 안고 있는 상처의 의미를 객관화할 수 있고 각자 자기 삶의 의미를 성찰하는 데 도움이 되는 작업을 해보고 싶어요. 내 이야기를 품고 있는 신화를 화두로 진행해보면 어떨까 싶습니다. 꿈 언어에 익숙해지고 있으니 신화도 잘 소화하실 수 있을 거예요.

상처는 사라지지 않을지라도
다른 차원으로 다룰 수 있습니다

김광현 5·18로 보상을 받을 만큼 받은 거 아니냐, 이제 그만 좀 이야기해라, 왜 아직까지 아프고 힘들다고 하느냐, 이런 외부 시각 때문에 저희는 입을 닫게 돼요. 하지만 그렇다고 괴롭지 않은 게 아니거든요. 괴로우니까 자다가도 벌떡 일어나게 되고, 잠을 못 자니 술을 마시게 되고, 그러다 보면 가족들을 괴롭히게 되지요. 왜 새벽에 일어나서 술을 먹느냐고 하는데, 먹고 싶어서 먹는 게 아니라 그냥 그럴 수밖에 없어요. 하지만 가까운 가족들조차 저를 미친놈 취급하지요. 내 있는 그대로를 털어놓고 싶은데 가족조차 그걸 안 받아줘요. 이런 게 현재 우리의 가장 큰 아픔이자 슬픔이면서 고통일 겁니다.

근데 트라우마센터에서는 그런 모습을 보일 수 있고, 그렇다 보니 이 끈을 놓고 싶지 않아요. 미친 짓을 해도 미쳤다고 하지 않을 것 같으니까요. 내 심정이 받아들여지고 있다는 느낌도 들고요. 여기에 오면서 잠자리도 좀 편해졌고 억눌린 마음도 풀어졌어요. 저희 모임이 트라우마센터 모임 활동의 시발점이자 뿌리가 되었으면 좋겠다고 생각해요. 하지만 지금의 모임이 계속되지 않는다면, 언제 다시 예전 상태로 돌아갈지 알 수 없지요. 지금까지는 여기에서 위안을 받았지만, 가위눌리고 꿈에 시달리는 상황으로 되돌아갈 수도 있는 거고요. 흙으로 돌아갈 때까지 우리에게는 일종의 관리가 필요합니다.

사실 우리의 고통이란 게 단지 과거에만 얽매여 있는 게 아니에요. 현재의 삶을 이야기하는 게 더 고통스럽지요. 현재의 삶을 이야기하면 내 자신이 못나 보이고 다른 사람에게 손가락질 받을 것 같아요. 트라우마센터에서는 그런 이야기들을 할 수 있긴 한데, 언제까지 이런 게 가능할지에 대한 두려움이 있지요. 응급처치가 필요한 상황에서 못 받을까봐 걱정되기도 하고요.

윤민석 우리가 세금을 다 해처먹는 사람들이란 이야기를 라디오에서 들은 적이 있어요. 당사자인 제 입장에서 얼마나 민망한 말이겠어요. 화가 나지요. 복수나 미움 같은 감정을 품고 살다가 무언가가 그 감정을 건드리면 불쑥 화가 치밀어오르곤 합니다. 그러다 보면 마음의 병이 되는 거지요.

그런데 트라우마센터에 와서 여러 작업에 참여하다 보면 감정들을 많이 지우게 돼요. 저는 굉장히 힘들고 외로워도 여기에 전화 한 통 해본 적이 없어요. 하지만 이런 공간이 있다는 건 분명 마음의 의지가 돼요. 새로이 삶을 시작해볼 여지가 있다는 생각이 들고요. 그런 측면에서 보자면 트라우마센터는 제 삶을 180도 바꿨습니다.

고혜경 센터나 이런 자리에 대한 목마름이 크셨지요? 그나마 마음을 열었던 이런 모임을 마감하자니 다시 원위치 될까봐 불안이 올라오시지요? 그 심정 이해가 돼요. 8주 간의 작업으로 트라우마가 치유되었다는 생각은 오산입니다. 1980년 이후 30년 이상 계속되어온 트라우마예요. 저는 광주가 치유되려면 최소한 30년은 치유 작업에 매진해야 된다고 생각합니다. 이제 그 첫발을 내딛었어요. 센터는 계속 있을 거고요.

사회에서 그만하자는 말 많이 들으시지요? 라디오에서 들은 그런 배려 없는 말들이 수도 없이 여러분을 아프게 해왔겠지요. 이제 그만하자는 말을 그만할 때라고 생각합니다. 그만하는 것은 아픈 당사자가 결정할 일이지 외부에서 할 소리가 아니에요. 상흔의 크기나 깊이에 비해 치유를 위한 노력은 거의 전무했다고 해도 과언이 아니에요. 지난 30여 년 간 정치적·사회적 이슈에 매달렸지 아픈 것은 개인의 몫이었어요. 우리는 참 인내심이 없는 사회에 살아요.

저는 아픈 사람한테 돌 던지는 사람이 더 아픈 사람이라고 생각합니다. 아픈 사람들에게는 피 흘리고 신음하는 정직함이 있어요. 그런데 거기다가 돌 던지는 사람은 자기 상처를 덮고 눌러서 속에서 곪아 있다 보니 그걸 내보이는 사람을 견딜 수가 없는 거예요. 자기가 아픈 걸 부인하고 있는데 너도 아프다는 걸 자꾸 확인시키니까요. 진짜 아픈 사람들이 그렇게 돌을 던지는 반응을 보일 겁니다.

김광현 우리 입장에서는 그렇게 안 느껴져요. 오히려 너희가 우리에 대해 뭘 아느냐는 생각이 먼저 들지요. 그리고 이렇게 대립되는 입장들이 이어져 내려오면서 제2의 트라우마까지 생겼고요. 속병이 쌓일 수밖에 없는 거예요. 30여 년 전에 당한 것도 억울한데 주변에서 또다시 억울한 상황을 만드니까요.

고혜경 그렇지요. 저도 사실은 화가 나요. 답답하고, 인내심이 없어지려 해요. 제 성질 나오기 전에 오늘 제가 겪은 일을 하나 말씀드릴게요. 제가 상담하고 있는 이에게 연락을 받았어요. 본인을 화나게 하는 사람과 다툼이 있었나 봐요. 그래서 그 사람을 다른 사람들 앞에 세워놓고서 모욕을 주고 싶었던 것 같아요. 그래서 제가 말했지요. 화가 나고 속상한 건 알겠는데, 그런 방식으로 자기 감정을 표현하는 게 오히려 당신을 더 힘들게 할 거라고요. 그랬더니 저에게 "선생님은 광주 선생님들이 전두환이 싫다고 하면 그런 말을 못하게 합니까!"라고 하더군요. (웃음) 제가 광주에 다니는 걸 알고 있거든요. 이 정도면 웃어야 되겠지요. 이빨 사이에 낀 고춧가루를 전봇대로 빼는 게 당연하다고 우겨요. 각자 내 상처만 아프고, 그러니 다른 상처를 볼 여지가 없고, 그러면서 내가 세상에서 제일 아픈 사람으로 둔갑해요.

김진규 우리는 문제를 이제 들여다보기 시작했다고 생각해요. 이제 시작일 뿐이고, 개인에서 출발했지만 우리를 둘러싸고 있는 사회에 대한 연구도 집중적으로 진행되어야겠지요. 사회가 함께 치유되어야 문제를 온전히 해결할 수 있으니까요.

당사자 입장에서 본다면 그간 우리의 상처는 떠오르다가 잠들다가를 반복해왔어요. 5월이 다가오면 마음이 마구 흔들리지요. 악몽이 반복해서 나타나고요. 평소에는 나뭇덩어리로 보였던 게 핏덩어리로 상상되는 식이에요. 그런 시간이 오랫동안 누적되어왔고. 그게 일시에 치유되리라고 보긴 어려울 겁니다. 멘토나 후견인 제도 같은 걸 만들어서 좀더 장기적으로 관리할 필요가 있어요.

조진석 저는 종종 제가 하는 말이 말도 안 된다는 걸 아는데도 말하게 돼요. 센터분들도 말 안 되는 이야기인 걸 아시는데, 그럼에도 불구하고 들어주시긴 하지요. 사실 그 말이 안 되는 이야기는, 내가 인정하기 싫은 부분일 거예요.

저는 여기서 8주째 작업을 하면서 답을 얻은 것 같아요. 예전에는 제가 죽고 싶을 때 그냥 뛰어내리고 싶다고 했어요. 그건 말이 안 되는 이야기예요. 제가 진짜 죽고 싶은 건 아니지요. 그걸 알지만 내 고통이 너무 크고 상황을 인정하기 싫으니까 이렇게 말을 하는 거예요. 화가 나고 성질이 나니까 그렇게 표현했던 건데, 큰 차원에서 넓게 보다 보면 마음이 다스려지는 것 같아요. 여기에서의 작업이 결국 나 자신을 알아가는 과정이었던 것 같은데, 저 혼자였다면 못했을 거예요. 옆에서 다독이며 격려해주고 뒤에서 받쳐주는 사람들이 있으니까 가능했던 거지요. 그런 사람들이 없어질 거라고 생각하면, 갑자기 외롭고 슬퍼져요.

— 미국 남서부에 거주해온 아메리카 원주민인 나바
호족 사람들은 몸과 마음이 병든 이들을 치유하
기 위해 샌드페인팅을 하곤 했다. 이들은 이 그림
을 신이 다녀간 영원한 세계로 간주했으며, 치유
의식이 끝나면 바로 그림을 없애버렸다.

고혜경 저도 서운해요. 지난 두 달 간 제 머릿속에는 광주 오는 일과 여러분 꿈밖에 없었어요. 앉으나 서나 꿈들이 따라다녔지요. 여러분은 잠에 빠졌지만 저는 여러분 꿈에 빠졌어요. 저에게 너무 소중한 만남이고 귀한 시간입니다. 그런데 제 에너지가 바닥났어요. 처음 하는 집단 트라우마 꿈작업이라 제가 지나치게 긴장하고 염려했나 봐요. 매번 돌아가면 몸살이 나요. 이 와중에 제 꿈이 저를 지하 세계 바닥까지 끌고 들어가요. 우리가 매주 '옴'으로 마감을 하지요. 장을 열 때와 닫을 때를 구분하기 위해서요. 여는 것만큼 닫는 일은 중요합니다. 닫는 게 뭔지 강렬한 이미지로 배웠던 일화를 하나 소개해드릴게요.

제가 박사 과정에 있을 때인데, 기말에는 각자 한 학기 동안 배운 걸 자기 식으로 발표하는 시간이 있어요. 동급생 중 하나가 아메리카 원주민식으로 샌드페인팅을 했어요. 빛깔이 있는 돌을 하나씩 갈아서 그 모래로 판 위에 그림을 그렸지요. 이 친구는 거의 몇 달간 돌을 갈며 이 발표 준비를 했던 거예요. 발표 순서가 되자 각각의 돌이 어디서 나왔고 그 그림이 무언지 우리한테 설명을 하더니 밖으로 나오라고 하더군요. 그러고서는 잔디밭에서 그 그림을 획 날려버리는 거예요. 그때의 오싹했던 느낌을 잊을 수가 없어요. 기도란 이렇게 하는 거구나, 늘 생각해요. 최선을 다한 후 노력도 염원도 애착도 다 우주로 날려 보내는 거예요. 불교식으로는 회향回向이라 합니까?

여러분과 함께한 시간이 저에게도 참으로 귀합니다.

나와 화해하고 나에게 친절한 것은
높은 경지의 도입니다

고혜경 마지막 시간이어선지 서설이 길었어요. 이제 꿈으로 들어가요.

김광현 저는 어젯밤에 친구들과 만찬을 했어요.

고혜경 꿈에서요?

김광현 예. 5·18 때 기동타격대 활동을 했던 제 동지들 중에서 민재, 석홍이, 창규란 친구가 죽었어요. 둘은 국립묘지에 들어갔는데, 안타깝게도 한 명은 구舊묘역에 있지요. 평상시에도 가끔 생각나면 밤중에 그놈들을 찾아가곤 해요. 처음 꿈에서는 민재네 집에 놀러갔어요. 자개 관련한 가내수공업 일을 했는데, 이 친구 어머니도 잘 알고 지냈지요. 술 한잔 하자고 해서 그 집에 갔는데, 술을 마셨더니 민재 어머니가 어지간히 술 좀 마시라고 잔소리를 하시더군요. 그러다가 깼어요.

또다시 잠들었는데, 이번에는 평소처럼 술을 사들고 망월동에 갔어요. 세 사람 무덤에 가서 술을 비웠는데, 문득 우리 넷이 한자리에 앉아서 술을 마시고 있더군요. 다들 별말 없었는데, 석홍이만 막 울었어요. 나만 많이 힘들게 해서 미안하다고 하면서요. 그러더니 자기는 먼저 가야겠다면서 일어나버리더군요. 그 친구를 막 붙잡다가 깨어났어요.

이 꿈 꾸고서 더 이상 잠도 오질 않고 말똥말똥해져서 생각만 많아지더군요. 텔레비전 돌려보다가 날샜지요. 미친놈처럼 캔맥주랑 소주, 쥐포 사 들고 망월동에 갔어요. 세 친구한테 술 따라주면서 두어 시간 있다 왔어요.

고혜경 꿈이 애잔한데요. 슬프면서도 반가워요. 왜냐하면 내가 얼마나 이런 순간, 이런 느낌을 기다려왔을까 생각이 들어서요. 생사를 떠나서 우정이 계속 확인되는 것 같아서 좋아요.

김광현 공중파에서 제 이런 이야기를 촬영해서 방영한 적이 있어요. 거기 나온 저를 보면 미친놈에 알코올중독자, 정신병자예요.

조진석 그래도 왜 김광현 선생님이 저렇게 사는지는 알 수 있어요.

고혜경 저는 그 방송을 못 봤지만, 내용은 어느 정도 짐작되네요. 그래서 이 꿈이 더 가치 있어요. 마치 꿈이 변화해가는 나를 환영하고 격려해주러 온 것 같아요. 옛 친구들이 다시 한자리에 모여 술잔 기울이니 이보다 더 기쁜 일이 있을까요. 특히 이승에서 만날 수 없는, 너무나도 안타깝게 가버린 친구들인데. 꿈이 전개되는 자리가 망월동 묘지여서인지 꿈 자체가 생사와 시공을 초월해요. 이 긴 세월 혼자서 술 사들고 묘지를 찾아와 독백해오던 입장이 되어보니, 이 독백에 드디어 친구들이 화답해주는 듯해요.

저는 이 자리가 제 안에서 일어나는 화해의 자리 같아요. 그동안 미안함과 안타까움이 우정보다 더 크게 느껴졌던 것 같은데, 드디어 그 전환이 일어나요. 30여 년 지나 다시 만난 우리에게는 우정이 더 소중해요. 친구들이 나를 염려하고 위로해주는 장면은 뭉클해요. "너 힘든 것 알아. 그동안 짊어진 책임이 얼마나 무거운지도 알아." 이렇게 내 마음을 알아줘요. 그런데 이는 나 자신에게 하는 말 같아요. "그간 애 많이 썼다." 드디어 내가 나 자신에게 친절해져요. 이는 긴 세월 내가 나에게 하지 못했던 말이에요. 친구들한테 미안해서.

세상에서 제일 먼저 배워야 하고 또 반드시 배워야만 하는 가장 높은 도道는 나 자신에게 친절해지는 거예요. 이 꿈이 저한테 이런 도를 기억하게 해줘요. 이제 다른 꿈도 들어볼까요?

황성혁 꿈을 꾸긴 꿨는데, 전혀 기억이 안 나요. 어제는 꿈 자체를 안 꿨고요.

조진석 안 꿨으면 아무 소리 하지 마셔야지요.

고혜경 조진석 선생님은 매번 꿈을 기억 못하시는데 황성혁 선생님은 자주 꿈을 가져오시니까 열받으셨나봐요. (웃음)

김진규 전 꿈을 안 꾸는 게 좋아요. 꿨다 하면 안 좋은 꿈만 꾸니까요.

김광현 김진규 선생님 입장도 충분히 이해가 가요. 악몽을 꾸면 힘드니까요. 근데 이제 우리는 표현을 좀 달리 해도 되잖아요. 악몽도 나를 도와주려고 온다. 아무리 심한 악몽도 다룰 수 있다.

조진석 저도 꿈을 꾼 것 같긴 해요. 밤에 서너 번은 자다 깼거든요. 근데 꿈을 꿨어도 그걸 적으려고 하면 생각이 안 나요. 그러니 할 말이 없지요. 이렇게 꿈을 잘 기억 못하는 게 잘못하면 트라우마가 되겠어요. (웃음)

윤민석 저는 종종 텔레비전을 켜두고 잠드는데요. 그러면 머릿속에 텔레비전 화면이 보여요. 텔레비전을 틀어놓고 자서 그런 것 같기도 한데, 그게 꿈인가요 현실인가요?

고혜경 꿈일 수 있어요. 선잠 주무셔도 꿈을 꾸지요. 흔히들 이런 꿈은 별로 중요하지 않게 여기시는데, 그렇지 않습니다. 기억하시나

요? 꿈은 금방 일어나는 일들을 이용해서 기억을 더 잘하게 도
와줘요. 텔레비전에서 금방 봐서 꿈에 나왔다기보다는 이 이미
지를 기억하게 만들어서 꿈이 그 안에 들어 있는 진짜 하고 싶
은 이야기를 전하고 싶은 거예요.

또 하나 제가 여러분과 작업하면서 느낀 게 있어요. 여러분은
집단 무의식에 대한 감각이 열려 있어서 사회적 현상이나 집단
의 상처에 대해 스폰지처럼 예민하게 반응하고 에너지를 흡수
하세요.

조진석 일종의 예지력이 있다는 건가요?

고혜경 그렇게 나타날 수도 있고요.

조진석 그런 능력은 잘 키워서 로또를 사야지요. (웃음)

고혜경 그건 신통력이라 해야 하지 않을까요? (웃음) 예민한 게 항상
좋지만은 않아요. 그 에너지에 휘둘려서 본인이 더 힘들어지기
도 하지요. 하지만 그런 에너지를 잘 감당하고 조절할 수 있으
면 건강하게 쓸 수 있고요.

'상처받은 치유자'라는 말 들어보셨어요? 옛날부터 큰 치유자
나 영적 지도자가 되는 사람들은 자기가 먼저 상처를 입어요.
자기 상처를 다루는 동안 치료법을 알게 되고, 그 비법을 공동
체를 치유하는 데 쓰는 거지요. 우리는 의도하진 않았지만 치
유자가 되는 길에 입문은 했어요. 돌아가는 길은 없습니다. 계
속 매진해서 통과의례를 완수합시다.

상처 때문에 벌어진 일로
스스로를 벌주지 마세요

고혜경 이번에는 윤민석 선생님 꿈 이야기 좀 들어볼까요?

윤민석 저는 이번 주에는 평소에 잘 꾸지 않는 꿈을 꿨어요. 제가 일전 꿈에 나왔던 해남의 빵 공장 하는 작은집에 갔어요. 무슨 일로 내려왔느냐고 하시기에 부모님 산소에 성묘 가려고 서울에서 왔다고 말씀드렸지요. 고생 많았다면서 음식을 한 상 차려주시더군요. 부모님 산소가 작은집에서 꽤 떨어져 있어서 밥 먹고 출발하려고 하는데, 작은집 형님이 같이 가자며 따라 나서셨어요. 제가 운전을 해서 형님을 모시고 갔지요

고향에서 저희 할머니가 구멍가게를 운영하셨어요. 어릴 적에 시골에 가면 할머니가 먹을 걸 많이 챙겨주셨지요. 갔더니 슈퍼가 있는데, 꽤 크더군요. 그 뒤에는 논밭이 펼쳐져 있고요. 그 슈퍼에 할머니가 곱게 차려입고 평상에 앉아 계신데 얼굴에서 광채가 났어요. 할머니는 이미 돌아가셨는데, 꿈속에선 살아 계시더라고요. 얼마나 반가웠는지 몰라요.

제가 집안의 장남이어서 어려서부터 할머니가 무척 예뻐하셨고, 5·18 이후 상무대 영창에 있을 땐 근방에 방 얻어놓고 면회를 하려고 갖은 애를 쓰기도 하셨던 분이에요. 눈물 바람 많이 하셨다고 해요. 결국 면회가 안 되긴 했지만요. 그런데 저를 보고 반가워하진 않으시고 수심이 가득한 슬픈 눈빛으로 찬찬히 쳐다보셨어요. 그래서 할머니한테 제가 반갑지 않느냐고 물으

면서 쫓아갔다가 깨버렸어요.

고혜경 할머니는 언제 돌아가셨나요?

윤민석 20여 년 전에 돌아가셨어요.

고혜경 지난번 꿈에서는 작은집에서 준 김치를 못 먹고 물에 빠트렸는데, 이번에는 작은집에서 한 상 차려주신 음식을 받으셨어요. 드시는 장면은 안 나왔지만요. 꿈에서 음식은 영적인 자양분입니다. 할머니 가게에도 과자가 즐비한데, 과자는 어린 시절 최고의 먹거리이지요. 저라면 제 꿈이 자양분을 얻을 수 있는 자리에서 펼쳐지니 힘이 나요. 그런데 꿈에서 '죽은 사람이 여기에 있네' 하는 생각을 하셨나요?

윤민석 아니요.

고혜경 김광현 선생님은 앞서 말씀해주신 꿈에서, 친구분들이 이미 죽었다는 사실을 꿈꾸면서 인식하셨나요?

김광현 알았던 것 같아요.

고혜경 저도 그런 느낌이었어요. 이 두 꿈 다 실제로 죽은 사람들이 등장해요. 그런데 꿈 세계에서는 죽은 사람의 특질을 잘 살펴봐야 해요. 김 선생님은 꿈에서 죽은 사람들이라는 걸 인식하셨고, 윤 선생님은 여전히 살아 계시는 것으로 상황 인식을 해요. 전자는 사자의 방문으로 봐도 무방하고, 후자는 내 안에 있는 어떤 특질을 이들 모습을 통해 바라보는 거예요.

윤 선생님, 혹시 할머니가 살아 계실 때 그런 눈빛으로 쳐다보신 적이 있나요?

윤민석 많았지요.

고혜경   어떤 때요?

윤민석   제가 5·18 이후에 엄청 타락해서 살았어요. 그때 저는 상무대
에서 비밀리에 석방됐어요. 가족들은 언제 나오나 이제나 저
제나 기다렸는데, 입소문이 날까봐 가족들도 모르게 8월 15일
에 풀려났지요. 나가서 입만 뻥끗해도 다시 잡아들이겠다면
서 밖에서 쥐죽은 듯 살겠다는 각서를 쓰라고 했어요. 나가고
싶어서 어쩔 수 없이 각서를 썼지요. 그러고서 서울에서 살았
는데 감시가 엄청나게 심했어요. 그렇다 보니 폭력적으로 변
하더군요. 방범대원을 두들겨 패서 구속 직전에 손써서 풀려
난 적도 있어요. 당시에 약혼자가 있었는데, 그 사람은 나를
살인강도범으로 오해해서 결국 만나주지도 않은 채 헤어졌고
요. 그 충격 때문에 혼자 지내면서 더더욱 막 살며 타락하게
되었지요.

지금도 꿈속에서 본 할머니 눈빛이 지워지질 않아요. 우수에
찬 눈빛으로 나를 바라보셨지요. 제가 자기 전에도 곱게 차려
입은 할머니 사진을 꼭 한 번씩 보고서 잠들거든요. 이 꿈을 꾼
날은 묘하게 할머니가 보고 싶었어요. 나를 못 잊어서 그렇게
꿈에 나타나셨나 싶었지요. 제가 어릴 적부터 어머니보다 할머
니를 더 좋아했어요. 근데 할머니 속을 많이 썩였지요. 사람을
두들겨 패고, 술 먹고 깽판도 치고요. 돈 안 준다고 누나를 때
리기도 했어요. 동생은 공무원인데 직장에 국빈이 오는 날엔
출근 금지를 당하기도 했어요. 그 동생과는 남남처럼 지내지
요. 그 정도로 제가 가족들 속을 많이 썩였어요. 타락해서 지냈

지요.

고혜경 작은집 형님은 어떤 분이셨어요?

윤민석 5·18 당시에는 저랑 같이 광주에서 장사를 하셨어요. 엊그제 지나다가 형님 찾아 뵙고 인사드리기도 했어요. 무진장 과격한 분이지요.

고혜경 선생님보다 더요?

윤민석 저랑 엇비슷해요.

고혜경 꿈속에서 할머니 뵐 때도 형님과 함께 계셨나요?

윤민석 예. 형님이 여기에 할머니 계신 줄 몰랐냐고 하셨어요.

고혜경 꿈 이야기 하시는 동안 '타락'이란 단어를 여러 번 쓰셨어요. 한때 윤 선생님은 울분을 마구 터뜨리고 과격하고 난폭하고 파괴적이셨나 봐요. 사회는 이런 행동을 용인하지 않아요. 그렇지만 이런 행동을 타락이라고 말하는 게 적절한지에 대해서는 의문이 듭니다.

윤 선생님의 표면적인 행위는 사춘기 남자 아이들 같아요. 견디는 힘도 부족하고 몸도 세상도 혼란투성이니 마구 난동을 부려요. 그런데 이런 행동은 트라우마의 직접적인 영향으로 일어납니다. 트라우마는 늘 생존을 위한 전투 태세로 살도록 만들어요. 과하게 보이는 행동은 자기를 지키려는, 트라우마 상태에서는 자연스러운 반응입니다. 그렇다고 해서 이런 행동이 정당하다는 말은 아닙니다. 누가 제 주변에서 이렇게 행동할 때 저는 가까이 있기 어려워요. 폭력이 무서워요. 그럼에도 불구하고 이 이야기를 들었을 때, '트라우마로 너무 큰 고통을 받으며 사시는구나' 하지, '타락한 사람이구나'라는 생각은 안 들었어요. 저에게 타락이란 단어는 도덕이나 신학 톤으로 채색된 단어예요.

이제 심리학적 시각으로, 그럼 내가 왜 나를 타락했다고 표현하는지 질문해봐요. 제 안에는 두 개의 다른 소리가 전투를 벌이고 있어요. '타락'의 반대말로 '의로움'이라는 말을 쓰더라고요. 울분으로 가득 차서 감정 조절이 안 되고 항상 터질 준비가 되어 있어 시한폭탄처럼 반응하는 내가 있고, 동시에 '그런 행동은 의롭지 못해. 군자처럼 살아야지'라고 높은 도덕적 기준을 요구하는 내가 있어요. 이 두 소리가 공존하면 나는 미쳐요. 어느 심리학자는 이보다 더 사람을 망치는 효과적인 방법은 없다고 말하기도 했어요.

우선 나부터 트라우마에 대한 이해가 필요합니다. 트라우마는 신경계에 있다고 했어요. 뇌과학에서는 인간의 뇌가 3중 구조, 즉 파충류 뇌, 포유류 뇌, 이성 뇌로 구성되어 있다고 해요. 트라우마는 파충류 뇌에 해당하는, 감각 차원의 문제예요. 이 영역은 이성 뇌로 통제할 수 없는 영역이에요. 지금 나를 타락했다고 평가하는 건 도마뱀한테 윤리를 요구하는 거랑 같은 거예요. 도마뱀은 그냥 살아요. 도덕이 아니라 생존을 위해 뇌가 작동해요. 도마뱀 차원에서 탈이 나 있는데, 그 수위에서 고치거나 돌볼 생각을 해야지 '너 그러면 안돼'라고 하면 그 자체가 폭력이에요.

그간 사회에서 이런 소리 많이 들으셨을 거예요. 사람들이 몰

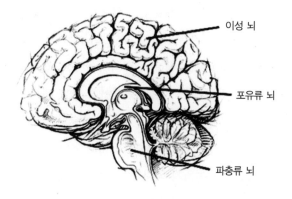

이성 뇌

포유류 뇌

파충류 뇌

— 뇌과학에서는 진화론적 관점으로 인간의 뇌를 파
충류 뇌, 포유류 뇌, 이성 뇌라는 3중 구도로 설명
한다. 파충류 뇌는 기본적인 생존의 차원을, 포유
류 뇌는 감정과 본능의 영역을, 이성 뇌는 고차원
의 사고와 언어를 담당한다.

라서 그런 거예요. 이해를 못하니 안타깝지요. 그런데 내가 나한테 이러는 건 더더욱 안타까워요. 나도 나를 안 봐주면 누가 나를 봐주나요?

꿈으로 돌아가봐요. 저는 할머니가 저를 보시는 눈이 제가 할머니를 보는 눈 같아요. 제가 너무너무 슬퍼요. 저보다 훨씬 커서 그 안에 잠식되어 버릴 만치 커다란 슬픔을 갖고 있어요. 그 슬픔을 마주하기가 지금까지 이렇게 힘들었나 봐요.

윤민석 할머니는 살아 계실 때, 제가 빨리 5·18을 잊고 살았으면 하셨어요. 저랑 같이 사는 게 소원이셨어요. 매일 제게 와서 사람이 이렇게 변하면 안 된다, 정신 차려라, 기술도 좋으니 다시 일하면 되지 않느냐 하면서 우셨지요. 떠나간 여자 때문에 막 사는 거 보시면서는 여자가 하나뿐이냐면서 잊고 다시 일어나라고 하셨고요. 가족들한테도 저에게 잘해주라고 이야기하셨어요. 제가 손이 기계 같다는 말을 들을 정도로 기술이 좋았어요. 근데 손 놓고 한번 집을 나가면 열흘씩 집에 안 들어가서 속 많이 썩였지요. 결국 할머니도 못 모셨고요.

고혜경 선생님이 할머니였다면 그 눈빛으로 손자에게 무슨 말을 해주려고 하셨을까요? 저는 너를 너무 괴롭히지 말라고 하셨을 것 같아요. "너 힘든 것 다 알아." 이 한마디를 하셨을 거예요. 저는 이 할머니가 예사 할머니가 아닌 것 같아요. 어머니보다 더 가까웠던, 내가 상상할 수 있는 모성이나 사랑 자체일 거예요. 꿈에서 할머니의 얼굴에서는 광채가 나요. 우리 할머니의 모습이지만 훨씬 더 근원적인 분 같아요. 저에게 이 순간 떠오르는 할머니는 관세음보살이에요. 관세음은 세상의 슬픔을 다 들어주는 존재라고 하잖아요. 내가 얼마나 슬픈지, 내가 살면서 만난 슬픔이 얼마나 큰지. 저는 통곡을 할 때 같아요. 목 놓고 나오는 대로 꺼이꺼이. 세상에는 너무 많은 곡哭이 필요한데 우리는 그 눈물을 흘리지 않고 다 끼고 살아서 이렇게 음울한가 봐요.

윤민석 동생이 그러더라고요. 돌아가실 때도 저를 부르셨다고요. 제가 광주를 떠나 배 타러 가버렸을 때거든요. 돌아가신 뒤에 후회해봤자 소용없는 일지만, 그러는 게 아니었는데 말이에요.

김진규 윤민석 선생님이 할머니 이야기를 하시니까 저도 생각나는 이야기가 있어요. 5·18 이후에 절에 들어가서 스님이 될까, 아니면 남아서 5·18에 대한 화를 갚을까 고민했어요. 그러다가 후자로 결정하고서는 후배들을 데리고 공부도 하고 놀러도 다니고 했지요. 심각하게 그런 고민을 할 때 할머니가 자꾸 꿈에 나왔어요.

이후에 갑자기 시국 사건 관련자라면서 경찰이 집에 들이닥쳐서 군대 갈 나이도 아닌데 신체검사를 받으라고 했지요. 신검받고 사흘 만에 영장이 나왔어요. 강제징집이었지요. 환송회를 할 짬도 없었어요. 같이 공부하던 후배들 단속하고 부대에 들어갔는데, 제 이름 옆에는 '특별자'라는 빨간 도장이 찍혀 있더군요. 그때도 할머니 꿈만 꿨어요. 제가 힘들 때마다 할머니 꿈을 꾸는 거예요.

할머니가 원래는 비구니셨어요. 미모가 출중하셨지요. 돈 때문에 만석꾼에게 팔려가서 첫 결혼을 하셨는데 남편이 죽었고, 재혼을 하셨는데 또다시 남편이 먼저 저세상에 갔어요. 아이들만 두고서요. 저는 유난히 할머니한테 야단을 많이 맞았는데, 제가 말을 안 들으면 할머니가 한 손에는 염주를, 다른 한 손에는 회초리를 들고 저를 때리셨어요. 항상 뒷수습은 잘해주셨지만요.

제가 힘들 때 할머니가 꿈에 나타나서는 지그시 다가와서 말없이 손만 잡아주고 가시기도 했어요. 꿈에서는 항상 한복을 입고 계셨고요. 5월이 다가오면 남자들이 들이닥쳐서 책이나 노트를 뒤지는 꿈 같은 걸 꾸기도 하는데, 그래서 꿈속에서 악을 쓰기도 했는데, 그런 꿈에서도 할머니가 나타나시곤 했어요. 지금 생각해보니 이게 일전에 말씀드렸던 피 흘리는 여자 꿈과도 연결되지 않나 싶네요.

고혜경 꿈 꾸신 분이 그렇게 느끼신다면 그게 맞을 거예요. 윤 선생님 꿈에 등장한 할머니 이야기를 하다가 거기에 자극을 받아서 김 선생님 꿈속의 할머니 이야기까지 함께 나누게 됐네요. 비구니가 팔려가서 혼인을 했는데 남편이 죽었어요. 그 시절에 팔자를 고치셨는데 남편이 또 죽어요. 그 한이 오죽하실까? 그 힘든 이 땅의 근대사를 다 목격하고 견뎌내신 분이에요. 한 손에 염주, 다른 손에 회초리 안 들고 어떻게 사셨겠어요? 대단히 강인한 분이세요. 손자에게도 늘 사랑 가득한 훈육을 하셨어요. 이렇게 힘겹게 살아내려 애쓰는 우리의 꿈에 한 번씩 나타나서 손잡아주지 않으셨다면 우리가 이날 이때까지 어떻게 살아 있을 수 있을까요? 꿈과 친하게 지내세요. 가장 가까이에서 나를 응원해주고 힘을 주는 친구가 꿈이에요. 이런 분의 자손이 어찌 강하지 않겠어요? 할머니는 참 위대하시지요.

제주에 가면 할망이 많이 있어요. 여신을 할망이라 부르는데, 제주 선조들은 영적 조상과 혈연 조상을 구분하지 않았어요. 엄청난 힘의 소유자들이고 쉼 없는 창조의 원천인데, 그러면서도 늘 가까이 있었어요. 우리는 더 이상 할망들을 기억하지도 제를 드리지도 않지만, 그럼에도 불구하고 우리 꿈에는 여전히 살아 있는 존재들이에요. 8주 마무리하는 순간, 이런 할망 꿈을 나누고 각자의 할머니들을 기억하게 되어서 참 좋습니다. 힘이 나는데요.

윤민석 할머니를 떠올리면서 항상 사죄를 드려요. 할머니 말만 따랐어도 제가 이런 상태는 안 됐겠지요. 이런 이야기는 처음 하는데, 너무 괴로울 땐 밤중에 해남 할머니 산소에 가서 울곤 했어요. 지금은 그래도 제 상태가 많이 좋아졌지요. 할머니가 원래 아주 부잣집에서 자라셨는데, 남편을 일찍 여의시고 아들도 군대 갔다가 제대한 후 죽었어요. 그래서 손자인 저 하나 바라보고 사셨어요. 근데 5·18로 제가 이상해져버렸으니 정말 힘드셨을 거예요.

고혜경 그러셨겠어요. 손자가 아무리 안타깝고 아무리 이상하게 굴어도 손자 사랑하는 마음은 한결같으셨을 거예요.

상처받은 치유자가 되는
길을 찾아서

윤민석 처음에 이 작업을 했을 땐 하도 졸려서 꿈 얘기를 해서 졸린가 했어요. 근데 오늘은 5시간밖에 못 자고 왔는데도 하나도 안 졸려요. 흥미를 못 느끼면 졸릴 텐데, 이야기에 심취해 있으니 아무리 피곤해도 말을 하고 들을 수 있었어요.

이제 어느 정도 걸음마를 떼는 단계가 되었는데, 오늘이 마지막이라 서운하긴 합니다만 앞으로를 기약해야 되겠지요. 처음 작업을 시작했을 때와 지금은 정말 많이 달라요. 항시 꿈을 꾸고 살지만, 꿈에 대해 지금과 같은 느낌을 받아본 적은 없거든요. 긍정적인 방향으로 변화되어간다는 데 감사한 마음이 들어요.

고혜경 저도 감사드립니다. 힘들었지만 그만큼 뭉클하고 가슴 벅차요. 저에게도 아주 소중한 시간이었습니다. 8주간 잠이나 꿈에 대한 스트레스도 많이 완화되셨고, 꿈에 대해서도 새롭게 이해하게 되셨을 거예요. 꿈으로 한 분 한 분 만나서 여러분이 더 귀해요. 제 경우는 이런 깊은 만남의 자리가 일상에서 흔치 않아요. 그래서 꿈 친구들이 특별합니다. 가슴으로 깊게 만나서 오래 품게 되지요.

꿈 재미있지 않으세요? 이렇게 재미있는 걸 찾기가 쉽지 않으실 텐데. 앞으로도 친하게 지내시길 바라요. 저는 세상에 꿈만큼 재미있는 게 또 있을까 싶어요. 발랄하게 웃고 떠드는 재미만 재미가 아니더라고요. 진솔하게 만나면 아프고 시리고 화나고 혼란스러워도 감동이고 재미예요. 인간과 인간이 만나니까요. 저는 힘들고 무거운 이야기 들어서 상처받는 게 아니라 가면 쓰고 괜찮은 척하고 내 이야기가 아닌 일반적인 이야기만 늘어놓는 자리에 가면 상처받아요. 제가 여러분께 감사드리고 싶은 게 이 지점이에요. 내숭들 안 떠세요. 방어벽 별로 없이 속내를 그냥 내비치세요. 이미 힘들어서 포장하고 살 여유가 없다고 하실지 모르겠지만, 나를 꾸밈없이 내보이는 건 아무나 할 수 있는 게 아니에요. 용감하고 진솔한 여러분이 좋습니다.

한 분 한 분의 꿈이 제 꿈이 아닌 게 없었어요. 정도의 차이는 있겠지만 제가 앓고 있고 제가 걸려 있는 문제들이 다 여러분의 꿈에 등장했어요. 깊이 만나면 이렇게 우리가 닮아 있다는 것도 알게 돼요. 꿈작업에 들어가기 전에는 선생님들 꿈이 저한테 너무 낯설어서 다루지 못하면 어떻게 하나 걱정했거든요. 역시 기우였다는 걸 확인했어요. 마음 열어주셔서 감사드리고 꿈 나눠주셔서 고맙습니다. 꿈이 안전하게 펼쳐지도록 이 자리를 마련해주신 트라우마센터에도 감사드립니다. 다 같이 옆 사람 손 잡으시고요. 우리의 마감 의례인 '옴'으로 꿈의 장 닫을게요.

5월의 꿈,
그 작업을 매듭지으며

트라우마를 물리적으로 설명한다면 빼도 박도 못하고 한자리에 고
착되어 에너지가 움직이지 않는 상태라 할 수 있다. 트라우마 악몽은
이런 상태에 대한 스냅사진이다. 감내하거나 소화하기에는 너무 큰
충격이 가해지는 순간, 시간이 멈춘다. 과거의 한 순간이 현재와 미
래를 허용하지 않는 것이다. 그날 이후 30여 년이 흘렀건만 이들에게
시간은 여전히 1980년 5월이다.

　이 멈춤을 끊어낼 수 있도록 도와주고 다시 에너지의 물꼬를 트겠
다는 야멸찬 결심으로 꿈작업을 시작했다. 이는 자아가 부린 호기였
다. 내가 할 수 있는 게 아니라는 사실은 꿈작업이 몇 차례 지나지 않
아 이미 명백하게 알 수 있었다. 매번 어떤 꿈이 나올지, 누가 어떤
반응을 보일지 예측 불허였다. 천장이 내려앉을 듯한 무거움이 자리
를 압도했고, 일상으로 돌아와도 꿈과 꿈 에너지가 나를 놓아주지 않
았다. 과연 이런 자리의 증인이자 안내자가 될 능력이 있는지 스스로
에 대한 의심도 따라다녔다. 함께한 세션이 죽을 만치 외로웠던 적도

있었다. 이 모든 순간 '잘 듣자'라는 다짐만이 내가 할 수 있는 유일한 것이었다.

매주 광주행 기차를 타면서 진정으로 듣기 위해서, 내면의 진실이 말을 하도록 하기 위해서 영혼에 있는 모든 것을 비워야 한다는 시몬 베유Simone Weil의 말을 되뇌었다. 명상을 하면서 기대도 바람도 내려놓고 이 자리에 오롯이 앉아 있자고 생각했다.

'꿈을 믿고 따라가라.' 꿈 공부를 하면 맨 처음 듣는 말이다. 꿈을 가르치게 되면서부터 수없이 되풀이했던 말이기도 하다. 이 진리를 5월의 꿈 모임에서보다 더 생생하게 경험한 적은 없었던 듯하다. 의존할 것은 각자의 꿈이 갖고 있는 생명과 치유의 힘밖에 없었다.

몇 차례 작업이 이어지는 동안 꿈 이미지들이 달라져 갔다. 잠이나 꿈에 대한 스트레스도 완화되었다. 한 세션 중에 꿈 이미지가 현저히 변화하는 과정도 관찰했고, 시간의 흐름과 함께 한 사람 한 사람의 꿈이 진화하는 과정도 목격했다. 영혼의 본질적인 갈망은 정체가 아니라 움직임이라는 사실도 뚜렷하게 드러났다. 무엇이 이렇게 만들었지? 어떻게 가능했어? 설명할 길이 없다. 서로의 꿈을 이야기하고 꿈들이 어우러지는 장이어서 가능했던 지점이 분명 있으리라.

꿈 이미지가 주빈이라, 지금껏 되풀이해서 매달려온 5월 이야기는 등장할 자리가 마련되지 않았다. 표면 이야기가 아니라 내면 이야기로의 전환이 자동적으로 이루어진 것이다. 그래서 각자의 진솔한 내면 풍경이 펼쳐졌다. 고착된 에너지, 흘리지 못한 눈물, 다루지 못한 공포와 수치심, 압도하는 무능감, 살아남은 자의 도덕적 상처, 끝없는 자기비난, 모순으로 인한 삶의 몸부림…… 이 거대하고 막연한 고통들을 꿈은 선명한 이미지로 전환해주었다. 시달리기만 하던 대상의 구체적인 이미지가 있으니 마침내 뭔가를 해볼 수 있었다. 게다가 은유나 상징으로 구성된 꿈 이미지는 이 표현 모드의 속성대로 모두를 내면의 심층으로 이끌어갔다.

우리가 시도한 꿈의 대화는 해석이 목적이 아니다. 우리는 머리를 활발히 움직여 답을 찾아내거나 메시지를 파악하는 사유 방식에 익숙해 있다. 그러나 꿈은 머리가 하는 환원적인 방식을 지양한다. 오히려 적극적인 수동을 필요로 한다. 이미지가 하는 말을 경청하고 이미지의 움직임을 예리하게 따를 뿐이다. 상상력만이 우리의 눈과 귀를 키워 꿈의 본래 깊이에 가까이 다가가게 해준다. 꿈 이미지와 시도하는 상상의 대화는 결국 영혼의 움직임을 활성화하기 위한 것이다. 이런 맥락에서 꿈작업은 영혼의 움직임을 튜닝하여 꿈이 하는 말을 경청하게 하는 것이 목적이다.

우리가 함께한 작업을 한 배를 타고 가는 여정이라 했다. 이를 이미지로 표현하면 이러하리라. 북 치는 사람이 있다. 여럿이 모여 북을 두드린다. 서서히 각자의 소리들을 아우르는 공동의 리듬이 만들어지고, 이 리듬 안에 모두가 잠긴다. 꿈의 리듬에 참여한 모두가 그 너른 품에 안겼고 꿈의 이끌림대로 따라갔다. 함께 꿈을 꾸었기에 오래 댐으로 막아두었던 에너지의 물꼬가 터졌다. 방어막이 해체되어도 안전했다. 그 안에서 깊은 영혼의 리듬이 흘러 나왔다.

이 기록은 이런 내면 작업을 하지 않고서는 견딜 수 없는 특별한 운명으로 초대받은 사람들의 이야기이다. 가장 상처받고 파편화된 사람들이 현대인이 제일 두려워하는 지하 세계로의 모험을 감행했다. 이는 죽음의 두려움을 대면하면서 끝없이 용기와 인내를 시험하는 일이다. 아직은 끝나지 않은 여정이다. 그럼에도 이들이 이 땅 모두에게 제공하는 선물이 있다.

눈을 안으로 돌린다는 게 뭔지, 마음 안을 보려면 어떻게 해야 하는지, 또 영혼이 궁극적으로 갈망하는 것이 무엇인지, 견고한 자아의 성城에 갇혀 삶의 의미나 방향에 대한 감각을 상실한 대다수가 하지 않는 질문을 했다. 깨어져 기능하지 않는 절박함이 이런 여정을 하게 만들었다. 이 작업이 물질과 이성의 성에 갇혀 버둥대는 주류에게 시사하는 바는 클 것이다.

힘든 여정이었다. 그리고 이제 다시 출발 지점에 서 있다. 이 여정 가운데서 점점 더 또렷해져가는 사실이 있다. 아프지만 여전히, 삶은 감동으로 벅차다. 상처받는 영혼들의 용기와 인내에, 그리고 이들의 놀라운 꿈 세계에 무한히 감사드린다.

Gwangju
트라우마 광주트라우마센터
Gwangju Trauma Center

"고난의 세월을 견뎌온 국가폭력 생존자분들이 계셔서
오늘의 우리가 있습니다. 살아주셔서 고맙습니다. 존경합니다."

광주트라우마센터는 2012년 10월 5·18 민주화운동 관련자 등 고문과 국가
폭력으로 고통받은 분들과 그 가족들의 치유를 위해 설립되었습니다. 그동
안 센터는 200여 명의 국가폭력 생존자들에게 상담 및 예술치유 프로그램
등 각종 치유재활 서비스를 제공하였고, 치유의 인문학 강의, 국가폭력과 트
라우마 국제회의, 오월심리치유이동센터 운영 등 고문과 국가폭력의 피해를
드러내고 이를 치유하기 위한 활동을 펼쳐왔습니다.

이 책의 주인공들은 센터의 개소 직후 파일럿 프로그램으로 진행한 집단상
담에 참여했던 분들입니다. 두 달의 준비 기간을 거쳐 일곱 분의 선생님과
마주했던 첫날, 숨 막혔던 긴장의 시간을 잊을 수 없습니다. 그 막막했던 시
간을 지나 참여자분들과 함께 울고 웃으며 우리는 10주간의 시간을 보냈습
니다.

그룹투사 꿈작업은 수면 장애와 악몽을 호소하는 참여자분들을 위해 집단상
담의 후속 프로그램으로 기획되었습니다. 이번 작업은 수면 문제의 해결을
넘어서서 인간 내면의 힘이 폭력보다 강하다는 것을 여실히 실감하게 한 프
로그램이었습니다. 이러한 작업이 5·18 관련자를 비롯해 많은 이들에게 소
중한 밑거름이 되길 바랍니다.

『꿈에게 길을 묻다』 독자 북펀드에 참여해주신 분들 (가나다순)

강부원 강영미 강영애 강은희 강재웅 강주한 강태진 고청훈 권진희 김기남 김기태 김병희 김성기 김수민 김수영 김예령 김정민 김정환 김주현 김중기 김진성 김태수 김푸름 김현승 김현철 김혜원 김효전 김희곤 나준영 남요안나 노진석 박근하 박나윤 박무자 박연옥 박준겸 박준일 박진순 박진영 박진영 방세영 백승준 서민정 서창겸 설진철 송덕영 송주형 송화미 신민영 신정훈 신혜자 안진경 안진영 유성환 유승안 유인환 윤정훈 이경희 이만길 이미령 이성욱 이수한 이승빈 이주영 장경훈 장원종 전미혜 정두현 정민수 정영미 정윤희 정진우 조민희 조승주 조은수 조정우 최경호 최헌영 탁안나 한민용 한성구 한승훈 함기령 허민선 (총 84명 참여)

꿈에게 길을 묻다

트라우마를 넘어선 인간 내면의 가능성을 찾아서

ⓒ 고혜경

초판 1쇄 발행 | 2016년 2월 29일
초판 3쇄 발행 | 2020년 5월 18일

지은이 | 고혜경
기획 | 광주트라우마센터
펴낸이 | 임윤희
디자인 | 송윤형
제작 | 제이오

펴낸곳 | 도서출판 나무연필
출판등록 | 제2014-000070호(2014년 8월 8일)
주소 | 08613 서울 금천구 시흥대로73길 67 금천엠타워 1301호
전화 | 070-4128-8187
팩스 | 0303-3445-8187
이메일 | woodpencilbooks@gmail.com
페이스북·인스타그램 | @woodpencilbooks

ISBN | 979-11-953470-2-5 93180